句法语义学研究新视野文库　主编：马道山
天津市哲学社会科学规划项目和天津工业大学“校级研究生课程优秀教材”项目

英汉句法研究纲要

An Outline of English & Chinese Syntactic Studies

马道山◎著

中国出版集团
世界图书出版公司
广州·上海·西安·北京

图书在版编目(CIP)数据

英汉句法研究纲要 / 马道山著.—广州 :
世界图书出版广东有限公司, 2025.1重印
ISBN 978-7-5192-0982-7

Ⅰ.①英… Ⅱ.①马… Ⅲ.①句法－对比
研究－英语、汉语 Ⅳ.①H314

中国版本图书馆 CIP 数据核字(2016)第 066278 号

英汉句法研究纲要

策划编辑　宋　焱
责任编辑　张梦婕
出版发行　世界图书出版广东有限公司
地　　址　广州市新港西路大江冲25号
http://www.gdst.com.cn
印　　刷　悦读天下（山东）印务有限公司
规　　格　710mm × 1000mm　1/16
印　　张　19.25
字　　数　249 千
版　　次　2016 年 3 月第 1 版　2025 年 1 月第 2 次印刷
ISBN　978-7-5192-0982-7/H · 1049
定　　价　88.00 元

主要学术经历及成果

马道山，字炳南，号履坦道长。1987年7月毕业于山东大学外文系；1997年9月—2000年6月于山东大学外国语学院攻读语言学方向硕士研究生，获硕士学位；2000年9月被评为副教授；2007年10月晋升为正教授；1987年7月—2005年4月任教于山东大学威海分校翻译学院；2005年4月至今任教于天津工业大学外国语学院。在各类学术期刊发表论文46篇，译文36篇，出版专著1部，主编论文集1部，译著或参编教参9部，参加各类学术会议交流论文25篇，1部学术论文集任副主编，5部任编委，主持在研省部级哲学社会科学项目1项，主持完成省部级哲学社会科学项目2项，参加国家哲学社会科学基金项目1项，参加完成省部级艺术科学项目1项，参加完成或在研局级科研项目4项。1989年被评为“山东大学优秀教师”，1990年被评为“山东大学教书育人先进个人”，1994年荣获“山东大学(威海)青年教师讲课比赛优秀奖”，2009年5月被评为“天津工业大学教学名师”。现为国际中国语言学会会员、中国翻译协会会员、天津市翻译协会会员，天津市应用翻译协会副主任委员。2013年12月11日被加拿大CSCanada[Canadian Academy of Oriental and Occidental Culture（CAOOC）and Canadian Research & Development Center of Sciences]主办的*Studies in Literature and Language*聘为学术编委。2014年8月26—28日在北京担任“十二五”普通高等教育本科国家级规划教材第二次遴选工作评审专家。2015年8月26日被中国出版集团世界图书出版公司聘为“语言学新视界文库”学术委员会委员。

目　录

第一章 绪 论

在西方语言学学科体系中，句法学是主流语言学，也是美国等西方国家研究生教学和培养中最重要的学位必修课。句法学是利用形式化的视角研究语言问题的科学，强调语言形式的重要性，句法学是现代语言学的中心学科，是语言学研究的重要领域，涉及范围较广。

本书主要采纳形式语法学的理论和方法对英语和汉语的句法现象进行研究。句法问题是语言学研究的核心问题，分析句法现象要着重于对语言共性的研究，从而更好地保证解释的充分性。

本书的撰写目的就是要讨论英语和汉语的句法问题，简要介绍当前形式语言学的基本原理、基本方法和最新研究成果，通过英汉句法对比研究加深我们对汉语和英语语法特别是普遍语法的认识。

本书的主要框架参考了 Radford(2002) 的《最简理论：句法理论与英语结构》(*Syntactic Theory and the Structure of English: A Minimalist Approach*)。从2003年开始，作者给研究生开设句法学课程，本书的内容大部分都是来源于讲课提纲和授课内容，有的内容和以前使用的教材有关，如果没有注明出处，可能是由于上课时疏忽造成的，请读者原谅。曾经使用和参考的教材主要有：

1. Andrew Radford,《句法学：最简方案导论》，外语教学与研究出版社，2000

2. Norm Chomsky, *The Minimalist Program*, 外语教学与研究出版社，2008

3. Jamal, Ouhalla, *Introducing Transformational Grammar*，外语教学与研究

出版社，2001

4.Cook，V，*Chomsky's Universal Grammar: An Introduction*，外语教学与研究出版社，2000

5.Baltin, M. et al.（eds），*The Handbook of Contemporary Syntactic Theory*，外研社，2001

6.Andrew Radford,《最简方案：句法理论与英语结构》，北京大学出版社，2002

7.Andrew Carnie, *Syntax: A Generative Introduction,* Blackwell Publishing, 2002

近三年来该课程作为专业学位课，教学效果突出。已经有了《句法学》讲义和多媒体课件，从2007年招生至今共10届研究生一直在上课使用。

句法学是现代语言学的中心学科，涉及范围较广。

梅德明编写《现代句法学》由上海外语教育出版社出版，各章的排序有其明确的用意：第一章和第二章从宏观和微观两个层面展现语言系统及语句成分，为以后各章的讨论做了铺垫。第三章和第五章论述了"组合"和"移位"这两种句子成分基本表现形式的操作机制。第四章和第六章介绍了现代生成句法学发展过程中两个革命性阶段的标志性理论。第七章突破了狭义句法的界限，探讨了形式句法研究与形式语义研究之间的相互影响和促进作用。第八章则运用现代句法学的自然主义语言观对语言习得机制的生理/心理支配原理进行诠释。这是一本用汉语撰写的高等院校英语语言文学专业研究生系列教材。

《句法学：最简方案导论》[瑞德福特（Andrew Radford）、顾阳，外语教学与研究出版社，2000]是当代国外语言学与应用语言学文库中的一册。全书共分十章，主要介绍了语法、词类、结构等方面的内容。该书内容全面，具有较强的科学性、系统性、理论性及知识性，不仅可供初学者学习，同时对研究者也具有参考价值。这是一本用英语撰写的普及性教材。

Andrew Radford撰写的《最简句法入门：探究英语的结构》（外语教学与研究出版社、剑桥大学出版社，2009）清晰详尽地介绍了建立在乔姆斯基最简方案理论基础上的一些最新句法理论。作为句法学理论和英语句法教材，《最简句法入门：探究英语的结构》内容丰富、由浅入深、可读性强，每章结束后都配有练习题供学生深入分析英语短语及名子，书中还提供了一个内容丰富的术语词汇表。即便是对句法理论不了解的读者亦可使用。

下面是句法学研究的专著或文集，可供研究生参考。

由黄正德（C.-T.James Huang）、李艳慧（Y.-H.Audrey Li）、李亚非（Yafei Li）主编，张和友翻译的《汉语句法学》（北京世界图书出版有限公司，2013），不仅选用了现存的或可能存在的论述，而且运用自己的分析，对汉语的大多数结构进行解析；这些结构在过去二十五年的理论语言学中起着重要作用。《汉语句法学》涉及各种论题，包括词类、论元结构、被动句以及照应语等。

宁春岩主编的《什么是生成语法》（上海外语教育出版社）内容简介：生成语法是由诺姆·乔姆斯基在20世纪50年代初创建的，一直是美国乃至当今世界影响因子最大、最具有科学生命力和最受关注的语言科学学派之一。全书以问答的形式，简介了生成语法的方方面面，包括其重要的理论、观点、研究方法、发展前景等，初学者可以《什么是生成语法》为入门读物，较快地掌握生成语法的概貌。

张伯江编著的《什么是句法学》分为五个部分，以浅显的语言生动地介绍了句法学涵盖的各主要理论概念及其相互关系等。尽管目前句法学不同学派之间仍存在一些理论分歧，但《什么是句法学》涉及的大多是各学派普遍认同的概念，有利于读者无偏颇地了解句法学的核心内容。书中提供了多种语言实例，以帮助读者了解世界语言的多样性，同时本书还尽可能结合汉语的实例来探讨普通句法现象，旨在引领读者在世界语言的范围内来进一步认识和研究汉语。本书是理想的句法学入门读物。

罗志野主编的《汉英句法学比较探索》(哈尔滨工程大学出版社)从普遍语法的理论出发,跟踪句法学的发展历史,运用最新的研究成果,以句法结构历史的研究为素材,尝试着对汉英两种语言的句法结构进行比较探索。作者相信,所有的语言经过长期的国际交往和相互融合,最终必然趋向于普遍语法。《汉英句法学比较探索》包括8篇论文,从不同的角度探索汉英句法的比较。

上面这些教材都是以英语句法为研究对象,缺少对汉语句法的系统研究或对比研究。本教材《英汉句法研究纲要》拟用汉语针对英汉语的句法现象进行对比研究。

在最简方案中,传统概念上的管辖已经不复存在,取而代之的是概括性更强的特征核查理论。作为一门科学,在设计理论模式时,生成语法所关注的是理论的正确性,而非理论本身的建立过程,所以一旦发现有纯粹为理论建设过程设置的原则或假设时,就会将它们抛弃,如深层结构、表层结构等在最简方案中都被排除在普遍语法构成成分之外。对于初学生成语法理论的学生来说,很重要的一点是明白为何该理论体系如此关注语言知识的形式化。这里的语言知识是指大脑中内在化的语言知识,所谓形式化是指语言学家用科学的仿古法对这种语言知识进行假设,再运用语言学符号和表达式所做的抽象性的概括。理论的严密性与解释力与形式的抽象性成正比,所以生成语法学家设计出来的理论模式要与现实接近乃至能够揭示语言机制的完美性、优化性的目标相一致,必须具有高度的概括性。最简方案将此具体成为经济原则,并将它作为理论建设中的工作原则。比较是人类认识世界的重要方法,也是语言研究的基本方法之一。中国语言学大师赵元任先生说过:“所谓语言学理论,实际是就是语言的比较,就是世界各民族语言综合比较分析研究得出的结论。”比较语言学在中国是一门相对新兴的学科,近些年来,它得到了迅速的发展并取得了丰硕的成果。不同语言的对比分析不仅有利于教学和翻译,也有助于语言交际。通过对比分析,人们可以进一步认识外语和母语的特性，在进行交际时能够有意识地注意不同语言各自的表现方法，以顺应这些差异，防止表达错误，避免运用失当，从而达到交际的目的。在英语学习的过程中，由于语言本身以及文化和思维方式的差异，使中国学生遇到许多困难。在这其中，英汉句法结构存在的差异是英语学习的难点之一。本书旨在对英汉句法结构方面的宏观和微观差异（英汉基本句型、单复句、句子成分的差异和词序）进行一个比较详尽的对比，通过对其异同点的分析使中国学生对这两种语言的特点有一个清晰的认识，从而提高他们驾驭语言的能力。

首先简述句法学研究，介绍句法学知识，然后讨论句法学的研究原则、研究目标与方法，通过比较英汉语句法现象，了解语言研究本质，认识语言共性。这样我们对句法学的运作态势方可有一个基本的认知，为实际操作提供一个可行性框架。

本教材旨在讨论中英文句法方面的差异，因此从宏观和微观两个方面对这个主题展开论述，并结合具有说服力的例句加以证明。首先要区分对比语言学和历史比较语言学的概念，对英汉对比语言学的起源、现状和发展概况做了综述，对当代从事英汉对比研究的著名专家、学者的专著和研究成果做了介绍并提出了本书进行语言对比研究的层面和方法；然后对英汉句法方面的特征做宏观的介绍和论证；再从英汉基本句型，英语并列句、复合句、并列复合句和汉语复句的差别以及各句子成分和词序的异同等方面以英汉句法微观的角度做了详尽的论述；最后总结了英汉句法对比研究的成果对英语教学、汉语对外教学和翻译的作用和意义。

生成语法的句法理论自20世纪90年代以来有了重大的革新，其中最重要的就是乔姆斯基的最简方案理论框架和围绕这一理论所展开的一系列语言学本体研究和跨语言共性研究。在过去的10年中，各种以最简方案为模式的理论修正和尝试不断涌现出来，这反映出最简方案所勾画的理论体系还有待于严密细致的科学验证。本课程的目的就是简要地介绍最简方案的理论框架，让学生了解句法学的最新发展，并引导学生把这一理论框架纳入到现代汉语的研究中。

第一章语法分成4个学时完成教学任务，主要介绍生成语法学家关于语法概念的哲学理念和语言机制的四个特征。第二章词类或范畴分成4个学时完成教学任务，主要介绍生成语法学家关于词类的划分，对于初学者来说，功能性词类的概念比较新，例如英语中限定词词组中的中心语等。第三章结构分成4个学时完成教学任务，主要介绍生成语法学家如何致力于求证词组结构遵循两枝分叉的原则，即由任何词类为中心语所构成的词组均严格遵守这个原则。第四章空词类分成 4 个学时完成教学任务，主要介绍生成语法学家关于空词类的重要概念。第五章中心语移位分成4个学时完成教学任务，主要介绍生成语法学家关于中心语移位的解释。第六章算子移位分成4个学时完成教学任务，主要介绍疑问句中疑问词语和倒装否定句中有关词语移动的动因和所遵守的原则。第七章主语分成4个学时完成教学任务，主要介绍生成语法学家如何验证语义主语和结构主语的区别。第八章论元移位分成 4 个学时完成教学任务，主要介绍生成语法学家基于论旨关系准则认为论元以为是将一个名词词组移动到一个非论元位置的各种理论性问题。

学生应该在修完《普通语言学概论》后，有一定基础才可以学习本课程。

1.1 关于语法概念的哲学理念

任何一门语言中构成句子、词组和单词的结构规则都可以称为语法。国内语言学家一般认为，语法是语言的结构规则（张静等，1980:71；邢福义等，1991:254；周一民，2006:276），或组词造句的规则（北京大学中文系，2004:261），或是一种由小的音义结合体组合成大的音义结合体所依据的一套规则（陆俭明，2003:12-13）；语法是语言或语言单位的结构规律或法则（黄伯荣、廖序东，2002:1；张志公等，1985:4）。乔姆斯基（1995:167）认为语法就是关于具体语言的理论，反映了这门语言的整体特征。语言学家认为语法的定义比较具体，每个说话的人在自己的大脑当中都存储着关于自己母语的一系列规则，这套规则体系就是语法，不是后天学来的而是先天就有的，大部分语法信息是在婴儿时期通过观察其他人说话获得的而不是有意识学习来的。

从传统意义上说，语法一般被划分为两个互相关联但又不同的研究领域：形态学和句法学。形态学主要研究单词是如何通过更小的语言单位语素构成的，主要回答一系列关于构成单词的构件也就是语素是通过什么原则怎样构成整个单词的问题。比如说，英语的单词“antidisestablishmentarianism”就是由7个不同的语素构成的。汉语不像英语那样，不是字母语言，而属于孤立语。不同于黏着语的是，汉语主谓宾结构严谨；也不同于屈折语，汉语无多少屈折变化。这里的所谓孤立不是指“唯一的”“没有相同群体的”意思，而是语言学里的一个关于语法特点的概念。汉语的字和词语与英语单词的关系很微妙，英语单词相当于汉语的字呢？还是词语呢？汉语的字是语素吗？汉语的偏旁部首可以看作是语素吗？汉语的词语如“葡萄”等作为语素是例外吗？在本书中我们不打算研究形态学的问题，限于篇幅关系，我们将另文探讨。

句法学主要讨论单词是通过什么规则结合在一起构成句子或词组的，回答到底是什么原则决定了我们能够或不能够把一些单词构成句子或词组。比如，英语特殊疑问句可以说“Who did you see Mary with?”，但是不能说“*Who did you see Mary and?”。汉语的特殊疑问句和英语不一样，英语的特殊疑问词在特殊疑问句中一般是需要提前到句首的，而在汉语的特殊疑问句“你看到玛丽和谁在一起了？”中疑问代词“谁”并没有移动，而是留在原位，这些差异背后有什么共同的语法规律呢？什么样的普遍语法原则可以解释特殊疑问句所表现出来的这种不同语法现象？这些问题都是句法学需要解决的问题。

英语和汉语存在上述这种表面的差异，大家都知道。母语为英语的人在说特殊疑问句时，不会犯错误，不会把疑问词留在原位；同样，母语为汉语的人在说特殊疑问句时，也不会犯错误，不会把疑问词移动到句子的最前面去。这是不是说明，讲母语的人对自己母语的语法知识掌握得很好，但是这种语法知识到底是后天学来的还是先天就有后天获得的？同样，母语为英语的人在说“I like syntax”的否定式时会说“I don't like syntax”，而不说“*I no like syntax”；母语为汉语的人在说“我喜欢句法学”的否定式时会说“我不喜欢句法学”，而不是“*我喜欢不句法学”。所以，讲母语的人不仅懂特殊疑问句的句法知识，而且也懂否定句的句法知识。这些知识不是后天有人告诉他们的，而是他们先天就有的，这种知识是天赋的，是人脑中的语言机制决定的。这些知识是隐性的，而不是显性的；是下意识的，不是有意识的。这种语法知识来源于讲母语的人所拥有的语言能力（competence），这种语言能力是关于如何构成和解释语言中单词、短语和句子的一种心照不宣的语法知识。这种语言能力是我们基因所决定的，是我们与生俱来的能力，是我们从娘胎里带来的一种能力。这种语言能力是人类独有的一种能力，动物没有，鹦鹉虽然能学舌，但是只能局限于简单的模仿。人类是可以用有限的规则生成无限的句子，动物不能，动物没有这种与生俱来的语言能力，动物不懂得规则，没有句法规则所以生成不了句子。

生成语法主要关注语言机制的状态，语言机制表现为某种具有认知特点和能力的矩阵，是人类大脑或心智的特别构成成分，决定了每个具体的人的语言能力。由于基因的决定，语言机制具有一种初始状态。在不断的发展中，一般情况下，语言机制在儿童早期会经历一系列的状态，然后达到一种相对固定的稳定状态，以后除了词库之外语言机制很少发生变化。语言机制的初始状态对于整个人类都一致，在初始状态所获得的语法理论就是普遍语法，也有人翻译成普世语法。初始状态表现出许多特征，这些特征在生物界显得不同寻常。大概在一岁左右，儿童的母语便发展到早期语法阶段，可以称为初始语法。

我们提到了语言能力(competence),这是语言学家乔姆斯基在20世纪60年代提出来的,他认为语言能力指的是母语讲得流利的人对自己语言知识心照不宣的掌握,指说话者和听话者的语言知识,这种能力不同于语言运用,语言运用指的是,在实际生活中通过别人在特定场景下所说的话,人们所说的话或者所听懂的内容,是在具体情况下语言的实际使用。这两个术语的区别一般在普通语言学课程里已经讲到。有一个问题必须搞清楚,我们研究语法,研究句法,要想搞明白语言的本质,是应该更多地研究语言能力呢,还是语言运用?

在实际生活中,我们说话的时候有时会出现口误,有时候还会误解别人所说的话,这些属于语言运用的问题,是语言运用的失误,可能是由于我们说话时感觉到注意力分散、疲劳、倦怠、难受、酗酒、吸毒等引起的,这些外来因素是产生口误和误解的主要原因,所以说,语言运用不能准确地反映我们的语言能力。出现上面这些情况,并不能说明我们不懂这门语言,不能说明我们没有关于这门语言的语言知识,不能说明我们失去了流利的语言能力。

我们研究语法,学习语法,就是因为语法可以告诉我们要流利地掌握一门语言需要了解多少语言知识,我们学习英语语法就是因为我们希望自己能像美国人和英国人那样流利地说英语并正确地用英语。显然,语法和语言的流利性有关,语法关注的对象应该是语言能力,而不是语言运用,这就是生成语法的主要思想。这并不意味着语言运用不值得去研究,而是说语言运用可以是心理语言学研究的对象,因为心理语言学研究语言产出和理解背后的心理过程。但是语言能力的研究可以加深人们对语言运用的研究,因为我们要研究外来因素对语言知识的影响,研究注意力分散、疲劳、倦怠、难受、酗酒、吸毒等因素对语言知识的影响,就必须先关注我们作为讲母语的人对自己的母语有哪些心照不宣的知识。到这里,我们可能已经回答了上面提到的那个问题。

那个问题的答案就是,语法是关于语言能力的研究,这种理念显然和认知有关，也就是说，语法的本质就是认知。语法能力指的是讲母语的人关于自己语言的语法知识，语法是更宽泛的认知研究的一部分。所以说，转换生成语法是认知语法的始祖。

1.2 关于语言机制的特征

语言机制，也叫语言获得(language acquisition)程序，是人类大脑中的基因遗传算法，是生理决定的，天生就有的，语言获得过程是由这种天赋的语言机制所决定的。儿童在语言经历的基础上通过一系列程序算法形成语法。儿童首先观察周围的人们是如何使用语言的，听到了语言中的固定词组及其用法，了解到了这些词组的使用上下文，这些属于儿童的语言经历。语言经历输入到儿童的语言机制里去，儿童就开始下意识地对输入进来的语言经历进行分析，从而给所获得的语言设计出来一门语法。这样，输入到语言机制里的语言内容就是儿童的语言经历，而语言机制输出来的是儿童所获得语言的语法。乔姆斯基把上述这种语言获得程序用形式化的方式表示如下：

(1)

语言机制的提出，很好地回答了儿童是怎样获得母语语法的问题，回答了儿童在获得母语语法时是何时形成初始语法以及以后语法发展都有哪些阶段等问题。语言获得是由天生带来的语言机制所决定的假设，就是所谓的天赋假设。乔姆斯基认为，语言获得只有人类才有这样的能力，和人类学习其他各种活动都不同，因为学习语言需要心智过程，而学习开车和学习玩电脑游戏都不一样。这种看法不是空穴来风，是有下面四条证据的。

第一条证据来自于人类所具有的独特的语言获得能力，这种独一无二的能力是其他物种都不具有的。人类拥有有限的语言原则，这些原则植根于人类心智品质中决定了人类语言的本质。

第二条证据是语言获得能力人皆有之，这种能力和人的基本智力无关。病人，或智障人所拥有的语言能力远远超过了类人猿，虽然类人猿可能在其他方面，如解决问题的能力以及其他生存行为方面，比智障人要高得多。人类和类人猿的基因99.9%是相同的，但是正是由于0.1%的基因不同，人类具有了天赋的语言机制，而类人猿没有，其他动物也没有。

第三条证据来自于儿童语言获得的快速性。一般来说儿童在12个月到18个月年龄期间，语言能力发展较慢，儿童只会说一个单词，一般不会使用屈折变化，不会把单词串成两个或三个单词的词，比如，母语为英语的儿童只会说“Baba”、“Mama”等简单词汇，母语为汉语的儿童只会说“狗狗”、“咪咪”等基本单词。但是当年龄到了18个月时，儿童的语法知识突然迸发出来了，他们开始学会使用屈折变化，比如，儿童可以说“doggies”，知道“doggies”是“doggie”的复数，知道在名词后面加上“s”就会构成名词的复数；儿童会用动词的分词形式，知道在动词后面加“ing”就可以构成动词分词，比如，他们会说“going”，知道“going”是动词“go”的分词。不仅如此，这时候的儿童还可以说两个或三个单词构成的短语，比如，母语为英语的儿童会说“Daddy going”、“want doggie”和“Mama go bed”等，母语为汉语的儿童会说“吃果果”、“妈妈要”、“爸爸玩”等。年龄到了30个月时，儿童语言的发展迅速加快，基本掌握了词的屈折变化以及基本的语法结构，可以和大人一样说话了。比如，母语为英语的儿童虽然会犯一些形态或句法错误“Mimi goed there with Mummi.”“What doggie can do?”，但是已经可以说“Where is Mimi going?”，“What is doggie doing?”，“Can we go to the park?”等句子，母语为汉语的儿童会说“狗狗吃骨头”，“黑蚂蚁小青买了一块大蛋糕”，“太阳回家吃晚饭了”，“太阳妈妈叫她回家了”等句子。儿童如果生下来没有语言机制，怎么可能在这么短的时间内构建了一门完整的语法。

上述例子说明儿童在语言获得模式和语法类型方面具有一致性，这是天赋假设的第四条证据。这种一致性证明儿童在构建自己母语的语法时需要基因的引领。人们已经发现,尽管智力不同环境不同,讲同一门语言的人构建的语法体系几乎没有什么不同,他们所获得的语法知识基本相同。

儿童的语言经历毕竟有限,所获得的语言输入并不是完美无缺的,由于儿童的语言经历基于成年人的语言运用,所以他们的语言经历往往不能准确反映他们的语言能力。正如乔姆斯基所说:“很多成人话语存在错误的开头、不连贯的词组和其他有悖于理想语言能力的言语。”(乔姆斯基,1972a:158)笛卡尔曾经问过这么一个问题,就是如果我们面前有一个不规则的三角形,我们是怎样判断出来它是一个三角形呢?我们所观察到的数据和我们所构建的概念之间存在着差异,我们之所以把这个图看成是三角形,是因为在我们的大脑里面我们的心智很自然地对三角形的图形进行了心理构建(乔姆斯基,1968:687)。同样,虽然儿童们所接受到的语言输入由于语言运用失误表现出不合语法的现象,但是儿童们通过遗传基因能够分析这些不合语法的句子所特别具有的语法特征,他们可以通过这些退变的语言经历形成自己的语言能力,了解怎么样产出合乎语法的句子。乔姆斯基指出,语言获得完全是不由自主的无意识行为,因为儿童不能有意识地选择是否要获得自己的母语,正如他们不能有意识地选择是否要学走路一样。语言获得行为是不需要指导的,父母不能教孩子们学说话。乔姆斯基说得好,即使对儿童的语言获得没有进行特殊的照顾,也没有给于他们特别的关心,他们照样成功获得语言(乔姆斯基,1965:200-201)。

1.3 原则与参数

1.3.1 原则

语言机制如果真是天生就有的,那么语言机制有什么特征呢?一个儿童为什么在那么短的时间内能掌握自己的母语呢?即使这位儿童的父母是中国人，如果他的养父母是美国人，他在美国长大，那么他掌握的第一语言应该是英语。这是不是说明一个问题：儿童的语言机制中一定有一系列的普遍语法原则，这些原则让儿童在任何情况下都能在一定的时间内根据自己的语言经历而学会一门语言，不管这门语言是什么语言。就是说，儿童无论放在什么环境中，只要在这个环境里得到了一定的语言输入，在一定时间内就一定能学会这门语言。这些语言输入激发了儿童语言机制中的普遍语法原则，使得儿童自然而然地形成了一种可以称之为算法的语法模式和语法体系。如果真的存在包含着普遍语法原则的语言机制，那是不是就等于说儿童的语言能力就不是后天而成的，而恰恰相反应该是先天就有的，这部分内容不是通过后天经历而获得的，是人的生理机制决定了他一生下来就拥有了这样的能力。如果说普遍语法原则的语言机制不是因人而异的，无论讲什么语言，人与人之间的这种语言机制都几乎没有什么差异，那是不是就意味着受先天决定的语法原则也应该是普遍的。这就是为什么我们说要研究语言的本质就要研究决定语言结构的普遍语法原则，找到了普遍语法原则就找到了自然语言的语法运作，就找到了决定语言结构的抽象原则，这种抽象的普遍原则是不可能通过后天经历学习的。普遍语法原则是人类先天生理因素所赋予我们的抽象的普遍的原则，决定了人类语言能力的获得。所以我们学语言学，就是要研究语言的本质，就是要研究语言的普遍语法原则，就是要研究人类的语言能力是如何获得的。

那么，同学们，我们马上就面临着一个新的问题，那就是，既然普遍语法原则是抽象的，又是人与生俱来的，我们怎么去研究普遍语法原则？怎么去找到普遍语法原则？我们怎么能够确认我们找到的就是普遍语法原则？这是不是一个新问题？语言学家怎么解决这个问题呢？他们说，既然普遍语法原则是普遍的，那就是说，在任何一门语言中，这种原则都会在任何一种语法操作中存在，你可以随便找一门语言为例子，从这门语言中去观察和探索到底每一种语法操作都揭示出来有什么样的语法原则在起作用，这些语法原则可以成为假设，在语言事实中不断地得到验证和修正。

常见的例子是英语的简单疑问句，也叫是非问，这些问句可以简单地用“是”或者“不是”来回答。同学们比较一下下面例子中简单疑问句(2b)和相应的陈述句(2a)，就可以很容易的发现一点规律。

(2)a. You will hate syntax.

b. Will you hate syntax?

大家看，发现了什么问题？是不是简单疑问句(2b)和相应的陈述句(2a)有一定的关系啊？很简单，一眼就可以看出，简单疑问句是把陈述句中的“will”这个单词提前了，提到主语“you”的前面了。这种语法操作我们学过叫作疑问句倒装，倒装值得是单词的循序。这种倒装，我们是否可以把它描写为(3)：

(3)在英语中，把第二个单词移位到第一个单词的前面。

但是，同学们都知道，这种说法有问题啊，至少是描写不充分吧。为什么这么说呢？看下面的例句：

(4)a. The students will hate syntax.

b. *Students the will hate syntax?

(5)a. We hate syntax.

b. *Hate we syntax?

例(4—5)中的b句都不能那么说。大家都知道错在哪里。错在把第二个单词移位到第一个单词的前面。这种错误是什么性质的错误？句法学上称之为结构不依存，就是说，这种句法操作没有依存于句子的句法结构，结果就是，按照(3)的说法，我们在句法运作过程中可以不考虑句子的结构。但是实际情况是，句法操作不能独立于句子结构进行。语言学家还没有发现(3)在任何一门语言中可以独立于句子机构进行倒装操作，这种情况让我们得出这样一个假设，那就是，在句法理论中我们不可以进行像(3)这样独立的句法操作，也就是说，句法操作只能运用于某种句子中。这种句法原则就可以成为语言机制内一种普遍语法原则。

(6)结构依存原则：

所有的句法操作都是结构依存的。

既然是普遍语法原则，那么不言而喻的就是，这个结构依存原则在汉语里面也具有效力。是吧？那么，在汉语是非问句中，这个原则有解释力吗？汉语的是非问句是怎么构成的呢？看下面的例句：

(7)a. 学生讨厌句法学。

b. 学生讨厌句法学吗?

一般情况下，我们在陈述句中加上“吗”就可以把它变成是非问句。

(8)是非问句转换规则：

在陈述句中加上“吗”就可以把它变成是非问句。

问题似乎不是这么简单，我们把例句(7)中的句子稍微做一下变化，就可以成为下面的句子：

(9)学生吗，讨厌句法学。

“吗”这个字，放的位置不一样，得出的句子也不一样。例句(9)就是陈述句，“吗”的作用是用在句子中间表示停顿。这个结构依存原则在汉语中也起着相当重要的作用。句法操作确实不能独立于句子结构进行，句法操作是依存于语法结构的。

现在，我们把(3)修改一下。(3)的错误是说移位的成分是第二个单词，实际上移位的成分是一个重要的语法范畴，即助动词。那我们可以把(3)修改成(10)吗？

(10)在英语中，把陈述句中的助动词提到句子的前面就可以变成一般疑问句。

是这样吗？再看下面的例句：

(11)a. Down will come prices.

b. *Will down come prices?

在例句(11)中，我们明明是把助动词移位到句子的最前面了，怎么还有问题呢？原来在(11)中，助动词移位到副词的到前面，而不是用作句子主语的名词词组前面。我们可以把(10)修改成(12)：

(12)在英语中，把陈述句中的助动词提到用作句子主语的名词词组的前面就可以变成一般疑问句。

那么，根据(12)，(11)和(4)就可以分别变成(13)和(14)这样合乎语法的句子了。

(13) Will prices come down?

(14) Will the students hate syntax?

那么，我们现在再回到汉语。在汉语中，陈述句的后面加上“吗”是可以把它变成一般疑问句的。我可以把(8)修改改为(15)：

(15)是非问句转换规则：

在汉语中，陈述句后面加上“吗”就可以把它变成是非问句。

当然，(15)并不全面。事实上，我们讲话时，陈述句句末用升调就可以把它变成是非问句。所以，(15)可以修订为(15’)：

(15’)是非问句转换规则：

在汉语中，陈述句句尾用升调或者加上“吗”就可以把它变成是非问句。

讲到这里，大家是否可以看出，结构依存原则似乎在英语和汉语中都能起到同样的作用。英语和汉语是非问句的例子可以证明，结构依存原则是普遍语法原则中的重要原则，我们可以把这个原则看作是放之四海而皆准的普遍原则，在所有的自然语言中都有效。如果这种看法正确的话，如果说普遍原则都是天生就有的原则，那么，我们可以认为，结构依存原则是语言机制的一部分，是儿童天生就有的原则。语言机制中包含着一系列的普遍语法原则，儿童可以运用这一系列的程序去掌握任何一门语言的语法。儿童的语言经历通过普遍语法程序成为了语言机制中不可分割的一部分，最大限度地降低了儿童学习语法的负担，只有这样，才能够解释儿童为什么可以在那么短的时间内掌握自己的母语。只有能够充分解释儿童为什么可以在那么短的时间内掌握自己的母语的语法，才是具有充分解释力的语法。普遍语法理论就是具有充分解释力的语法，我们可以把(1)修改成(16)：

(16)

语言经历 → 普遍语法 → 所获得语言的语法

1.3.2 参数

前文我们讲到人类语言机制中内在的普遍语法原则是我们天生就有的，这些原则在自然语言中没有任何差异。可是，就拿英语和汉语来说，如果普遍语法原则在自然语言中没有任何差异，那么，英语和汉语的语法结构应该完全一样才对。事实上，我们从上面两种语言中的是非问句来看，谁都不能否认的一点就是，英语和汉语的语法结构差异很大。在英语中，根据(12)，把陈述句中的助动词提到用作句子主语的名词词组的前面就可以变成一般疑问句；而在汉语中，根据(15)，陈述句句尾用升调或者加上“吗”就可以把它变成是非问句。非常明显，虽然普遍语法原则决定了所有语言中的单词、词组和句子如何构成语法结构的总体轮廓，但是，儿童在掌握自己的母语时还面临着一个任务：需要去学习语法结构中那些母语中特别的语法规则。普遍语法原则是儿童自然而然获得的，而母语中不同于其他语言的具体的句法结构是需要儿童去后天学习的。这些需要儿童后天学习的句法结构就是所谓的参数，因语言不同而不同。换言之，儿童对句法结构的学习局限于对个别语言参数的设定。

句法学家常常谈到三种参数：空主语参数、疑问词移位参数和中心语参数。

第一种参数，句法学家常常拿英语和意大利语做例句(Radford,2002:17)。在意大利语这类语言中，定式动词可以允准显性主语，也可以允准隐性主语或者说空主语，但是在英语这类语言中定式动词只能允准显性主语，不允准隐性主语或者说空主语。

(17) a. Maria parla francese.

b. Parla francese.

c. Maria speaks french.

d. *Speaks french.

在意大利语（17a、b）中，显性定式动词“parla”既可以允准主语“Maria”出现在句首，也可以省略，（17b）相当于省略了主语“他”或“她”，句子的意思是“他/她会说法语”。同样，在英语（17c）中，显性定式动词“speaks”可以允准主语“Maria”出现在句首，而在英语（17d）中，显性定式动词“speaks”前面如果像意大利语一样省略主语，句子就不合乎语法。因此，像意大利语这类语言可以说属于空主语语言，而像英语这类语言则属于非空主语语言。英语和意大利语之间的差异就是因为在是否携带主语方面存在着某种参数，这个参数就是空主语参数。世界上的自然语言大概就两种，要么可以允准空主语，要么不能允准空主语，应该没有第三种可能。我们不妨看一下汉语。

（18）a. 同学们上课了。

b. 上课了。

（19）a. 张三去图书馆了。

b. 去图书馆了。

（20）a. 李四要吃面包。

b. 要吃面包。

汉语确实是一门很有意思的语言，汉语中没有时态标记，没有定式和不定式的区别（Hu, Pan and Xu, 2001），所以，如上（18—20）所示，汉语句子中的动词由于没有定式和不定式的区别，既可以携带主语又可以省略主语。汉语是典型的空主语类语言。

第二种参数是疑问词移位参数。在英语类语言中，特殊疑问句中的疑问词或者疑问短语要移动到句子的最前面，而在汉语这类语言中，特殊疑问句中的疑问词或者疑问短语留在原来的位置上，不需要移位。英语和汉语在特殊疑问句中存在的差异就是在英语这类语言中疑问词或者疑问短语需要提升到句首位置，而在汉语这类语言中疑问词或者疑问短语留在原位，这种语言之间的差异就是疑问词移位参数。

在英语特殊疑问句中，疑问词或疑问词词组需要向前移动到句首位置。在本节我们所关心的是在疑问句中疑问算子的显性移位，见下例[1]。

(21)a. What can you say?

b. You can say what?

上述两个句子中助动词“can”占据了标句词组（CP）的标句词（COMP）位置，助动词前面的位置是指示语位置，在（21a）中，疑问词“what”位于指示语位置。在疑问句中位于指示语位置的疑问词在生成语法中称之为算子，因此，这个英语句子中的疑问词“what”就是一个疑问算子。从（21b）这个回声问中可以看出，疑问算子“what”是动词的补足成分，作宾语，通过算子移位移动到（21a）的指示语位置，见（22）。

(22)

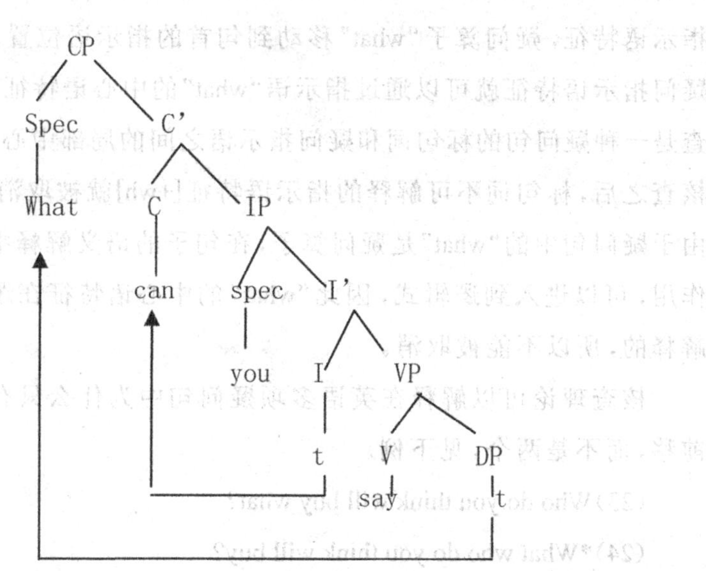

如（22）所示，疑问词“what”从句末的宾语位置移动到句首的标句词组（CP）的指示语位置，这样疑问算子“what”移动到句首的指示语位置就

[1] 本节中的例句基本上参考 Andrew Radford (1997)，有些例句可能有所改动。

是所谓的疑问算子移位，在生成语法的疑问句研究中有时候也称之为疑问词移位（Wh-movement）。根据“最简方案”（MP），疑问算子移位是由启发式的自身利益（enlightened self-interest）所引起的，也就是说，为了核查其他成分的特征而触发疑问算子移位，因此，疑问算子移位的动机是利他主义（altruism）的行为。标句词组（CP）的中心成分标句词（COMP）具有疑问[+wh]指示语特征，疑问算子如例（22）中的“what”具有疑问[+wh]中心语特征。为了核查标句词（COMP）的疑问指示语特征，疑问算子“what”移动到句首的指示语位置，这样标句词的疑问指示语特征便得到了核查。由于指示语特征是不可解释的，也就是说，这个特征不能进入逻辑式中去，标句词的疑问[+wh]指示语特征一旦得到了核查，就被取消。在（21a）中，由于疑问句的标句词是强中心语，助动词“can”必须从屈折形式INFL位置移动到标句词位置。疑问句的标句词具有疑问[+wh]指示语特征，疑问算子“what”移动到句首的指示语位置，这样标句词的疑问指示语特征就可以通过指示语“what”的中心语特征得到了核查。核查是一种疑问句的标句词和疑问指示语之间的局部中心语指示语关系，核查之后，标句词不可解释的指示语特征[+wh]就被取消了，见例（22）。由于疑问句中的“what”是疑问算子，在句子的语义解释中起着决定性的作用，可以进入到逻辑式，因此“what”的中心语特征在逻辑式中是可以解释的，所以不能被取消。

核查理论可以解释在英语多项疑问句中为什么只有一个疑问算子前移，而不是两个，见下例。

（23）Who do you think will buy what?

（24）*What who do you think will buy?

在例（24）中，疑问算子“who”移动到指示语位置后，标句词组的指示语特征[+wh]经过核查后就被取消了。取消之后，这一语法特征便不必再被核查，因此其他疑问词就不能再移动到指示语位置了。“最简方案”的核查理论对英语多项疑问句中为什么只有一个疑问算子向前移位的问题做了简洁明了的解释。

经济原则可以解释为什么在例(23)中,疑问算子“who”可以移动到指示语位置而“what”则不能,见例(25)。

(25)*What do you think who will buy?

这是由于疑问算子“who”比“what”离标句词近一些,经济原则要求疑问词做最短移位。因此标句词把最近的疑问算子“who”吸引到了指示语位置,而“what”离标句词远一些,经济原则不允许它越过“who”移动到指示语位置。

但是,像(26a)这样的疑问句中疑问词是主语时,是不是也可以这样解释呢?如果我们认为所有的特殊疑问句中都包含着一个疑问算子,而这个疑问算子又必须移动到指示语位置的话,那么例(26b)中的疑问算子“who”就必须移动到指示语位置,如下所示。

(26)a. Who helped him?

b.

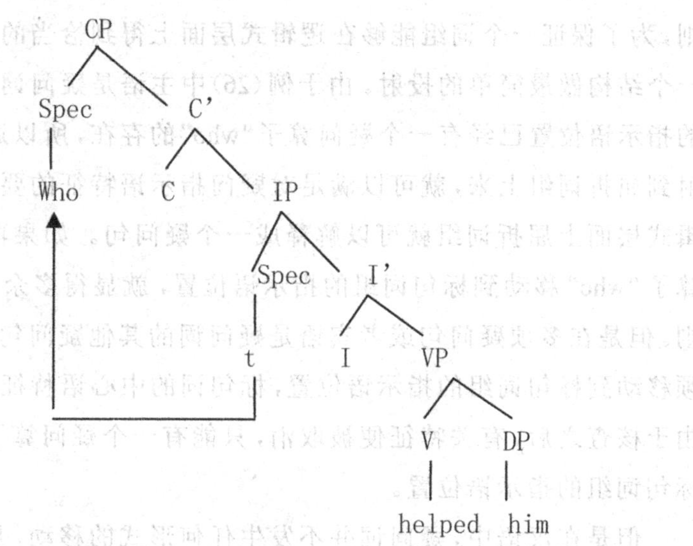

由于英语疑问句中标句词的疑问特征是强的,能够触发助动词倒装。也就是说,我们可以假设疑问算子“who”后面跟一个弱读的助动词“did”,而成为例(27)。

(27)*Who'd help him?

例(27)是一个不合乎语法的句子。这说明把疑问算子"who"移动到指示语位置是错误的。如果"who"不移动到指示语位置而留在原位，那么(26a)这个句子的结构应该是(28)而不是(26b)。

(28)

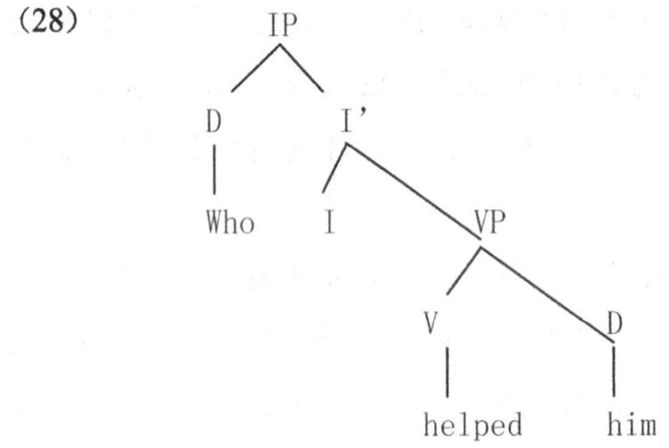

这说明英语疑问句主语是疑问词时，这类疑问句的结构应该是屈折词组IP。为什么会出现(23)和(26)这样的不对称现象呢？根据经济原则，为了保证一个词组能够在逻辑式层面上得到恰当的解释，我们只把一个结构做最简单的投射。由于例(26)中主语是疑问词，在屈折词组IP的指示语位置已经有一个疑问算子"who"的存在，所以通过只把句子投射到屈折词组上来，就可以满足对疑问指示语特征的要求。这样，在逻辑式层面上屈折词组就可以解释成一个疑问句。如果再费周折把疑问算子"who"移动到标句词组的指示语位置，就显得多余，违背了经济原则。但是在多项疑问句或者宾语是疑问词的其他疑问句中，疑问算子必须移动到标句词组的指示语位置，标句词的中心语特征才能得到核查。由于核查之后，有关特征便被取消，只能有一个疑问算子被允准移动到标句词组的指示语位置。

但是在汉语中，疑问词并不发生任何形式的移动，那么应该怎样解释疑问算子移位问题呢？汉语中与(21)相对应的句子应该是(29)[2]。

[2] 本节中的汉语例句作者参考了 Andrew Radford(1997)的有关英语例句。

(29)你能说什么？

有趣的是，例(29)在结构上和例(24a)不相同，在英语的句子中疑问词发生了移动，而在汉语中没有；而例(29)在结构上和例(44b)却相同，英语的回声问和汉语的特殊疑问句在结构上相同，都没有发生疑问词移位。根据以上观察，我们可以把(29)的结构用树形图表示如下：

(30)

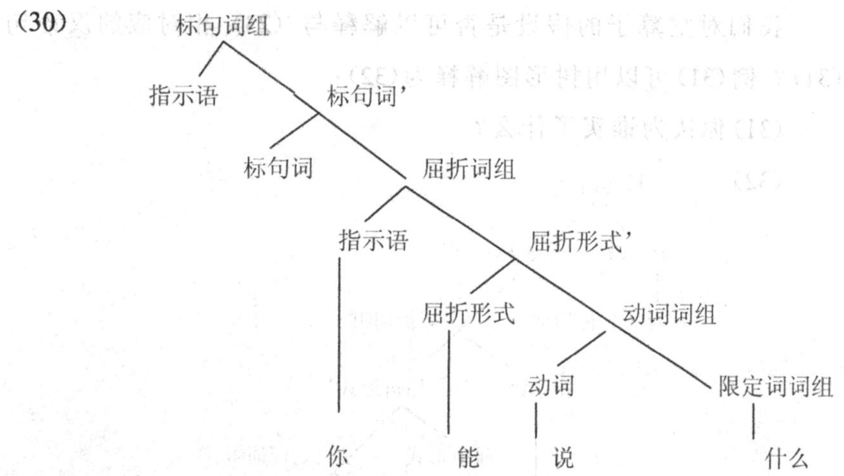

从(30)中我们可以发现，汉语中的标句词组指示语位置是空的，标句词位置也是空的。由于汉语中的疑问语序和陈述语序是一样的，而且我们在判断它是一个疑问句还是一个陈述句时，往往不是在句子的前面，而是在句子的疑问焦点上。疑问句“你能说什么？”和陈述句“你能说相声。”的区别在于后面的“什么”和“相声”。由于汉语中的标句词组指示语位置是空的，标句词位置也是空的，就不需要通过疑问词的向前移动来核查。因此，根据经济原则，汉语特殊疑问句中的疑问词并不需要移位。

由于(29)是一个特殊疑问句，如果生成语法的普遍原则是正确的话，特殊疑问句的标句词组指示语应该具有疑问特征；而且标句词的中心语特征也应该具有疑问特征，这样，如何才能运用生成语法的有关理论解释汉语特殊疑问句呢？我们是否可以假设在汉语特殊疑问句中，标句词的中心语特征具有很弱的疑问特征，因此疑问词并不需要移位而使这一弱疑问特征得到核查。我们还可以借鉴最简方案关于是非问句的解释，假设标句词组指示语位置有一个空算子，它和疑问词“什么”构成了算子变量约束关系，这个空疑问算子通过约束疑问词“什么”而指派给该疑问词的逻辑辖域。在例(29)中，疑问词“什么”的宽辖域只有通过这个空算子才能得到合理的解释。如果这一假设是正确的话，那么汉语中的特殊疑问句研究就可以更好地纳入最简方案下进行。

我们对空算子的假设是否可以解释与(23)相对应的汉语句子例(31)？例(31)可以用树形图解释为(32)：

(31)你认为谁买了什么？

(32)

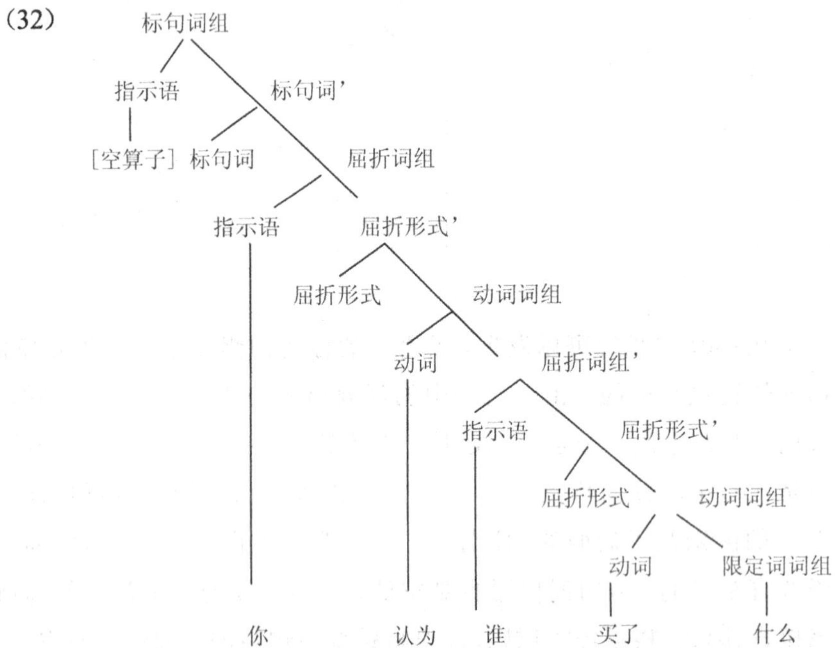

和最简方案关于是非问句的解释一样，这个空算子只是一个疑问标志，只是在解释疑问句中起作用。这个空算子和最近的疑问词“谁”构成了算子变量约束关系，疑问词“谁”就成了一个变量，受句法结构中空算子的约束。由于疑问词“什么”离空算子距离较远，就不能受到空算子的约束。因此，疑问词“谁”在句子中占有广域，而疑问词“什么”在句子中占有窄域。这样，这个句子不必通过算子移位就得到了应有的解释。

因此，我们可以说，在英语类语言中，特殊疑问句中的疑问词或者疑问短语要移动到句子的最前面，而在汉语这类语言中，特殊疑问句中的疑问词或者疑问短语留在原来的位置上，不需要移位。英语类语言属于疑问词移位语言，而汉语类语言属于疑问词留在原位语言。疑问词移位参数也是一分为二的，世界上的自然语言要么是疑问词移位类语言，要么是疑问词留在原位类语言。疑问词移位类语言情况比较复杂，Rudin（1988）认为在疑问词移动的语言如保加利亚语、波兰语和匈牙利语中，多项疑问句内所有的疑问词都要往前移动。她把多项疑问词移动的语言划分为两类：像保加利亚语和罗马尼亚语属于多项充盈指示语语言[+Multiply Filled Spec CP, +MFS]；而波兰语、捷克语和塞族克罗地亚语则属于非多项充盈指示语语言（[－Multiply Filled Spec CP, －MFS]）。我们可以把自然语言划分为四类（马道山，2000; 2001; 2008; 2015）：空指示语[Null Filled Spec, NFS]语言（如汉语），单项充盈指示语[Single Filled Spec, SFS]语言（如英语），多项充盈指示语[+Multiply Filled Spec, +MFS]语言（如保加利亚语），以及非多项充盈指示语[－Multiply Filled Spec, －MFS]语言（如捷克语）。后面三种都属于疑问词移位类语言。

那么，我们再来看一下第三种参数吧。根据中心语和补足语的位置关系，中心语可以位于补足语的前面，也可以位于补足语的后面。在英语中，作为中心语的名词、动词、形容词、介词等一般位于它们的补足语前面，而在另外一类语言中，比如，朝鲜语，中心语位于补足语的后面。根据中心语位置参数，英语是中心语置前语言，而朝鲜语是中心语置后语言。

(33) a. Close the door.

b. desire for change

(34) a. Moonul dadala.

门　打开

b. Byunhwa-edaehan kalmang　(Radford, 2002: 19)

变化-对于　渴望

在例句(33a)中，动词词组“close the door”是由位于词组前面的中心语即动词“close”和后面的补足语即限定词词组“the door”构成的，限定词词组“the door”是由位于词组前面的中心语即限定词“the”和后面的补足语即名词“door”构成的；在例句(33b)中，名词词组“desire for change”是由位于词组前面的中心语即名词“desire”和后面的补足语即介词词组“for change”构成的，同时介词词组“for change”是由位于词组前面的中心语即介词“for”和后面的补足语即名词“change”构成的。大家可以看出，英语里面的中心语位置总是位于补足语的前面，所以英语就是一门中心语置前语言。而在例句(34a)中，动词词组“moonul dadala”(这里我们需要说明的是，我们沿用了根据朝鲜语发音借用英文字母转写出来的词组，目的是描写朝鲜语语序，原谅我们没有用朝鲜语描写，因为这并不影响我们以后的分析)是由位于词组后面的中心语即动词“dadala”和位于词组前面的补足语即名词词组“moonul”构成的；在例句(34b)中，名词词组“byunhwa-edaehan kalmang”是由位于词组后面的中心语即名词“kalmang”和位于词组前面的补足语即介词词组“byunhwa-edaehan”构成的，同时介词词组“byunhwa-edaehan”是由位于词组后面的中心语即介词“edaehan”和前面的补足语即名词“byunhwa”构成的。和英语相反的是，朝鲜语中的中心语总是放在词组的后面，所以说朝鲜语就是一门中心语置后语言。

关于中心语参数，汉语是一门什么样的语言？是一门中心语置前语言还是一门中心语置后语言？我们看一下与(33)和(34)相对应的例句。

(35)a. 打开门

b. 对于变化的渴望

汉语中的动词词组“打开门”是由位于词组前面的中心语即动词“打开”和位于动词词组后面的补足语即名词“门”构成的，似乎和英语的动词词组一样，汉语应该是中心语置前语言。而名词词组“对于变化的渴望”是由位于词组前面的补足语即介词词组“对于变化”和位于名词词组后面的中心语即名词“渴望”构成的，名词词组中的中心语似乎是置后的；而介词词组"对于变化"由位于词组前面的中心语即介词"对于"和位于动词词组后面的补足语即名词"变化"构成的，介词词组中的中心语似乎是置前的（由于对于"的"的句法作用学术界争议较大，我们这里暂不作为研究对象）。那么汉语到底是一门中心语置前语言还是一门中心语置后语言呢？这个问题留待同学们课下做深入研究和讨论。

第二章　语　　类

根据第一章讲到的结构依存原则，所有语法操作都要依存于语法结构。这就意味着，语法操作只能在某些语法结构中进行，自然语言中的语法操作都是基于词类，基于词类的操作可以应用于所有属于该类词的词，而不是应用于具体个体的词。要系统地描写语法就必须厘清词类的划分。本章主要看看英语和汉语的词类及其构成这些词类的特征。

语类或词类是指享有共同语法特征的一类词。词类也叫范畴(catergories)。比如说，英语的"desk, book, concept, syntax, computer, cell-phone"等词的语法范畴就是名词，名词具有一些共同的语法特征：英语中的名词都有复数，名词前面可以加冠词。汉语的名词有没有复数？从形态上来看，大多数汉语名词和英语名词不一样，没有复数形式，但是汉语的名词应该有复数意义，至于汉语中像"同学们"、"动物们"这样的词后面的"们"是不是复数形态标记，恐怕和英语的复数标记"s/es"还不一样。汉语中没有冠词，但是汉语名词前面可以有指示代词或数量词，这些词和英语中的冠词有什么句法方面的关联没有，这都是问题，值得研究。虽然这些汉语名词在形态上并没有像英语那样明显具有形态标记，但是在句法方面，汉语和英语名词的位置一样。比如：要完成下面英语的句子，在后面下划线位置只能填上一个名词，而不是动词，也不能是形容词，更不能是副词。

(36) We have no____.

这个句子后面下划线位置我们只要放上去一个名词，就可以成为合乎语法的句子。比如：

(37)a.We have no textbooks/enemy/train/hatred/pain.

b. *We have no did/in/young/carefully.

第二句前面我们加上星号表示这个句子不合乎语法，我们不能这么说话。所以我们可以得出结论：凡是可以填进下划线位置的词都属于名词词类。汉语也一样。比如：

(38)我们没有________。

这个句子后面下划线位置我们只要放上去一个名词，就可以成为合乎语法的句子。比如：

(39)a.我们没有书/敌人/火车/苦恼。

b. *我们没有得/在/年轻/刚。

但是这个句子后面下划线位置虽然不能放上一个轻动词，但是我们可以放上一个动词，事实上除了情态动词和轻动词，几乎所有的动词都能填进去。如：

(40)我们没有吃/给/通知/请/进行/比较。

甚至现在有人已经习惯说：

(41)我们有吃/给/通知/请/进行/比较。

同样，英语中的"like, know, see, read, eat"和汉语中的"喜欢，知道，看见，阅读，吃"等词的语法范畴是动词，因为这些词具有一些共同的语法特征：可以加后缀"ing"表示进行，可以用在不定式"to"的后面等。汉语的动词也有这些共同的特征吗？汉语的动词不能在后面加后缀"ing"表示进行，不能用在不定式"to"的后面。但是汉语的动词也可以在前面用"在"、"正在"来表示动作的进行，两个普通动词用在一起中间不需要用不定式标记。虽然这些汉语动词在形态上并没有像英语那样明显具有形态标记，但是在句法方面，汉语和英语动词的位置一样。比如：要完成下面英语的句子，在后面下划线位置只能填上一个动词，而不是名词，也不能是形容词，也不能是介词，更不能是副词。

(42) We can _______.

这个句子后面下划线位置我们只要放上去一个动词，就可以成为合乎语法的句子。但不能放形容词，不能放副词，不能放介词，也不能放名词。比如：

(43) a. We can like/know/see/read/eat.

b. *We can beautiful/uselessly/at/book

所以我们可以得出结论说凡是可以填进下划线位置的词都属于动词词类。汉语也一样。比如：

(44) 我们能够_______。

这个句子后面下划线位置我们只要放上去一个动词，就可以成为合乎语法的句子。比如：

(45) 我们能够喜欢/知道/看见/阅读/吃。

但是这个句子后面下划线位置不能放形容词，不能放副词，不能放介词，也不能放名词。比如：

(46) *我们能够漂亮/再/从/书桌。

但是有的形容词由于具有动词性特征，所以在特殊情况下可以放在这个句子后面下划线位置。比如：

(47) 我们能够年轻/糊里糊涂/强大。

上面的句子似乎这么说更符合语感：

(48) 我们能年轻/糊里糊涂/强大。

2.1 生成语法学家关于词类的划分

前文我们已经对名词、动词属于两种类型的形态证据和句法证据做了说明。我们知道无论英语还是汉语，还有一些其他词类，比如：形容词、副词、介词等。这些词叫作实意词，也叫词汇词。另外一些词比如代词、连词、否定词、助动词这些词类，叫功能词，也叫虚词。这两类词的划分主要看它们有没有具体的描写内容。怎么来确定这些词有没有具体的描写内容呢？要看这些词有没有反义词了。有反义词的词就属于实意词，没有反义词的词就属于功能词。名词、动词、形容词、副词和介词都有反义词，所以属于实意词。而助动词、小品词、限定词、代词和标句词显然都没有反义词，所以这些词属于虚词。这些大家应该比较熟悉，我们在这里就不浪费篇幅一一介绍了。

2.1.1 限定词

生成语法学家认为英语中有一类功能词，统称为限定词，限定词指的是传统语法书上所说的指示代词、冠词、量化词、形容词性人称代词等。大家知道，英语和其他语言中有一类词是冠词："the"、"a"和"an"，这些冠词在汉语中是没有的，汉语中的"这"和"那"往往被看作是指示代词，而"一个"应该是量词，但是"一个"、"这"和"那"可以看作是限定词。下面句子中斜体词限定了后面名词或名词词组的指称或量化特征，人们一般称之为限定词。

(49)a. *This* book is mine, and *that* one is yours.

b. I saw *a* bird in the tree along the street.

c. *All* good students read *some* fancy stories.

d. *Your* answer to *the* question is better than *his* description.

(50)a. *这*本书是我的，而*那*本书是你的。

b. 我在街边的树上看见了*一只*鸟。

c. *所有*好学生都读*一些*好故事。

d. *你的*书比*我的*书有趣。

限定词和形容词有什么区别吗？形容词用在名词前面可以累加，而限定词不可以，在名词前面只能有一个限定词。

(51)a. beautiful girl; tall beautiful girl; dark tall beautiful girl; clever dark tall beautiful girl;

b. a car; *my a car;*a my car; *a the car; * a this car; * his a car; *that a car; *all a car;

(52)a. 漂亮的女孩；漂亮的高个子女孩；漂亮的高个子棕色女孩；聪明漂亮的高个子棕色女孩

b. 一辆车；我的一辆车；一辆我的车；？一辆那款车；一辆这种牌子的车；他的一辆车；那样的一辆车；？所有的一款车

在汉语中，形容词在名词前面可以累加，(52b)中虽然有些表达法听上去很特别，但是在特定的语境下，有些说法似乎是可以接受的。这样看来，似乎个别情况下限定词也可以在名词前面累加，这个问题怎么解释呢？

另外，英语中当限定词和形容词同时修饰限定同一个名词或名词词组时，限定词一定位于形容词的前面，形容词不能用在限定词的前面。如：

(53)a. my new shirt

b. my beautiful new shirt

c. *new my shirt

d. *beautiful my new shirt

e. *beautiful new my shirt

(54)a. 我的新衬衫

b. 我的漂亮的新衬衫

c. *新的我的衬衫

d. *漂亮的我的新衬衫

e. *漂亮的新的我的衬衫

限定词仅仅局限于修饰具有特定数特征的名词，比如：限定词 a 修饰单数可数名词，much 修饰（单数）集体名词，many 修饰复数可数名词，而 more 既可以修饰（单数）集体名词也可以修饰复数可数名词。形容词没有这种限制，可以修饰单数可数名词，还可以修饰（单数）集体名词也可以修饰复数可数名词。

(55)a. I bought a new shirt.

b. John does not have much money.

c. Bill has many friends at school.

d. Mary has bought more shirts than me.

e. Bill has more money than John.

(56)a. I bought a nice new shirt.

b. John has got some nice new money.

c. Bill has got some nice new friends at school.

(57)a. 我买了一件新衬衫。

b. 张三没有很多钱。

c. 李四学校有很多朋友。

d. 玛丽比我买的衣服多。

e. 李四比张三钱多。

(58)a. 我买了一件好看的新衬衫。

b. 张三弄到了一些好看的新钱币。

c. 李四学校交了一些善良的新朋友。

限定词和形容词的另外一个区别在于英语的单数可数名词不能单独用作完整的名词词组，即使前面有形容词修饰也不可以，单数可数名词前面必须有限定词修饰才合乎语法。汉语中似乎没有这种区别。比如：

(59)SPEAKER A: What do you want to buy?

SPEAKER B: A shirt./ This shirt./ The shirt. / That shirt. / His shirt.

SPEAKER B: *Shirt./ *New shirt./ *Nice new shirt.

(60)甲：您想买什么？

乙：一件衬衫/这件衬衫/那件衬衫/她的衬衫。

乙：衬衫/新衬衫/漂亮的新衬衫。

限定词构成了一类新的功能范畴，这一点主要还是因为限定词没有描写内容而形容词有。由于形容词具有描写内容，所以“富有思想的”只能选择表示理性个体的词组来修饰，而限定词没描写内容，所以可以修饰任何名词。请看下面的例句：

(61)a. A /the/this/his/another man/dog/whale/pot/plant/problem

b. A thoughtful man/? dog/? whale/?! pot/! plant/! problem

(62)a. 一个(只、条、口等)/这个(只、条、口等)/那个(只、条、口等)/他的(只、条、口等)/另外一个(只、条、口等)人/狗/鲸鱼/锅/植物/问题

b. 一个(只、条、口等)富有思想的人/? 狗/? 鲸鱼/?! 锅/! 植物/! 问题

综上所述，我们可以得出如下的结论，限定词是功能语类(或功能范畴或功能词)，而形容词是词汇语类(或词汇范畴)，两者具有本质的不同。

2.1.2 代词

下面看一下第二种功能词——代词。为什么说代词是功能词呢？代词和名词不一样，没有具体的描写内容，只能靠上下文来确定代词的指称，没有实际的反义词。常见的代词是人称代词，比如：英语中的"I, you, he, she, they, we, me, him, her, them, it, us"；汉语中的"我、你、您、他、她、它、我们、你们、您们、他们、她们、它们"等。人称代词并不是描写人的词汇，表达的不是人的内容，而是人的语法特征。英语的第一人称代词"I, we, me, us"和汉语的第一人称代词"我、我们"指称是说话者，英语的第二人称代词"you"和汉语的第二人称代词"你、你们、您、您们"指称是听话者，英语的第三人称代词"he, she, they, him, her, them, it"和汉语的第三人称代词"他、她、它、他们、她们、它们"指称是除了说话者和听话者之外的个体。同学们可以看到，在(63)中英语的人称代词在形态上是有格的变化的，而在(64)中汉语的人称代词则没有表面的形态变化。

(63)a. John saw Bill, and Bill saw Mary, but Mary saw John.

b. He/*him saw him/*he, and he/*him saw her/*she, but she/*her saw him/*he.

(64)a. 张三看见了李四，李四看见了马莉，但马莉看见了张三。

b. 他看见了他，而他看见了她，但她看见了他。

英语中的人称代词具有人称、数、性和格的特征，汉语中的人称代词在形态上没有显性的格特征，详情见下表。

(65) **人称代词的人称、数、性和格特征表**

人称	数	性	主格	宾格
第一	单数	-	I/我	me/我
第一	复数	-	we/我们	us/我们
第二	单数	-	you/你/您	you/你/您
第二	复数	-	you/你们/您	you/你们/您们
第三	单数	阳性	he/他	him/他
第三	单数	阴性	she/她	her/她
第三	单数	中性	it/它	it/它
第三	复数	阳性	they/他们	them/他们
第三	复数	阴性	they/她们	them/她们
第三	复数	中性	they/它们	them/它们

注:-表示相应栏中的人称代词没有具体的性特征。实际上英语第三人称复数也没有具体的性特征，另外英语第二人称的单复数和主宾格也没有区别。

从上述情况来看，代词仅仅表示单纯的语法功能，所以代词应该是功能词。但是有些词具有多重范畴，既可以用作限定词又可以用作代词。比如说，在英语的例句(66—69)中，斜体字既可以在(a)中修饰名词用作限定词又可以在(b)中用作代词。

(66)a. *Many* people say that he is a professor.

b. *Many* say that he is a professor.

(67)a. *All* students think that he is a genius.

b. *All* think that he is a genius.

(68)a. She doesn't have *any* paper.

b. She doesn't have *any*.

(69)a. John likes to read *this* book.

b. John likes to read *this*.

同学们可以看一下，上面英语的例句相应的汉语句子中的情况怎么样。

(70)a. *许多*人说他是一位教授。

b. **许多*说他是一位教授。

(71)a. *所有*学生认为他是天才。

b. **所有*认为他是天才。

(72)a. 她没有*任何*纸。

b. *她没有*任何*。

(73)a. 张三喜欢*这*本书。

b.?张三喜欢*这*。

在汉语的例句(70—73)中，斜体字在(a)中可以修饰名词用作限定词，但在(b)中不能用作代词。

但并不是所有的情况都这样。看下面的例句：

(74)a. *No* student likes syntax.

b. *None* likes syntax.

(75)a. *My* book is more interesting than *your* book.

b. *Mine* is more interesting than *yours*.

(76)a. *没有*学生喜欢句法学。

b. *无人*喜欢句法学。

(77)a. *我的*书比*你的*书有意思。

b. *我的*比*你的*有意思。

在例句(74—77)中，(a)句中的斜体部分都被看成是限定词，(b)句中的斜体部分都被看成是代词。但是，同学们看，在英语中，限定词和代词拼写并不完全一样。限定词"no"相对应的代词拼写为"none"，限定词"my"和"your"相对应的代词分别拼写为"mine"和"yours"；汉语的限定词"没有"相对应的代词应该是"无人"，而汉语的限定词"我的"和"你的"

也可以用作代词，这和英语的例句(66—69)中限定词也可以用作代词是一样的。

上面我们讨论了两种功能词：限定词和代词，这两类词都和名词有关。限定词用在名词前面修饰名词，而代词是代替名词或者回指名词的成分。下面我们看一下和动词有关的功能词：助动词和不定式小品词。

2.1.3　助动词

在英语中助动词后面的补足语只能是动词或动词短语，语义功能就是标记和相关动词有关的语法特征：时、体、语态、语气和情态。但普通动词后面的补足语可以是不定式短语，也可以是名词或者名词短语，还可以是动名词，当然也可以是从句。下面的例句(78)中的斜体部分就是英语中的助动词。

(78)a. We *are* doing syntax.（进行体）

b. The students *can* help.（情态）

c. John *does* love syntax.（强调）

d. Mary *has* worked very hard.（完成体）

e. Bill *is* praised by the professors.（被动语态）

f. They *may* return home.（情态）

g. I *shall* go abroad for further studies.（情态）

h. Tom *will* write an article on syntax.（情态）

i. We *must* work hard.（情态）

和(78)相对应的汉语句子是(79)：

(79)a. 我们*正在*做句法。（进行体）

b. 学生*能*帮忙。（情态）

c. 张三*确实*喜欢句法学。（强调）

d. 马莉*已经*工作很努力了。（完成体）

e. 李四*被*教授表扬了。（被动语态）

f. 她们*可以*回家。（情态）

g. 我*将*出国深造。（情态）

h. 王五*将要*写一篇句法论文。（情态）

i. 我们一*定*要勤奋学习。（情态）

我们查一下现代汉语词典就会知道，在例句(79)中，“正在”、“已经”和“确实”是副词，“被”既可以看作是介词又可以看作是助词，“可以”、“能”、“将”、“将要”和“一定”是助动词。那么，问题又来了，既然“正在”、“已经”和“确实”是副词，我们能不能把它们看成为助动词呢？这个问题我们留在课后讨论，讨论完后写作业说明一下自己的观点和证据。

为什么要单独出现一类助动词？助动词和动词有什么区别呢？在英语这种语言当中，一个明显的区别就是助动词可以提前，移动到主语的前面，这种操作叫作倒装(见例句80)，而普通动词不可以(见例句81)，普通动词只能借助于助动词“do/does/did”，助动词“do/does/did”可以倒装，放在主语的前面构成一般疑问句(见例句81)。

(80)a. *Are* you doing syntax?（进行体）

b. *Can* the students help?（情态）

c. *Does* John love syntax?（强调）

d. *Has* Mary worked very hard?（完成体）

e. *Was* Bill praised by the professors?（被动语态）

f. *May* they return home?（情态）

g. *Shall* I go abroad for further studies?（情态）

h. *Will* Tom write an article on syntax?（情态）

i. *Must* we work hard?（情态）

(81)a. *Do we syntax? /Do you do syntax?

b. *Help the students? /Do the students help?

c. *Love John syntax? / Does John love syntax?

d. * Worked Mary very hard? / Did Mary work very hard?

e. * Praised the professors Bill? / Did the professors praise Bill?

f. * Return they home? / Do they return home?

g. * Go I abroad for further studies? / Do you go abroad for further studies?

h. * Write Tom an article on syntax? / Does Tom write an article on syntax?

i. * Work we hard? / Do you work hard?

和(80)相对应的汉语句子是(82)，根据(15’)，汉语中没有助动词倒装现象，汉语的一般疑问句不是由助动词倒装来完成的，一般疑问句的语序和陈述句一样，只是在陈述句后面加上一个小品词“吗”，或者不加“吗”，但是句子后面一定要用声调：

(82)a. 你们*正在*做句法/吗？（进行体）

b. 学生*能*帮忙/吗？（情态）

c. 张三*确实*喜欢句法学/吗？（强调）

d. 马莉*已经*工作很努力了/吗？（完成体）

e. 李四*被*教授表扬了/吗？（被动语态）

f. 她们*可以*回家/吗？（情态）

g. 我*将*出国深造/吗？（情态）

h. 王五*将要*写一篇句法论文/吗？（情态）

i. 我们一*定*要勤奋学习/吗？（情态）

助动词和普通动词在英语中的另外一个区别就是在(83)中助动词后面可以直接跟否定词“not”来构成否定句，而在(84)中普通动词后面不可以，在(84)中普通动词只能借助于助动词“do/does/did”，助动词“do/does/did”后面可以直接跟否定词来构成否定句。

(83)a. We *are* not doing syntax.（进行体）

b. The students *can* not help.（情态）

c. John *does* not love syntax.（强调）

d. Mary *has* not worked very hard.（完成体）

e. Bill *is* not praised by the professors.（被动语态）

f. They *may* not return home.（情态）

g. I *shall* not go abroad for further studies.（情态）

h. Tom *will* not write an article on syntax.（情态）

i. We *must* not work hard.（情态）

(84) a. *We do not syntax. /We do not do syntax.

b. *The students help not./The students do not help.

c. * John loves not syntax./ John does not love syntax.

d. * Mary worked not very hard. / Mary did not work very hard.

e. * The professors praised not Bill. / The professors did not praise Bill.

f. * They return not home. / They do not return home.

g. * I go not abroad for further studies. / I do not go abroad for furthe0r studies.

h. * Tom writes not an article on syntax. / Tom does not write an article on syntax.

i. * We work not hard. / We do not work hard.

和(83)相对应的汉语句子是(85)，在汉语句子中，否定词“不”、“没”可以放在助动词或者普通动词甚至副词的前面构成否定句，而且“不”、“没”在句子中的位置可以不同，这和英语的句子不同。

(85) a. 我们没有*(正)在*做句法。(进行体)

b. 学生*不能*帮忙。(情态)

c. 张三*确实*不喜欢句法学。(强调)

d. 马莉*已经*工作很不努力了。(完成体)

e. 李四没有*被*教授表扬。(被动语态)

f. 她们不*可以(不)*回家。(情态)

g. 我*将不*出国(不)深造。(情态)

h. 王五没有*(将)*要*(不)*写一篇句法论文。(情态)

i. 我们不一*定(不)*要勤奋学习。(情态)

英语中助动词和普通动词之间的第三个明显的区别就是助动词在反意疑问句中,助动词可以使用在反意疑问句的句尾,而普通动词不能,需要借助于助动词。

(86) a. We *are* not doing syntax, are we?(进行体)

b. The students *can* not help, can they?(情态)

c. John *does* not love syntax, does he?(强调)

d. Mary *has* not worked very hard, does she?(完成体)

e. Bill *is* not praised by the professors, is he?(被动语态)

f. They *may* not return home, may they?(情态)

g. I *shall* not go abroad for further studies, shall I?(情态)

h. Tom *will* not write an article on syntax, will he?(情态)

i. We *must* not work hard, must we?(情态)

(87) a. *We do syntax, do we? /We do not do syntax, do we?

b. *The students help a lot, help they? /The students do not help, do they?

c. * John loves syntax, loves he? / John does not love syntax, does he?

d. * Mary worked very hard, worked he? / Mary did not work very hard, did she?

e. * The professors praised Bill, praised they? / The professors did not praise Bill, did they?

f. * They return home, return they? / They do not return home, do they?

g. * I go abroad for further studies, go I? / I do not go abroad for further studies, do I?

h. * Tom writes an article on syntax, writes he? / Tom does not write an article on syntax, does he?

i. * We work hard, work we?/ We do not work hard, do we?

和(86)的英语句子相对应的汉语句子是(88),汉语的反意疑问句在陈述句句尾加上“是吗/是吧/对吗/对吧”就可以构成。

(88) a. 我们没有*(正)在*做句法,对吧?(进行体)

b. 学生*不能*帮忙,是吗?(情态)

c. 张三*确实不*喜欢句法学,对吗?(强调)

d. 马莉*已经*工作很不努力了,是吗?(完成体)

e. 李四没有*被*教授表扬,对吗?(被动语态)

f. 她们不*可以(不)*回家,是吗?(情态)

g. 我*将不*出国(不)深造,对吧?(情态)

h. 王五没有*(将)要(不)*写一篇句法论文,对吧?(情态)

i. 我们不一*定(不)*要勤奋学习,是吧?(情态)

在英语的反意疑问句中,如果句子前面是陈述句那么句尾就用否定形式来提问,而且否定词用在助动词后面一般要用缩略形式,当然口语中也可以用肯定形式来提问。汉语的肯定句在陈述句句尾加上“是吗”、“是吧”、“对吗”、“对吧”就可以构成反意疑问,也可以用“好吧”、“好吗”、“可以吗”来构成,这一点和英语也不一样。

(89) a. We *are* doing syntax, aren't we?(进行体)

b. The students *can* help, can't they?(情态)

c. John *does* love syntax, doesn't he?(强调)

d. Mary *has* worked very hard, hasn't she?(完成体)

e. Bill *is* praised by the professors, isn''t he?(被动语态)

f. They *may* return home, don't they?(情态)

g. I *shall* go abroad for further studies, shan't we?(情态)

h. Tom *will* write an article on syntax, won't he?(情态)

i. We *must* work hard, mustn't we?(情态)

(90) a. We do syntax, don't we?

b. The students help a lot, don't they?

c. John loves syntax, doesn't he?

d. Mary worked very hard, didn't he?

e. The professors praised Bill, didn't they?

f. They return home, won't they?

g. I go abroad for further studies, shan't I?

h. Tom writes an article on syntax, doesn't he?

i. We work hard, don't we?

(91) a. 你们*正在*做句法，是吗？（进行体）

b. 学生*能*帮忙，对吗？（情态）

c. 张三*确实*喜欢句法学，是吗？（强调）

d. 马莉*已经*工作很努力了，是吗？（完成体）

e. 李四*被*教授表扬了，是吗？（被动语态）

f. 她们*可以*回家，对吗？（情态）

g. 我*将*出国深造，好吗？（情态）

h. 王五*将要*写一篇句法论文，是吗？（情态）

i. 我们*一定*要勤奋学习，好吗？（情态）

2.1.4 不定式小品词

不言而喻的是，不定式小品词“to”后面跟动词的不定式作为补足语，传统语法书一般称之为不定式标记。

(92) a. I want to go home.

b. I want you to work hard.

c. I don't know how to learn syntax.

d. You are not to go there by yourself.

和(92)相对应的汉语句子是(93)：

(93) a. 我想要回家。

b. 我想要你努力工作。

c. 我不知道如何学好句法学。

d. 你不要自己一个人去那里。

和英语不同的是，汉语句子中没有不定式小品词“to”，没有类似英语的任何形式的语法标记。动词“想要”和动词“回家”、“工作”之间没有不定式标记，“不知道如何”和“学好”之间、“不要自己一个人”和“去那里”之间也没有不定式小品词。

我们先看看为什么说英语中的不定式标记是功能词呢？这个不定式小品词和英语中的介词拼写是一样的，为什么属于不同的句法范畴呢？

《剑桥美国英语词典》把不定式符号“to”看成是介词，除了(92)的用法之外，它还可以用在形容词、副词“enough”、名词之后，也可以用于句首。

(94) a. I was afraid to tell her.

b. John was friendly enough to trust.

c. He has the ability to lead the team.

d. To be frank, I like syntax very much.

一般情况下，比如：

(95) a. He goes out to dinner.

b. John doesn't come to the bank.

c. We sit face to face in the restaurant.

d. The school is to the west of Shida.

e. Please tie the rope to the tree.

f. There are 30 to 35 students in the class.

g. I told the story to Bill.

h. How did they respond to the news?

i. John beat Bill three games to two.

j. The shop opens from 2 to 6.

k. To my surprise, he is ill.

l. That doesn't make any sense to me.

m. I lost my keys to the apartment.

n. My car gets about 100km to the gallon.

作为不定式小品词的“to”和作为介词的“to”属于不同的句法范畴，一般来说，是基于以下几个方面的考虑。

第一，正如前面例句所讲到的一样，不定式小品词“to”后面跟动词的不定式作为补足语，介词“to”后面跟一个限定词或限定词词组作为补足语。介词“to”后面可以跟动词的动名词形式，而不定式小品词“to”后面不可以跟动词的动名词形式。

（96）a. He goes out to dining /*dine in the town.

b. The students seldom attend the class without complaining/*complain.

c. They work hard at syntax before writing /*write the term paper.

（97）a. I was afraid to tell/*telling her.

b. John was friendly enough to trust/*trusting.

c. He has the ability to lead/*leading the team.

第二，作为介词的“to”具有具体的固有的语义内容，而作为不定式小品词的“to”没有任何具体的语义内容，由于具有固有的语义内容，作为介词的“to”前面可以加上程度副词“right/straight/greatly”等来修饰，而作为不定式小品词的“to”前面则不可以加程度副词“right/straight/greatly”等来修饰。

（98）a. He goes straight out to dinner.

b. John doesn't come straight to the bank.

c. We sit face right to face in the restaurant.

d. The school is right to the west of Shida.

e. Please tie the rope right to the tree.

f. There are 30 right to 35 students in the class.

g. I told the story straight to Bill.

h. How did they respond right to the news?

i. John beat Bill three games right to two.

j. The shop opens from 2 straight to 6.

k. Greatly to my surprise, he is ill.

l. That doesn't make any sense right to me.

m. I lost my keys right to the apartment.

n. My car gets about 100km right to the gallon.

(99) a. *I want right/straight to go home.

b. *I want you right/straight to work hard.

c. *I don't know how right/straight to learn syntax.

d. *You are not right/straight to go there by yourself.

e. *I was afraid right/straight to tell her.

f. *John was friendly enough right/straight to trust.

g. *He has the ability right/straight to lead the team.

h. *Greatly/Right/Straight to be frank, I like syntax very much.

第三，早在20世纪70年代末期，乔姆斯基就提出，不定式小品词“to”在用法上更像情态助动词“should”，它们的句法位置相同。

(100) a. It's necessary that John should write an article on syntax.

b. It's necessary for John to write an article on syntax.

另外，它们都可以省略后面的补足语动词或动词短语。

(101) a. I don't want to write an article on syntax, but I know I should.

b. I know I should write an article on syntax, but I don't want to.

c. *I know I should write an article on syntax, but I don't want.

d. I want to go home, but he doesn't want to.

e. I want you to work hard, but the professors don't want you to.

f. I don't know how to learn syntax, but Mary knows how to.

g. You are not to go there by yourself, but John might be to.

h. I was afraid to tell her, but Bill is not afraid to.

i. John was friendly enough to trust, but Bill was not to.

j. He has the ability to lead the team, but Susan has no ability to.

但是，介词“to”后面的补足语限定词或限定词词组不能省略。

(102) a. He goes out to dinner, *but his sister does not go out to.

b. John doesn't come to the bank, *but his father comes to.

c. We sit face to face in the restaurant, *but they don't sit face to.

d. The school is to the west of Shida, *but Ligong is not to.

e. Please tie the rope to the tree, *but don't tie the wire to.

f. There are 30 to 35 students in the class, *but there are 25 to in that class.

g. I told the story to Bill, *but he didn't tell it to.

h. How did they respond to the news? *I don't know how they responded to.

i. John beat Bill three games to two, *but Mary beat Bill three games to.

j. The shop opens from 2 to 6, *but the grocery opens from 3 to.

k. To my surprise, he is ill, *but to, he still works at school.

l. That doesn't make any sense to me, *but this makes some sense to.

m. I lost my keys to the apartment, *but he kept his keys to.

n. My car gets about 100km to the gallon, *but his car gets about 120km to.

乔姆斯基(1981: 18)认为，不定式小品词“to”和情态助动词“should”应该都属于同一个语类——INFL或者inflection，后来他把INFL简化为I(1987: 3)。情态助动词属于定式INFL/I，不定式小品词“to”属于不定式INFL/I。如果汉语中真的没有定式和不定式之分(Hu, Pan & Xu, 2001)的话，那么这和汉语中没有不定式小品词是一致的。

2.2 生成语法学家关于标句词的概念

前文我们讲到了英语中的四种功能词：限定词、代词、助动词和不定式小品词。虽然汉语中没有不定式小品词，但是其他三类功能词在汉语中也存在，只不过和英语的语法功能和句法分布不是完全一样。英语中还有一种功能词，这就是标句词。

为什么说英语中存在着另外一种功能词——标句词呢？在英语句子中，主语的前面经常存在一个小品词 that, for, if, 这些小品词主要用来引导作为动词、名词或者形容词的补足语的从句，所以称为标句词（complementizer，一般缩写为 Comp，或者 C）。标句词是用来表达语法特征的功能词，可以表示从句是有定还是无定。比如，标句词 *that 和 if* 表示引导的从句为定式句，不能引导不定式，但是，标句词 for 只能引导不定式，不能引导时态句。

（103）a. I think that the students hate syntax.

b. I wonder if the students hate syntax

c. It is vital for you to hate syntax.

d. *I think that the students to hate syntax.

e. *I wonder if the students to hate syntax.

f. * It is necessary for that you hate syntax.

标句词有三种语法功能[Radford, 1997（2002）: 54-58]：第一，它们引导的从句是其他词汇的补足语。第二，它们可以用来表明所引导的小句是定式句还是不定式。第三，它们表达行事语力的语用和语义功能。

我们为什么需要一个新的语类叫标句词？比如说，把标句词 that 分析为一般的限定词不可以吗？首先在语音上，标句词 that 中间的元音一般要弱读，而限定词的中间元音一般重读。作为限定词的 that 可以被其他限定词 this 和 the 替换并且可以用作代词，而作为标句词的 that 却不能。

（104）a. Every student likes that/this/the course.

b. Every student knows that/*this/*the syntax is a science.

另外，标句词that后面的补足语即从句不能省略，而限定词that可以用作代词性成分，后面的补足语可以省略。注意，(106b)中的"that"如果是代词，那么这个句子就是合乎语法的；如果是标句词，那么这个句子就不合乎语法。

(105) a. Every student likes that course.

b. Every student likes that.

(106) a. Every student knows that syntax is a science.

b. *Every student knows that.

从上面三点可以看出，无论从在语音上还是从句法上，引导补足语小句的that不是限定词，应该属于功能词，句法学家称之为标句词。

标句词 if 能不能分析为一般的疑问词呢？标句词 if 和一般疑问词 where，when，whether 不仅在形式上不同，而且在分布上也不同。一般疑问词 where，when，whether 可以用于定式句和不定式中，而标句词 if 只能局限于引导定式句。

(107) a. Every student knows when/where/whether/if the professor teaches syntax.

b. Every student knows when/where/whether/*if to learn syntax.

和其他标句词一样，标句词if和一般疑问词另外一个不同之处在于它不能引导一个作介词补足语的从句。

(108) a. The students are anxious of when/where/whether/*if the professor teaches syntax.

b. *The students are anxious of that the professor teaches syntax.

c. *The students are anxious of for the professor to teach syntax.

第三点不同是一般疑问词可以和其他同类疑问副词或副词not并列使用而标句词 if 只能单独使用。

(109) a. Every student knows when and where the professor teaches syntax.

b. Every student knows whether or not the professor teaches syntax.

c. *Every student knows if or not the professor teaches syntax.

所以把if看成是标句词，而把一般疑问词where，when，whether看成是疑问副词，是有理论依据的。

那么标句词for能不能看成是一般的介词呢？标句词for是没有语义内容的功能词，而介词for具有语义内容，它的前面可以用副词straight/right来修饰。

（110）a. The students drive straight/ right for miles.

b. Every student heads straight/ right for the library after class.

c.*It is vital straight/ right for you to love syntax.

标句词for引导的小句可以是句子的主语，而介词for引导的小句不能作主语。

（111）a. For you to love syntax is not difficult.

b. * For you is not difficult.

标句词for可以引导一个不定式补足语，而介词for不能。

（112）a. The students are sure for you to love syntax.

b. *The students are sure about syntax to be difficult.

c.*I'm not careless of when to study syntax.

d. *They are anxious for how to study syntax.

如果把介词for后面的名词用疑问词提问时，疑问词可以置于句子的最前面，而如果把标句词for后面的名词用疑问词提问时，疑问词不能置于句子的最前面。

（113）a. For how far will the students drive?

b. For which place will the students head?

c.*For whom is it vital to love syntax?

d. *Whom is it vital for to love syntax?

e. Is it vital for whom to love syntax?

标句词 for 后面引导的小句可以用另外一个标句词引导的从句替

换，介词for后面的小句则不可以。

（114）a. It is vital for you to love syntax.

b. It is vital that you should love syntax.

（115）a. The students are heading for the library.

b. *The students are heading for that there should be the library.

综上所述，英语中存在一个崭新的语类——标句词。

那么在汉语中有没有标句词呢？这是一个值得探讨的问题，很多学者认为汉语的语气词可以看成是标句词（Cheng, 1991; B. Li, 2006; Li, 1992; Anoun & Li, 1993; Tsai, 1994; Tang, 1998; Lee, 1986; 汤廷池，1989; 邓思颖，2002，2003，2010; 石定栩、胡建华，2006; 何元建，2007，2011等），乔姆斯基（Chomsky, 1995: 289）认为标句词和语力有关，他同意Cheng（1991）的看法，承认标句词的功能就是决定句类。但是在汉语中，语气词不能引导补足语，不能决定句子是不定句式还是定式句。另外，语气词和句子类型的关系也不是很确定的，我们可以说是句型决定了使用什么语气词，而不是语气词决定了句子的类型。所以把语气词看作是标句词，是否欠妥，具体情况我们留待以后专门研究。

汉语里有一个内容宾语标句词是"说道"的"道"（刘丹青，2004）吗？汉语句子"张三说道：'你的衣服很漂亮'"中的"说道"并不能引导一个间接宾语从句，只能放在一个直接宾语从句的前面。我们不能说："张三说道我的衣服很漂亮"，在间接宾语从句前面用"道"是多余的。把"说道"的"道"看成是标句词是否恰当值得研究。

另外英语的标句词that和if只能局限于引导定式句，而标句词for引导不定式但是不能引导时态句，汉语中没有定式句和不定式句的区分（Hu, Pan & Xu, 2001），为什么会有必要存在时态和屈折？众所周知，英语句子标句词组下面的屈折词组在句法研究中也非常重要，但是汉语的词类没有屈折变化，汉语没有形态变化（高名凯，1955; 刘正埮，1957; 邢公畹，1992; 李临定，1992; 陆俭明，1993等），为什么一定要把汉语的句子也分析为屈折词组呢？这样做有什么证据吗？如果汉语中没有时态标记(Hu, Pan & Xu, 2001)，是否意味着汉语中没有TP？当然汉语中到底有没有时态是一个有争议的问题，这同样使得汉语的句子能不能被看作为时态词组也成为一个未解决的问题。

在英语疑问句中，疑问词移位到句首标句词组的指示语位置时，助动词也要移位，由于助动词移位到标句词和主语的中间，所以语言学家认为助动词在特殊疑问句中要移位到标句词位置，理由有两个：第一个证据，在句子“John wondered whether he would get a degree”中，当疑问词“whether”位于标句词位置时，助动词“would”就不能移位到这一个位置上去了，我们不能说“John wondered whether would he get a degree”，这就证明倒装句中的助动词位于标句词的位置；第二个证据，在古英语中，我们可以说：“One must be vigilant, whether it be home or abroad”，但是我们不能说：“One must be vigilant, whether be it home or abroad”，原因是标句词“whether”不能和助动词“be”同时位于主语“it”前面的位置，这同样可以证明倒装句中的助动词位于标句词的位置。如果上述看法是正确的，那么是否可以认为倒装句中的助动词也是标句词了呢？陈述句中的助动词为什么不是标句词呢？倒装句中的助动词和陈述句中的助动词是不同范畴的词吗？如果倒装句中的助动词不是标句词，为什么要把助动词移位到标句词下面呢？在其他语言中，倒装句中的助动词也位于标句词的位置吗？这也需要解释。

2.3 跨语类特征

前文谈到语类（词类或范畴），语类（或者语法范畴）指的是一系列成分的集合，它们具有相同的语法特征集合。我们在分析句子的时候可以运用语类来进行，为了方便起见，这些语类一般情况下被缩写成大写的首字母，见(116)：

(116)N=noun　　V=verb

A=adjective　　ADV=adverb

P=preposition　　D/DET=determiner

PRN=pronoun　　C/COMP=complementizer

I/INFL=inflection (finite inflected auxiliary or infinitival to)

根据(116),我们可以尝试分析一下下面的句子:

(117)a. [$_D$ Everyone] [$_V$ knows] [$_C$ that] [$_N$ greed] [$_{PRN}$ itself] [$_I$ can] [$_{ADV}$ sometimes] [$_V$ lead] [$_D$ the] [$_A$ greedy] [$_N$ carders] [$_P$ into] [$_D$ the] [$_N$ prison].

b. [$_D$ 每个人都] [$_V$ 知道] [$_C$ Ø] [$_N$ 贪婪] [$_{PRN}$ 本身] [$_{ADV}$ 有时候] [$_I$ 会] [$_P$ 把] [$_D$ 那些] [$_A$ 贪欲如命的] [$_N$ 官员们] [$_V$ 送] [$_P$ 入] [$_N$ 监狱]。

在描写和分析句子的时候,我们觉得可以通过描写语法范畴来分析单词的语法特征,比如说,(117)中的"everyone",就是限定词,而"greed"、"carders"和"prison"都是名词。这种分析方法的优点就是可以通过分析不同的单词具有的相同的语法特征来进行句法分析,但是缺点就是没有办法来分析具有不同语法特征的相同语类的单词的不同。

比如说,上面例句中的名词,"greed"、"carders"和"prison"是不同的,"greed"是不可数名词,而"carders"和"prison"是可数名词。我们可以用[±可数]这样的次语法特征来描写上面的名词,"greed"是不可数名词,用[－可数]来表示,而"carders"和"prison"是可数名词,用[+可数]来表示。"carders"和"prison"是可数名词,"carders"是复数形式,而"prison"是单数形式。这样我们又可以用[±复数]这样的次语法特征来描写上面的名词,"carders"是复数形式,用[+复数]来表示,而"prison"是单数形式,用[－复数]来表示。[±可数]和[±复数]这两个名词的次语法范畴可以描写上面三个名词之间的区别,但是(118)的英语句子完全靠这个次语法范畴来描写是不够的。

(118) a. She has never been to the city.

b. *She has never been to the Tianjin.

c. 她从来没去过那座城市。

d. *她从来没去过那座天津。

名词"city"/"城市"的前面可以加上限定词"the"/"那座"来修饰，而名词"Tianjin"/"天津"前面则不可以加上限定词"the"/"那座"来修饰。名词"city"/"城市"不具有特指性，而名词"Tianjin"/"天津"具有特指性，所以名词"Tianjin"/"天津"前面不能用限定词"the"/"那座"来修饰。名词"city"/"城市"属于普通名词，而名词"Tianjin"/"天津"则属于专有名词。这样名词的次语法范畴又多了一种：[±普通]。名词"city"/"城市"属于普通名词，用[+普通]来表示，而名词"Tianjin"/"天津"则属于专有名词，用[－普通]来表示。

下面我们可以总结一下名词的次语法范畴，并用这些次范畴来描写一下上面提到的名词。

(119) a. greed: [+普通，－可数，－复数]

b. carders: [+普通，+可数，+复数]

c. prison: [+普通，+可数，－复数]

d. city: [+普通，+可数，－复数]

e. Tianjin: [－普通，－可数，－复数]

上述名词的的次语法范畴在特征矩阵中被清楚地描写了出来，但是，我们也可以把名词的语法范畴也放到上述的特征矩阵中，名词的语法范畴可以用[±名词]来描写，以区别于其他语类，这样这个特征矩阵就变得更完整。这样，我们把(119)重写为(119')：

(119') a. greed: [+名词，+普通，－可数，－复数]

b. carders: [+名词，+普通，+可数，+复数]

c. prison: [+名词，+普通，+可数，－复数]

d. city: [+名词，+普通，+可数，－复数]

e. Tianjin: [+名词，一普通，一可数，一复数]

和(119')相对应的汉语名词也可以用上述特征矩阵来描写：

(120) a. 贪婪：[+名词,+普通,一可数,一复数]

b. 官员们：[+名词,+普通,+可数,+复数]

c. 监狱：[+名词,+普通,+可数,一复数]

d. 城市：[+名词,+普通,+可数,一复数]

e. 天津：[+名词,一普通,一可数,一复数]

我们可以运用次语法范畴来描写其他语类，比如，动词也可以用特征矩阵来描写。

(121) a. She has never *been* to the city. been：[+动词,+分词,+过去,一被动]

b. 她从来没去过那座城市。 去：[+动词,+分词,+过去,一被动]

大家可以看到，我们把语类划分为特征集合可以充分描写语类的语法次范畴特征，不仅如此，我们还可以看到，许多语法特征都是跨语类的，就是说，这种特征跨越了不止一种语类。乔姆斯基(1970)把这种跨语类特征描写为一分为二的语法特征，他用[±名词]和[±动词]这两种语法特征来分解语类。动词就描写为[+动词，一名词]，名词描写为[一动词,+名词]，形容词描写为[+动词,+名词]，介词描写为[一动词，一名词]。根据上述特征矩阵，我们可以很容易地看出，动词和形容词形成了一个超级语类，因为它们都具有动词性质；同样，可以说，名词和形容词也构成了一个超级语类，因为它们都具有名词性质。这些跨语类特征我们可以从下面的例句中得到说明和证实。

比如说，英语的动词和形容词都可以在前面加上前缀-un，它们具有相同的形态特征(Stowel, 1981; quoted in Radford, 2002: 63)：

(122) a. undo, untie, unfold, unpack (verbs)

b. unafraid, unfriendly, unmanly, unkind (adjectives)

c. *unfear, *unfriend, *unwoman, *unconvention (nouns)

d. *uninside, *unby, *unon, *unfrom (prepositions)

在牙买加克里奥语中，动词和形容词都可以用作谓词（见 123），也可以都被“不”来否定（见 124），还可以放在助动词“不能”后面作补足语（见 125）（Bailey, 1966; quoted in Radford, 2002: 63-64）：

（123） a. Daag *bait* （verb）

Dog bite

"Dogs bite"

b. Manggo *swiit* （adjective）

mongo sweet

"Mongoes are sweet"

（124） a. Tiicha no *kom* yet （verb）

Teacher no come yet

"The teacher hasn't come yet"

b. Dat-de kuoknut no *gud* （adjective）

that-there coconut no good

"That coconut is no good"

（125） a. Mi kyaan *dringk* me kaafi （verb）

Me can't drink me coffee

"I can't drink my coffee"

b. Di milk kyaan *sowa* （adjective）

the milk can't sour

"The milk can't be sour"

在汉语中，动词和形容词也可以用作谓词（见 126），也可以被“不”来否定（见 127），还可以放在助动词“不能/不会”后面作补足语（见 128）：

（126） a. 狗咬人。

b. 水果甜。

(127) a. 狗不咬人。

b. 水果不甜。

(128) a. 狗不能/不会咬人。

b. 水果不能/不会酸。

同样,名词和形容词也具有相同的跨语类特征。俄语的名词和形容词都具有格的屈折变化,而动词和介词没有(Radford, 2002: 64):

(129) Krasivay*a* dyevushk*a* vsunul*a* chornuy*u* koshk*u* v pustuy*u* korobk*u*

beautiful girl put black cat in empty box

"The beautiful girl put the black cat in the empty box"

汉语中的形容词和名词也有相同的跨语类特征,它们都可以用作主语和宾语,只不过和俄语不同的是它们在形态上没有格标记。比如:

(130) a. 红的特别好看。

b. 红色特别好看。

c. 我喜欢红的。

d. 我喜欢红色。

大家还可以注意另外一点,词汇词和功能词之间的相互关系。功能词和有关词汇词之间存在着紧密的关系,比如说,助动词和动词有关,限定词和形容词有关,代词和名词有关,标句词 for 和不定式小品词 to 与相关的介词有关。下面我们先看一下助动词和动词之间的关系。

助动词和动词不同,它们在否定、疑问和反意疑问句的句法表现不同,句法差异较为明显。助动词在形态句法方面与动词有着完全不同的特征。但是,从另一个角度去看,助动词又和动词表现几乎相同,两者几乎都有各自不同的过去和现在时态形式,这是由于它们都具有[+动词,一名词]的特征矩阵,在其他特征方面助动词和动词确实不同。

(131)

VERB		AUXILIARY	
PAST	PRESET	PAST	PRESENT
worked	work/works	had	have/has
learned	learn/learns	did	do/does
went	go/goes	was/were	is/are
bought	buy/buys	could	can
let	let/let	must	must
thought	think/thinks	might	may
hid	hide/hides	would	will

从(131)来看，助动词和动词确实具有相同的跨语类语法特征，都具有[+动词，一名词]的特征矩阵，助动词和动词构成了超级语类，但是，它们也有不同。助动词是功能词，动词是实意词，它们之间的区别就在于有没有功能性[±功能性]的句法特征，助动词是功能词，它的特征是[+功能性]，动词是实意词，它的特征是[一功能性]。前者具有[+功能性]的语法特征，在英语的句子中可以倒装；后者具有[一功能性]的语法特征，在英语的句子中不可以倒装。

(132) 助动词：[+功能性，+动词，一名词]

动词：[一功能性，+动词，一名词]

我们前文提到，功能词和有关词汇词之间存在着紧密的关系，比如说，助动词和动词有关，限定词和形容词有关，代词和名词有关，标句词for和不定式小品词to与相关介词有关。如果说，功能词具有[+功能性]的语法特征，词汇词具有[一功能性]的语法特征，像助动词和动词可以构成超级语类一样，限定词和形容词也可以构成超级语类。同理，代词和名词也可以构成超级语类，标句词for和不定式小品词to与相关的介词也可以构成超级语类。我们把它们之间的特征矩阵表示如下：

(133) 限定词：[+功能性，+动词，+名词]

形容词：[一功能性，+动词，+名词]

代词：[+功能性，一动词，+名词]

名词：[一功能性，一动词，+名词]

小品词:[+功能性，一动词，一名词]

介词：[一功能性，一动词，一名词]

(133)显示，限定词是功能性形容词成分，而描写性形容词是词汇形容词成分；代词是功能性名词成分，名词是词汇名词成分；小品词是功能性介词成分，而介词是词汇性介词成分；助动词是功能性动词成分，动词是词汇动词成分。通过(132)和(133)的对比，我们还可以看到，小品词to的特征矩阵是[+功能性，一动词，一名词]，而助动词的特征矩阵是[+功能性,+动词，一名词]，这说明它们都具有[+功能性，一名词]的跨语类特征，但是在[±动词]特征方面不同，小品词to的特征是[一动词]，助动词的特征是[+动词]，前者没有时态和一致等屈折形式，而后者有时态和一致等屈折形式。

第三章　结　　构

第二章讲到如何从语法范畴和语法特征两个方面去描写单词的语法特征。本章主要探讨单词是如何组成词组和句子的。

3.1　词组/短语结构

我们首先看一下由两个单词构成的短语是怎么形成的。当两个单词构成了一个短语，这个短语有什么样的语法特征？这种语法特征我们是通过什么样的标准判断的？有证据说明，两个单词构成的短语，其语法特征一般是由其中一个单词决定的。比如说，在(134)中，当我们把一个形容词“syntactic”和名词“course”相结合，我们得到的词组（或者短语）是“syntactic course”，这个词组的语法特征是由名词“course”而不是形容词“syntactic”所决定的，因为词组“syntactic course”在句子中的位置和名词位置是一样的。在汉语例句中情况也是这样的，“句法课”的句法特征是由名词所决定的，所以“句法课”的句法特征是名词词组。

(134) a. I hate syntax.

b. I hate syntactic course.

c. Syntax is a hard science.

d. Syntactic course is difficult to pass.

(135) a. 我恨句法学。

b. 我恨句法课。

c. 句法学是自然科学。

d. 句法课难过关。

同样，当我们把动词“hate”和名词“syntax”结合在一起的时候，我们得到的是动词词组“hate syntax”，这个词组的语法特征是由动词“hate”而不是名词“syntax”所决定的，因为词组“hate syntax”在句子中的位置和动词是一样的。在汉语中情况也是这样的，“恨句法学”的句法特征是由动词“恨”所决定的而不是由名词“句法学”所决定，所以“恨句法学”的句法特征是动词词组。动词词组作主语时必须用动名词形式，名词词组作主语可以没有形态变化，汉语动词词组作主语时没有形态变化。

（136） a. He arrives.

b. He hates syntax.

c. He will arrive soon.

d. He will like syntax later.

e. He wants to leave.

f. He intends to hate syntax.

g. Leaving is temporary.

h. Hating syntax is temporary.

i. *Hate syntax is temporary.

（137） a. 他来了。

b. 他恨句法学。

c. 他一会儿就来。

d. 他以后会喜欢句法学。

e. 他要走了。

f. 他要恨句法学。

g. 离开是暂时的。

h. 恨句法学是暂时的。

名词词组“syntactic course”的语法特征是由名词“course”所决定的，而不是形容词，那么我们可以说，这个名词就是这个名词词组的中心语，而形容词就是这个中心语的投射。同理，动词词组“hate syntax”的语法特征是由动词“hate”所决定的，而不是后面的名词，这个动词就是该动词词组的中心语，而名词就是这个中心语的投射。我们用V来标示中心语动词，所以也可以用VP来标示动词词组，我们用N来标示中心语名词，所以也可以用NP来标示名词词组。在(138)中，我们用大括号和下标来表示动词词组和名词词组，在(139)中，我们用树形图和节点标记来表示动词词组和名词词组。树形图中标记的每个语类都是树形图中的节点，而英语单词和汉字都是树形图的树叶。(139a)的树形图和(138a、b)大括号所表达的意思是一样的，(139b)的树形图和(138c、d)大括号所表达的意思是一样的。

(138) a. [$_{VP}$ [$_{V}$ hate][$_{N}$ syntax]]

b. [$_{VP}$ [$_{V}$ 恨][$_{N}$ 句法学]]

c. [$_{NP}$ [$_{ADJ}$ syntactic][$_{N}$ course]]

d. [$_{NP}$ [$_{ADJ/N}$ 句法][$_{N}$ 课]]

(139) a.

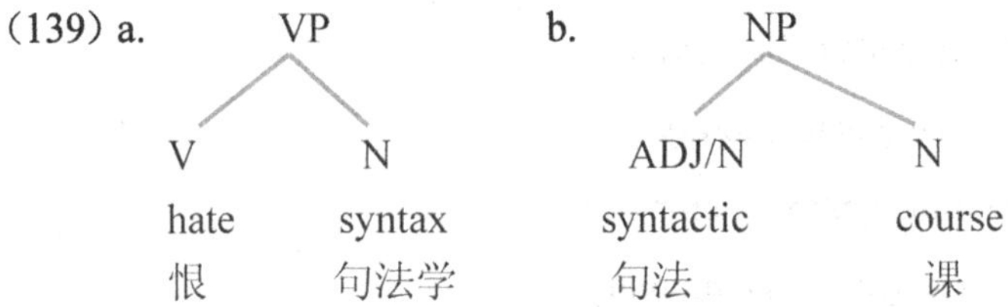

我们在构成动词词组和名词词组的时候，实际上遵守了一个原则，那就是通过合并两个语类就可以形成一个新语类。新构成的词组或语类应该都是向心结构，因为这个新词组是通过中心语投射而成的。合并不仅局限于两个单词，一个单词和一个词组也可以合并，比如：在(140)中，不定式小品词“to”和动词词组“hate syntax”也可以合并成一个新语类，限定词“a”，“the”也可以和名词词组“syntactic course”合并成为一个新语类。不定式小品词“to”和动词词组“hate syntax”合并成一个不定式短语，我们用IP来表示不定式短语，限定词“a”、“the”和名词词组“syntactic course”合并成为一个限定词词组，我们用DP来表示限定词词组。在(140a)中，中心语V的投射是VP，中心语I的投射是IP；在(140b)中，中心语N的投射是NP，中心语D的投射是DP。在(140a)中，中心语V和位于补足语位置的名词合并构成了动词词组VP，然后中心语I和位于补足语位置的动词词组VP合并构成了屈折词组IP，在(140b)中，中心语N和位于修饰语位置的形容词或名词合并构成了名词词组NP，然后中心语D和位于补足语位置的名词词组NP合并成为DP。这个过程我们可以用树形图分别表示如下：

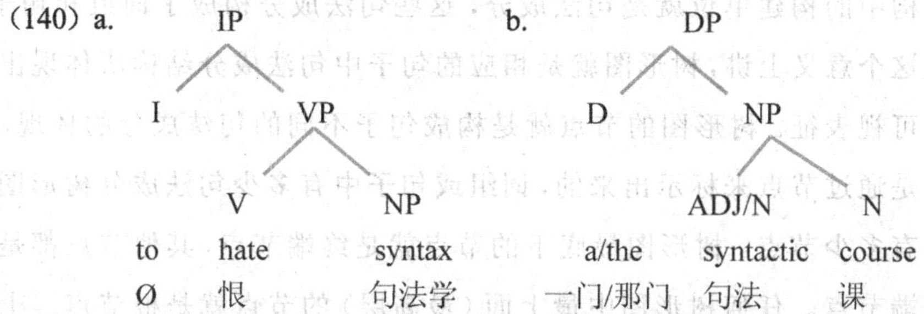

大家注意，在(140a)中，汉语屈折词组IP的中心语I用Ø来标示，说明汉语中没有不定式标记，汉语屈折词组IP的中心语I是空的，叫作空屈折或零屈折。为了解释上的方便，我们临时假设汉语和英语一样也有屈折词组IP，只不过这个屈折词组的中心语是空的Ø。

当然了，我们还可以把屈折词组IP和限定词词组DP当作补足语，继续和其他中心语比如动词V合并，构成一个新的词组或语类。我们把屈折词组IP和中心语动词V合并，可以构成一个动词词组，把限定词词组DP和中心语动词V合并，也可以构成一个动词词组。

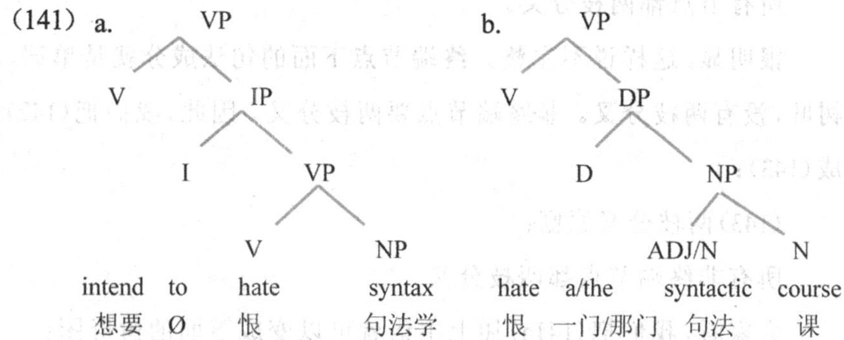

3.2 树形图

前文我们讲到了合并的问题，我们可以说词组和句子都是通过一次又一次的合并操作而形成的，句法结构可以通过树形图的形式来表现出来。树形图标明了单词构成各种词组的方法，句法学家把树形图叫作短语标记(phrase-markers)，英语一般缩写为P-markers。树形图结构中的构建单位就是句法成分，这些句法成分构成了词组和句子，从这个意义上讲，树形图就是相应的句子中句法成分结构所体现出来的可视表征。树形图的节点就是构成句子不同的句法成分的体现，语类是通过节点来标示出来的，词组或句子中有多少句法成分树形图中就有多少节点。树形图最底下的节点就是终端节点，其他节点都是非终端节点。任何树形图中最上面(最高层)的节点就是根节点。上面提到过，句子中的单词在树形图上叫树叶，树叶只在终端节点下面才能体现出来。

合并是把语类进行两两结合构成新的语类，然后再继续进行两两结合构成更大的新语类这样一个过程。这种过程其本质就是要遵循两枝分叉的原则，因为每次合并都是把两个语类进行结合形成投射。

(142)两枝分叉原则：

所有节点都两枝分叉。

很明显，这样说不完整。终端节点下面的句法成分就是单词，就是树叶，没有两枝分叉。非终端节点要两枝分叉。因此，我们把(142)修改成(143)：

(143)两枝分叉原则：

所有非终端节点都两枝分叉。

大家看，我们把(141a)加上主语就可以变成下面的树形图：

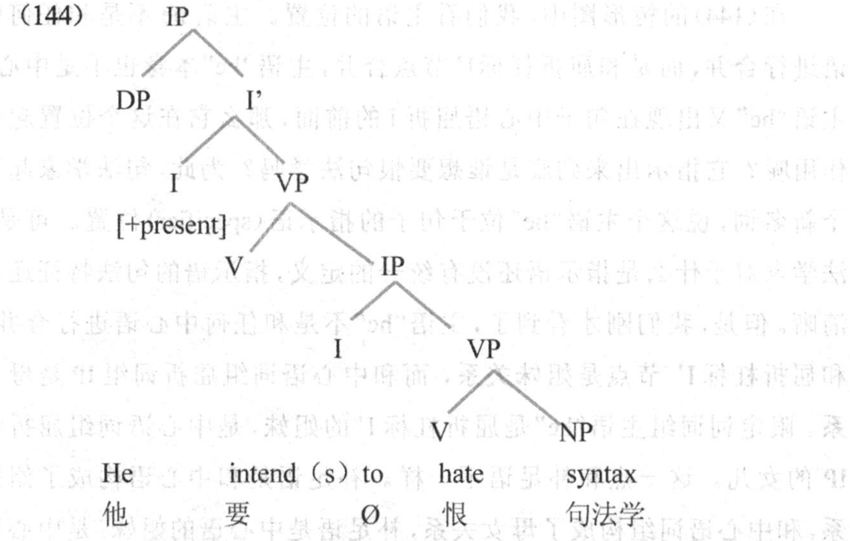

在3.1小节谈过，在(144)的树形图中，句法成分通过两两组合的方式进行合并，每一次合并完成后再继续和新的中心语合并成为更大的语法成分。在上面的英语句子，限定词“he”、动词“intend”、不定式小品词“to”、动词“hate”、名词“syntax”、动词词组“hate syntax”、屈折词组“to hate syntax”、动词词组“intend to hate syntax”、屈折杠标I’和屈折词组都是句法成分，因此这个句子共有十个句法成分。

中心语动词hate和后面的补足语名词“syntax”合并成为动词词组“hate syntax”，中心语“I”和后面的补足语动词词组“hate syntax”合并成为不定式短语“to hate syntax”，中心语动词“intend”和后面的补足语不定式短语“to hate syntax”合并成为动词词组“intend to hate syntax”。假如说，（144）树形图中的中心语“I”是助动词“would”，那么中心语“would”可以和后面的补足语动词词组“intend to hate syntax”合并成为一个新的语类I’节点：“would intend to hate syntax”。大家可以看到，英语中讲到的合并是中心语和后面的补足语结合，这种语序就是中心语在前补足语在后的语言，体现出的中心语参数就是英语属于中心语在前语言。

在(144)的树形图中，我们看主语的位置。主语he不是和任何中心语进行合并，而是和屈折杠标I'节点合并，主语"he"本身也不是中心语。主语"he"又出现在句子中心语屈折I的前面，那么它在这个位置起什么作用呢？它指示出来到底是谁想要恨句法学吗？为此，句法学家起了一个新名词，说这个主语"he"位于句子的指示语(specifier)位置。可是，句法学家对于什么是指示语还没有统一的定义，指示语的句法特征还不太清晰。但是，我们刚才看到了，主语"he"不是和任何中心语进行合并，它和屈折杠标I'节点是姐妹关系，而和中心语词组屈折词组IP是母女关系。限定词词组主语"he"是屈折杠标I'的姐妹，是中心语词组屈折词组IP的女儿。这一点和补足语不一样。补足语是和中心语构成了姐妹关系，和中心语词组构成了母女关系，补足语是中心语的姐妹，是中心语词组的女儿。这里我们要解释一下，比如，中心语动词hate和后面的补足语名词"syntax"合并成为动词词组"hate syntax"，那么，位于上一节点的动词词组就是中心语动词"hate"和后面的补足语名词"syntax"的母亲节点，中心语动词"hate"和后面的补足语名词"syntax"就是母亲节点动词词组"hate syntax"的女儿，中心语动词"hate"和后面的补足语名词"syntax"也就互相成为姐妹关系，中心语动词"hate"是后面的补足语名词"syntax"的姐妹；反过来，补足语名词"syntax"是前面中心语动词"hate"的姐妹。这样，指示语和补足语的句法差异就体现出来了。而中心语的句法特征就是它是中心语词组的女儿，是补足语的姐妹，这样我们就可以看到指示语、补足语和中心语的句法位置是不同的。

指示语的位置一般位于中心语的前面，和X杠标做姐妹。下面这些词组中的第一个词都是指示语，参照Radford(2002: 90)的研究，但是对于到底是不是指示语的确是有争议的，我们这里采纳Radford(2002: 90)的意见。

(145) a. *right* to school

b. *What* a pity

c. *such* a man

d. *All* laughing at the beggar

e. *Tom* has been to school.

f. *What* do you like to read?

（146）a. 径直向学校

b. 多么的可怜！

c. 如此一人

d. 所有人都嘲笑乞丐

e. 张三已经去学校了。

大家可以观察到，在上述的例子中，所有例句都几乎是指示语+中心语+补足语这样的语序结构，说明在英语和汉语中，中心语位于补足语之前，指示语位于中心语之前，英语不仅是中心语居前语言还是指示语居前语言。我们以（145a）为例，介词词组“*right* to school”是介词“to”和名词“school”合并后指示语副词“right”又和“to school”进行了合并，因此，“to school”应该是一个中间成分，是位于大的介词词组和名词中间的介词词组，我们称之为介词杠标 P’。因此，介词“to”和名词“school”合并成为介词杠标 P’“to school”，介词杠标 P’“to school”和副词“right”合并成为介词词组“right to school”。鉴于此，（145a）的结构应该是（147）：

（147）
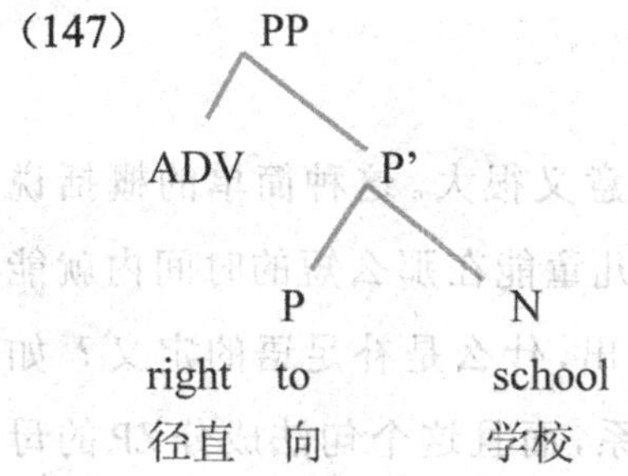

再看一下（145b、c），和（145a）一样的是，（145b、c）是限定词词组，中间应该有一个限定词杠标，限定词杠标和副词或疑问副词构成了限定词词组，见（148）：

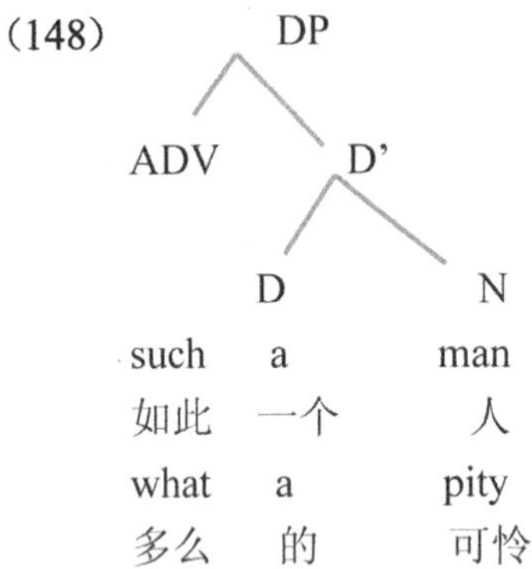

以此类推，我们可以假设，名词词组和补足语之间也有一个中间成分是名词杠标，动词词组和后面的补足语之间也有一个中间成分是动词杠标，副词词组和和补足语之间也有一个中间成分为副词杠标，屈折词组和补足语之间有一个中间成分是屈折杠标，标句词词组和补足语之间也有一个中间成分是标句词杠标。根据X杠标理论我们把词组统称为XP，把中心语看成是X，把这个词组的指示语看成是YP，把它的补足语看成是ZP，那么我们就可以把词组或句子的句法结构更概括地描述为以下的树形图(149)：

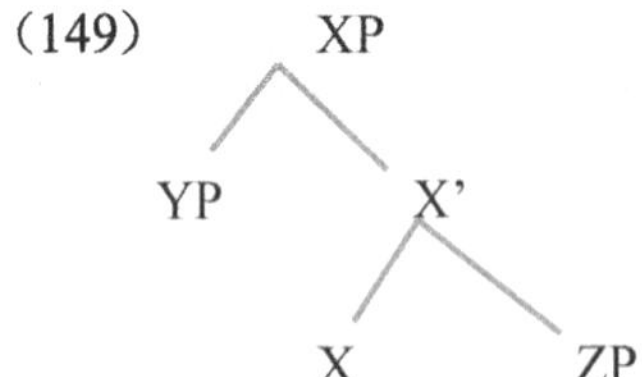

这个树形图看上去很简单，但是意义很大。这种简单的概括说明了语言的简洁和完美，可以解释为什么儿童能在那么短的时间内就能掌握自己的母语。在(149)中，我们可以看出，什么是补足语的定义？如果一个句法成分ZP和中心语X是姐妹关系，而且这个句法成分ZP的母亲节点是中心语X的投射，那么这个句法成分ZP就是中心语X的补足语。那么指示语的定义又是什么样子的呢？如果一个句法成分YP是中心语杠标X'的姐妹，而且是中心语词组XP的女儿的话，那么这个句法成分

YP就是中心语X的指示语。

我们看下面的句子树形图是怎么画的。

（150）a. The Chinese people will strongly stand for the government determination to vitalize the great nation.

b. 中国人民将坚决支持政府决心重振这个伟大国家。（这个句子完全可以说成是"中国人民将坚决支持政府重振这个伟大国家 的决心"，出于某种原因，我们没有这么做，就是想暂时忽略英汉语在句法结构方面的差异。但是，上面这个句子有歧义，"决心"可以看作是动词，我们把它看成是名词，意思是"政府的决心"。）

要画树形图，首先要遵守从下到上的顺序，一步一步地往上延伸。首先找名词，找最下面的名词，这个名词是"nation"，名词"nation"作为中心语和形容词"great"合并成为名词词组"great nation"，名词词组"great nation"作为补足语再和中心语限定词"the"合并成为限定词词组"the great nation"，限定词词组"the great nation"作为补足语和中心语"vitalize"合并成为动词词组"vitalize the great nation"，动词词组"vitalize the great nation"作为补足语再和中心语不定式小品词"to"合并成为屈折词组不定式短语"to vitalize the great nation"，不定式短语"to vitalize the great nation"作为补足语再和中心语名词"determination"合并成为N'名词杠标"determination to vitalize the great nation"，名词杠标"determination to vitalize the great nation"和指示语名词"government"合并成为名词词组"government determination to vitalize the great nation"，名词词组"government determination to vitalize the great nation"作为补足语和中心语限定词"the"合并成为限定词词组"the government determination to vitalize the great nation"，限定词词组"the government determination to vitalize the great nation"作为补足语再和中心语介词"for"合并成为介词词组"for the government determination to vitalize the great nation"，介词词组"for the government determination to vitalize the great nation"作为补足语再

和中心语动词“stand”合并成为动词杠标“stand for the government determination to vitalize the great nation”，动词杠标“stand for the government determination to vitalize the great nation”和修饰语“strongly”合并成为动词词组“strongly stand for the government determination to vitalize the great nation”，动词词组“strongly stand for the government determination to vitalize the great nation”和中心语屈折词 will 合并成为屈折杠标“will strongly stand for the government determination to vitalize the great nation”。到现在为止，我们主要讲到了一个单词和一个单词合并或者一个单词和一个词组合并。下面的合并涉及两个投射，限定词词组作为指示语和屈折杠标合并成为中心语词组屈折词组，这样我们就把一个投射限定词词组和另外一个投射屈折杠标合并成为一个新的词组。其实，前面讲过，首先合并的是名词词组，然后是限定词词组，名词“people”在前面第一个步骤就和形容词“Chinese”合并成为名词词组“Chinese people”，名词词组“Chinese people”和中心语限定词“the”合并成为限定词词组“the Chinese people”，限定词组一直等到屈折杠标合并完成后，两个投射才进行下一步的合并。下面的步骤就是屈折杠标 “will strongly stand for the government determination to vitalize the great nation”和位于指示语位置的限定词词组“the Chinese people”合并成为屈折词组“The Chinese people will strongly stand for the government determination to vitalize the great nation”。

汉语句子的树形图也是按照这样的步骤进行的。首先找名词，先找最下面的名词，这个名词是“国家”，名词“国家”作为中心语和形容词“伟大”合并成为名词词组“伟大国家”，名词词组“伟大国家”作为补足语再和中心语限定词“这个”合并成为限定词词组“这个伟大国家”，限定词词组“这个伟大国家”作为补足语和中心语“重振”合并成为动词词组，动词词组“重振这个伟大国家”作为补足语再和中心语零不定式小品词合并成为屈折词组不定式短语“重振这个伟大国家”，不定式短语“重振这个伟大国家”作为补足语再和中心语名词“决心”合并成为N’名词杠标“决心重振这个伟大国家”（这个可能有争议，有人会把这个词组看成是动词词组，这可能是有道理的，我们暂且不论），名词杠标“决心重振这个伟大国家”和指示语名词合并成为名词词组“政府决心重振这个伟大国家”（这个可能有争议，有人会把这个词组看成是一个句子，这可能是有道理的，我们暂且不论），名词词组“政府决心重振这个伟大国家”作为补足语和中心语零限定词合并成为限定词词组“政府决心重振这个伟大国家”，限定词词组“政府决心重振这个伟大国家”作为补足语再和中心语动词“支持”合并成为动词杠标“支持政府决心重振这个伟大国家”，动词杠标“支持政府决心重振这个伟大国家”和修饰语副词“坚决”合并成为动词词组“坚决支持政府决心重振这个伟大国家”，动词词组“坚决支持政府决心重振这个伟大国家”和中心语屈折助动词“将”合并成为屈折杠标“将坚决支持政府决心重振这个伟大国家”，名词“人民”在前面第一个步骤就和形容词“中国”合并成为名词词组“中国人民”，名词词组“中国人民”和中心语零限定词合并成为限定词词组“中国人民”，屈折杠标“将坚决支持政府决心重振这个伟大国家”和位于指示语位置的限定词词组“中国人民”合并成为屈折词组“中国人民将坚决支持政府决心重振这个伟大国家”。

通过从下到上的顺序，上面句子的树形图最后就可以画成如下的样子：

(151)

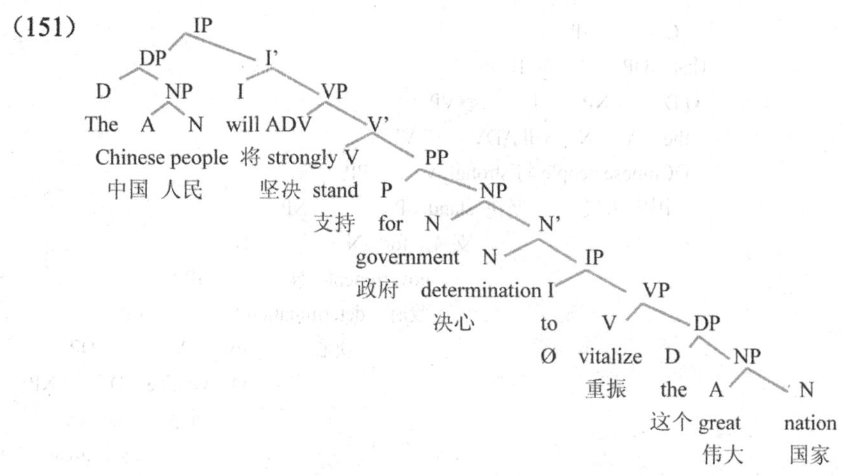

那么，我们的课下作业就是上面的句子到底有多少个句法成分，问

题不难，但需要细心。

好了，到现在为止，我们把整个句子在树形图上画成了屈折词组，那么屈折词组上面还有没有更大的词组呢？也就是说，在树形图上，屈折词组还有没有母亲节点呢？看一下在(152)中听话者对问话人的回答就会知道屈折词组不是最大的词组，上面还有更大的词组，因为在回答中可以看出“that”是标句词，所以这个词组就是标句词词组。在(153)中，汉语没有形态上的标句词，但为了讨论上的方便我们假设汉语中有零标句词Ø，如果真是这样，那么汉语中最大的词组也是标句词词组。

(152) a. What do you believe?

b. That the Chinese people will strongly stand for the government determination to vitalize the great nation.

(153) a. 你们相信什么呢？

b. Ø中国人民将坚决支持政府决心重振这个伟大国家。

大家看，如果上面说的正确的话，句子的最大投射不是屈折词组而是标句词词组，那么(154)应该是这个标句词词组的树形图。

(154)

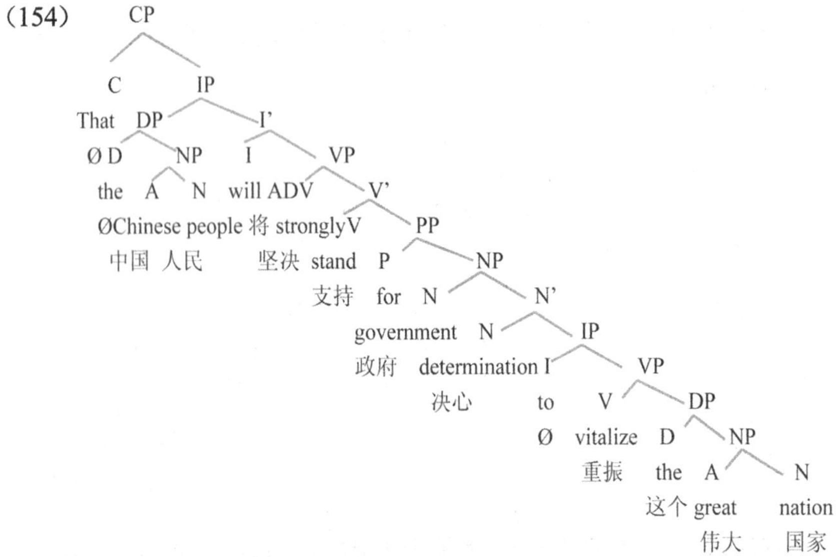

3.3 成分统制

成分统制是传统意义上句法学术语，主要说明两个语类之间的结构关系。它的定义如下(Radford, 2002: 112)：

(155)如果母亲节点X支配节点Y，而且X和Y不相连(如果X≠Y并且互相不支配那么X和Y不相连)，那么节点X就成分统制节点Y。

就是说，节点X不能低于节点Y(节点X要么高于节点Y，要么和节点Y一样高)，看一下(156)中的另外一种定义：

(156)当且仅当第一个分支节点Z既支配节点X又支配节点Y，而且X不支配节点Y，并且X≠Y，而且没有一个中间节点γ支配节点X，那么节点X就成分统制节点Y。

(157)可以是(156)的树形图，在这个树形图中，节点X成分统制支配节点Y，同样，节点Y也成分统制节点X。

(157)
```
      Z
  X       Y
```

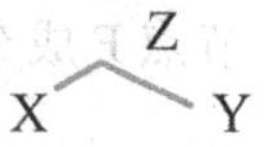

当然，在(158)中，节点X成分统制节点Y或节点V或节点W，但节点Y或节点V并不成分统制节点X，而节点W 成分统制节点X，节点V成分统制节点Y，节点Y成分统制节点V。

(158)
```
        Z
  X         W
        V       Y
```

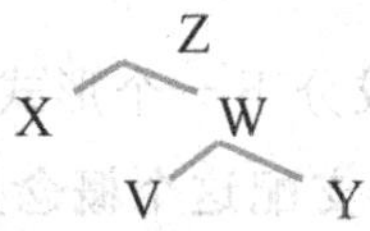

成分统制也是通过演算法或计算程序来探索树形图的几何特征，为什么运用这种方法去探索树形结构的形式特征呢？任何学术问题要做到描写的充分性和解释的充分性，就必须要做到明晰，要做到明晰就必须先采纳形式化的方法，运用理论构建解释形式特征。上面成分统制中提到了一种与短语标记相关的关系：第一种是支配，讲的是树形图中的从上到下的层级关系；第二种是前后关系，讲的是从左到右的线性关系。

如：在(158)中，节点X成分统制节点W，节点X位于节点W的前面，节点V成分统制节点Y，节点V位于节点Y的前面。

在(159)中，支配主要是针对节点与节点之间的关系来说的，在树形图中由树上的分叉来表示，而前后关系则是通过相关节点从左到右的顺序来决定的。我们可以说，如果一个节点X出现在另一个节点Y的左边，而且节点X不和节点Y互相支配的话，那么节点X位于另一个节点Y的前面。所以节点B位于另一个节点C的前面；节点D位于另一个节点E的前面；节点F位于另一个节点G的前面；节点H位于另一个节点J的前面。关于节点与节点之间从上到下的层级关系，树根节点A支配着树形图中的所有节点B、C、D、E、F、G、H、J；节点B支配着树形图中节点D、E；节点C支配着节点F、G、H、J；节点G支配着节点H、J；除此之外，树形图中再没有其他的支配关系了。在(159)中，关于两个语类之间的结构关系，我们可以看出，节点B成分统制了节点C、F、G、H、J，但不成分统制节点D、E；节点C成分统制了节点B、D、E，但不成分统制节点F、G、H、J；节点G成分统制节点F，但不成分统制节点H、J；节点F成分统制节点G、H、J，但不成分统制节点B、D、E。

(159)

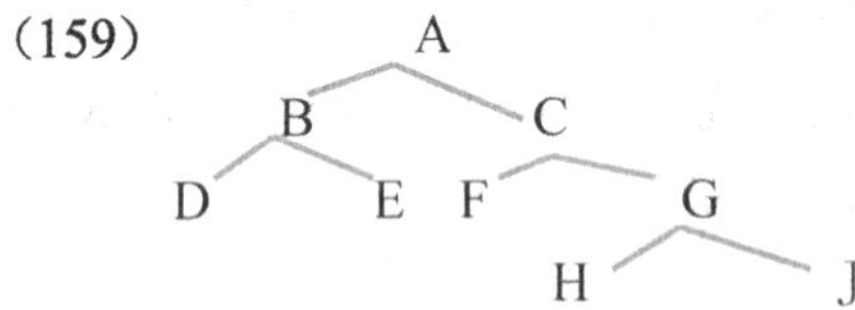

到现在为止，我们实际上还没有给句法成分下一个形式化的定义。我们现在学习了支配这个概念之后，就可以用支配这个概念来给句法成分下个定义。

(160) 如果携载单词集合的终端节点全都被同一个节点Z所支配，而且没有其他终端节点被相关节点Z所支配的话，那么这个单词集合就构成一个句法成分。(Radford, 2002: 100)

根据这个定义，我们回头看一下(151)，就会发现实际上(151)中有27个这样的句法成分。而在(154)中则共有29个句法成分。

前文提到过，句子就是由句法成分两两合并而成为越来越大的句法结构，这个句法结构可以用树形图标记出来。这样是否能够把单词、词组和句子的语法特征系统地解释清楚，这就看这些句法结构表达式是否具有实证特点。大家看下面的例子，我们认为这是一个多项屈折句子，在动词词组 “writing a thesis on syntax” 之前有三个助动词：情态助动词 “must”、完成体助动词“have”和进行体助动词“been”，它们都应该属于屈折词，是中心语。所以，我们说，(161)的句法结构在树形图上的表达式应该是(162)：

(161) The students must have been writing a thesis on syntax.

(162)

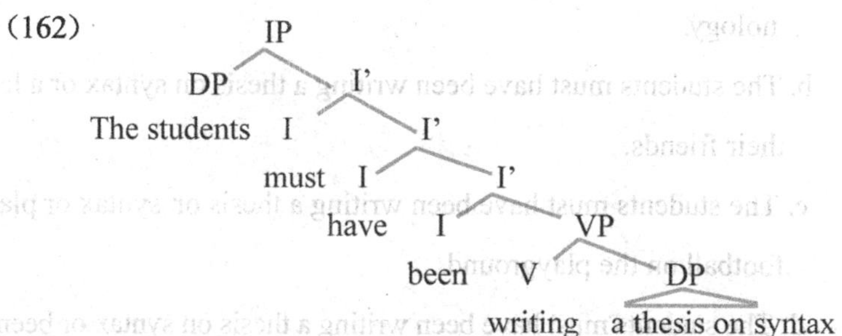

在(162)中，介词“on”投射为介词词组“on syntax”，限定词投射为“a thesis on syntax”，动词“writing”投射为“writing a thesis on syntax”，屈折词进行体助动词“been”投射为屈折杠标“been writing a thesis on syntax”，屈折词完成体助动词“have”投射为屈折杠标“have been writing a thesis on syntax”，屈折词情态助动词“must”投射为屈折词组即整个句子“The students must have been writing a thesis on syntax”。如何证明(162)是(161)这个句法结构的树形图呢？我们可以通过并列来检验，英语中有许多并列连词用来连接相关句法结构。

(163) a. good at maths but poor at physics

b. carefully and earnestly

c. to work or to rest

从(163)中我们可以看出，形容词词组和形容词词组并列(163a)，副

词和副词并列(163b),不定式短语和不定式短语并列(163c)。所以我们可以得出(164)这样的假设:

(164) 只有句法特征相同的句法成分可以并列。

根据(164),我们知道,在(161)中介词词组"on syntax"、限定词词组"a thesis on syntax"、动词词组"writing a thesis on syntax"、屈折杠标"been writing a thesis on syntax"、屈折杠标"have been writing a thesis on syntax"和屈折词组"must have been writing a thesis on syntax"都是句法成分,这些句法成分可以通过并列来验证:

(165) a. The students must have been writing a thesis on syntax or on phonology.

b. The students must have been writing a thesis on syntax or a letter to their friends.

c. The students must have been writing a thesis on syntax or playing football on the playground.

d. The students must have been writing a thesis on syntax or been playing football on the playground.

e. The students must have been writing a thesis on syntax or have been playing football on the playground.

f. The students must have been writing a thesis on syntax or must have been playing football on the playground.

g. The students must have been writing a thesis on syntax or they must have been playing football on the playground.

上面七个句子都是正确的,都合乎语法,分别证明介词词组"on syntax"、限定词词组"a thesis on syntax"、动词词组"writing a thesis on syntax"、屈折杠标"been writing a thesis on syntax"、屈折杠标"have been writing a thesis on syntax"和屈折词组"must have been writing a thesis on syntax"和整个句子都是句法成分。再看下面的句子:

(166) a. Children must look after their pets and take good care of their eyes.

b. *Children must look after their pets and of their eyes.

c. *Children must look after their pets and good care of their eyes.

d. *Children must look after their pets and after their eyes.

在(166)中,a句是合乎语法的句子,因为并列的前后成分都是两个动词词组;而b不合乎语法,因为词串"of their eyes"不是一个句法成分;c不合乎语法,因为词串"good care of their eyes"不是一个句法成分;d不合乎语法,因为词串"after their eyes"不是一个句法成分。所以,我们现在把(164)修改为(167):

(167) 只有句法特征相同的句法成分可以并列,不是句法成分的词串不能并列。

下面我们看一看另外一种并列测验。

(168) a. The lawyer asks the suspects to appeal (but not to beg) for clemency.

b. He was not sure whether (or not) to ring up his classmate.

c. He was not sure whether to (or not to) ring up his classmate.

d. He was not sure whether to (or not to) ring up.

e. He was not sure whether to ring up (or not to ring up) his classmate.

f. *He was not sure whether to ring (or not to ring) up his classmate.

大家看,为什么(168a—e)合乎语法,而(168f)不合乎语法呢?介词词组"for clemency"是一个句法成分,我们既可以说"appeal for clemency",也可以说"but not to beg for clemency",显然介词词组"for clemency"是上面两个动词词组的共享成分,即共享词串,所以我们可以只保留一个介词词组"for clemency"。不定式短语"to ring up his classmate"、动词短语"ring up his classmate"、动词词组"ring up"、名词词组"his classmate"都是句法成分,在句子中都可以在共享成分,作为共享词串就使得句子(168b—e)合乎语法。而(168f)不合乎语法是因为"up his classmate"不是共享成分,不是介词词组,也不是句法成分。所以说,上面我们的论述说明句法成分必须是共享词串。

(169) 在相关的并列结构中，只有句法成分才可以用作共享词串。

根据(169)，下面我们测试一下(161)这个句子哪些是句法成分。

(170) a. The students must have been writing a thesis (or must have not been writing a thesis) on syntax.

b. The students must have been writing (or must have not been writing) a thesis on syntax.

c. The students must have been (or must have not been) writing a thesis on syntax.

d. The students must have (or must have not) been writing a thesis on syntax.

e. The students must (or must not) have been writing a thesis on syntax.

f. The students (or the professors) must have been writing a thesis on syntax.

从(170)中，我们可以看出，在(161)中介词词组"on syntax"、限定词词组"a thesis on syntax"、动词词组"writing a thesis on syntax"、屈折杠标"been writing a thesis on syntax"、屈折杠标"have been writing a thesis on syntax"和屈折词组"must have been writing a thesis on syntax"和整个句子在(170)中都是共享词串，应该是句法成分。

第三种句法成分测试方法就是不完整句子测试。不完整的句子是句子的片段，简称句段或语段，只有具有一定句法特征的短语才能担当。

大家看下面的例句，"About my students"是介词词组，可以用作句段，虽然句子不完整，但是可以这样说，合乎语法；"Up my classmate"不是一个句法成分，不可以用作句段，所以不合乎语法：

(171) a. —What are you talking about?

—About my students.

b. —Who are you ringing up?

—*Up my classmate.

从上面的例子可以看出，只有句法成分才能够单独回答别人的问题而不违犯语法。

(172) 只有句法成分才能够用作语段。

再看下面的例句：

(173) —What must the students have been doing?

a. —*must have been writing a thesis on syntax.

b. —They must have been writing a thesis on syntax.

c. —Writing a thesis on syntax.

为了说明方便，我们把(162)的树形图重新描写为(174)，在(174)中，句子共有两个中心语：一个是动词，另外一个是屈折词。这两个中心语分别投射为动词词组和屈折杠标/屈折词组。动词投射为动词词组之后再往上就是屈折杠标了，是屈折词的投射了，所以说动词的最大投射就是动词词组，屈折词投射为屈折杠标后，再往上还有两个屈折杠标，三个屈折杠标往上就是屈折词组，可见屈折词组是屈折词的最大投射。一个单词如果没有指示语也没有补足语，那么它也是最大投射。

(174)

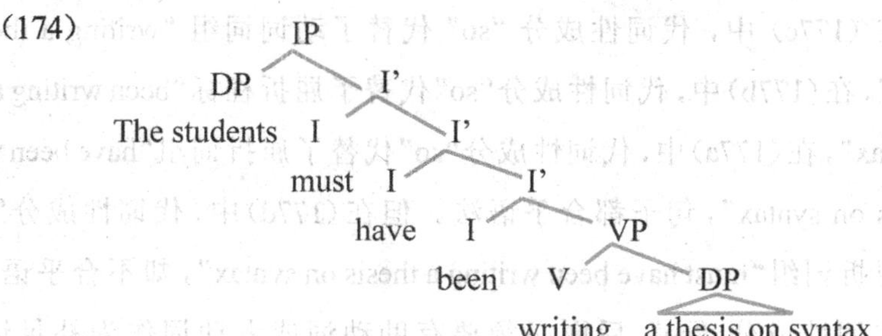

乔姆斯基(1995:396)把最大投射定义为(175)：

(175) 一个再也不能往上投射的语类就是最大投射。

在(174)中，屈折词组和动词词组是最大投射，所以(173b、c)就合乎语法，而(173a)不能说，是因为它虽然是句法成分但不是最大投射，这说明只有作为最大投射的句法成分才可以用作句子的句段来回答别人提出的问题。

(176) 只有最大投射才可以用作句段。

还有一种测试方法就是运用代词性成分去代替句法成分，能代替的就是句法成分，不能代替的就不是。比如：

(177) a. The students must have been writing a thesis on syntax, and so must the professors.

b. The students must have been writing a thesis on syntax, and so must have the professors.

c. The students must have been writing a thesis on syntax, and so must have been the professors.

d. * The students must have been writing a thesis on syntax, and so the professors.

e. The students must have been writing a thesis on syntax, and the professors are doing it too.

f. The students must have been writing a thesis on syntax, and the professors are doing it on phonology.

在(177c)中，代词性成分"so"代替了动词词组"writing a thesis on syntax"，在(177b)中，代词性成分"so"代替了屈折杠标"been writing a thesis on syntax"，在(177a)中，代词性成分"so"代替了屈折词组"have been writing a thesis on syntax"，句子都合乎语法。但在(177d)中，代词性成分"so"代替了屈折词组"must have been writing a thesis on syntax"，却不合乎语法，原因是代词性成分"so"后面必须要有助动词或者动词作为补足语。在(177e、f)中，代词"it"分别代替了名词词组"a thesis on syntax"和"a thesis"。

最后一种方法就是省略。看下面的例句，在(178)中，省略的成分都可以看作是句法成分，进一步证明了介词词组"on syntax"、限定词词组"a thesis on syntax"、动词词组"writing a thesis on syntax"、屈折杠标"been writing a thesis on syntax"、屈折杠标"have been writing a thesis on syntax"和屈折词

组“must have been writing a thesis on syntax”和整个句子在(170)中应该是句法成分。

(178) a. The students must have been writing a thesis on syntax better than the professors must have been.

b. The students must have been writing a thesis on syntax better than the professors must have.

c. The students must have been writing a thesis on syntax better than the professors must.

d. The students must have been writing a thesis on syntax better than the professors.

(179) a. The students can write a thesis on syntax better than the professors can a thesis on phonology.

b. The students can write a thesis on syntax better than the professors can.

(179a)中的句子可以省略动词谓语“write”，叫中心语省略。(179b)中的句子可以省略动词词组“write a thesis on syntax”，动词词组“write a thesis on syntax”是动词谓语“write”的投射，所以叫投射省略。从(179)来看，省略有两种形式：中心语省略和投射省略。

上面五种方法可以测试一个词串是否是句法成分，大家可以检验一下这五种方法在汉语中是否能运用，篇幅所限，不再赘述。

句法成分之间的结构关系最根本的是成分统制关系，我们可以用成分统制的概念去解释回指词的句法分布。回指词包括反身代词和互指代词，这类词的句法分布要求它们必须在词组内或句子内得到先行词的约束。如果回指词没有先行词约束，句子就不合乎语法。

(180) a. John hurts himself.

b. 张三伤了自己。

c. *Mary hurts himself.

d.玛丽伤了自己/她自己/*他自己。

e. *Himself hurts me?

f. *他自己伤了我？

g. The students help each other.

h. 学生们互相帮助。

在(180)中，a句中的反身代词“himself ”是第三人称阳性单数，句子中它可以得到主语“John”的约束，主语“John”也是第三人称阳性单数，可以为反身代词“himself ”的先行词，所以句子合乎语法。b句中的反身代词“自己”在句子中可以得到主语“张三”的约束，主语“张三”是第三人称阳性单数，可以为反身代词“自己”的先行词，所以句子合乎语法。c句中的反身代词“himself”是第三人称阳性单数，而主语“Mary”是第三人称阴性单数，不能成为反身代词“himself ”的先行词，反身代词“himself ”不能受到主语“Mary”的约束，所以句子不合乎语法。d句中的反身代词“他自己”是第三人称阳性单数，而主语“Mary”是第三人称阴性单数，不能成为反身代词“himself”的先行词，反身代词“himself”不能受到主语“Mary”的约束，所以句子不合乎语法，但反身代词“自己”和“她自己”是第三人称阴性单数，主语“玛丽”是第三人称阴性单数，可以成为反身代词“自己”和“她自己”的先行词，反身代词“自己”和“她自己”可以受到主语“玛丽”的约束，所以句子合乎语法。在e、f中反身代词“himself”和“他自己”没有先行词，找不到先行词的约束，所以句子不合乎语法。在e、f中互指代词“each other”和“互相”分别得到了先行词“students”和“学生们”的约束，所以句子合乎语法。

我们用成分统制来解释上面这种现象：

(181) 约束的成分统制限制条件：

受约束的句法成分必须被恰当的先行词所成分统制。

大家再看(182)的例句，在a、b中，反身代词“himself”/“自己”没有受到“John”/“张三”的成分统制，不能被“John”/“张三”约束，名词“parents”/

"父母"成分统制反身代词"himself"/"自己",可以成为它的先行词,但是由于名词"parents "/"父母"是复数而反身代词"himself "/"自己"是单数,不能成为反身代词"himself"/"自己"的先行词,所以句子不合乎语法。在c、d中,互指代词"each other"/"互相"没有受到名词"The students"/"学生们"的成分统制,不能被名词"The students"/"学生们"约束,名词"books"/"书"成分统制互指代词"each other"/"互相",可以成为它的先行词,但是由于名词"books"/"书"没有生命力,互指代词"each other"/"互相"不能被名词"books"/"书"所约束,所以句子不合乎语法。

(182) a. *John's parents hurt himself.

b.*张三的父母伤了他自己。

c. *The students' books help each other.

d. *学生们的书包互相帮助。

我们看一下(180a、b)和(182a、b)的树形图,(180a、b)的树形图是(183a),(182a、b)的树形图是(183b):

(183) a.

IP
DP I'
John I VP
张三 V DP
hurt himself
伤 自己

b.

IP
DP I'
DP D' I VP
John D N V DP
张三 's parents hurt himself
的 父母 伤 他自己

在(183a)中,指示语"John"/"张三"成分统制反身代词"himself "/"自己",限定词"John"/"张三"是第三人称单数阳性,反身代词"himself"/"自己"是第三人称单数阳性,限定词"John"/"张三"是反身代词"himself"/"自己”的先行词，反身代词“himself”/“自己”受到限定词“John”/“张三”的恰当约束，所以句子合乎语法。在(183b)中，指示语“John”/“张三”没有成分统制反身代词“himself ”/“他自己”，而名词“parents ”/“父母”成分统制反身代词“himself”/“他自己”，但名词“parents”/“父母”是第三人称复数，反身代词“himself”/“他自己”是第三人称单数阳性，名词“parents ”/“父母”和限定词“John”/“张三”都不是反身代词“himself ”/“他自己”的先行词，反身代词“himself ”/“他自己”受到限定词“John”/“张三”或名词“parents”/“父母”的恰当约束，所以句子不合乎语法。

但是，下面这句话怎么解释呢？在(184)中，限定词“张三”没有成分统制反身代词“自己”，名词词组“粗心大意”成分统制反身代词“自己”，但是反身代词“自己”的先行词是限定词“张三”而不是名词词组“粗心大意”，名词词组“粗心大意”不能约束反身代词“自己”，反身代词“自己”受到限定词“张三”的约束，但限定词“张三”没有成分统制反身代词“自己”，句子应该不合乎语法。然而，这个句子在汉语中是合乎语法的，这似乎和(181)相矛盾，为什么这样呢？大家可以去查阅一下相关研究资料，有关研究资料比较丰富，查完了，写一篇有关问题的论文作为作业下次上课交上来。

(184) 张三的粗心大意害了自己。

下面我们看一下量词“any”(包括“anyone, anything, anywhere”等)/“任何”(包括任何人、任何事等)的用法：

(185) a. Any student can finish the syntactic assignment.

b. There isn't any student who hasn't finished the assignment.

c. 任何学生都能完成句法作业。

d. 没有任何没完成作业的学生。

在(185a)和((185c)中，量词“any”/“任何”的意思相当于“每个”/“所有”，因此用作全称量词，而在(185b)和(185d)中，量词“any”/“任何”的意思相当于“某个”/“一些”，用作存在量词。用作存在量词的时候可以用在否定句、疑问句、条件句和程度强调句中，在汉语中，也可以用在一般陈述句内，但是这个时候，“任何”的意思相当于“每个”/“所有”，用作全称量词，不是存在量词，而用作存在量词的时候，在英语中不能用在一般的陈述句内。

(186) a. The teachers will not ask any questions.

b. 老师不会问任何问题。

c. I wonder wether the teachers will ask any questions.

d. 我想知道老师是否会问任何问题。

e. If the teachers should ask any questions, I would have to answer them.

f. 如果老师会问任何问题，那么我就一定去回答。

g. The teachers are too wise to ask any questions.

h. 老师太聪明不会问任何问题。

j. *The teachers will ask any questions.

k. 老师会问任何问题。(意思是：每个问题老师都会问)(全称量词)

作为存在量词的时候，“any”/“任何”必须受到否定词not、疑问词whether、条件句if、程度副词too等的成分统制，这些词叫作情感词(Klima, 1964: 313; 转引自Radford, 2002: 111)。类似的情况还有下面例句中的成分(ever, care a damn, lift a finger, et al.)也要受到情感词否定词not、疑问词whether、条件句if、程度副词too等的成分统制。

(187) a. I didn't think I would ever pass syntax.

b. *I thought I would ever pass syntax.

(188) a. He doesn't care a damn about what happens to you.

b. *He cares a damn about what happens to you.

(189) a. I wonder whether he would lift a finger to help you.

b. *He would lift a finger to help you.

存在量词any/任何和句法成分(ever, care a damn, lift a finger, et al.)必

须受到情感词的成分统制，叫作极性词。极性词必须用在否定词not、疑问词whether、条件句if、程度副词too等的辖域内。比如说：在（190a）和（190c）中，存在量词“any”/“任何”在句法成分否定词“not”/“不”的辖域内，受到否定词“not”/“不”的成分统制，所以句子合乎语法。在（190b）和（190d）中，存在量词“any”/“任何”不在句法成分否定词“not”/“不”的辖域内，没有受到否定词“not”/“不”的成分统制，所以句子不合乎语法。

（190）a. The fact that the teachers will ask some questions won't help any students.

b. *The fact that the teachers won't ask some questions will help any stu dents.

c. 老师会问一些问题的事实不能对任何学生有帮助。

d. *老师不会问一些问题的事实能对任何学生有帮助。

所以，我们可以把极性词的句法特点和句法分布总结如下：

（191）极性词成分统制限制条件：

极性词必须被情感词所成分统制。

第四章　空语类

在我们所讨论的句法结构中，到现在为止几乎所有的句法成分都是显性的，其实句法成分还有隐性的，句法结构中有空语类，我们说到的空语类，其实指的是没有显性语音形式、我们说话时听不见的或者没有声音的句法成分。空语类在句法研究中起着很重要的作用。

4.1　空主语

在英语不定式短语结构中，有的不定式短语包含主语，有的不定式短语表面上虽然没有主语，但是应该存在空主语。大家看(192)的例句，在a句子的不定式短语中主语都是“the students”，在c句子的不定式短语中主语都是“学生”，在b句子的不定式短语中没有主语，但是应该有逻辑主语，我们称之为空主语，在d句子的不定式短语中没有主语，但也有逻辑主语，有空主语。

(192) a. I'd like the students to work hard.

b. I'd like to work hard.

c. 我要让学生刻苦学习。

d. 我要刻苦学习。

(193) a. The professor expects the students to write an article on syntax.

b. The professor expects to write an article on syntax.

c. 教授希望学生写一篇句法论文。

d. 教授希望写一篇句法论文。

（194）a. The professor wants the students to work hard.

b. The professor wants to work hard.

c. 教授要学生刻苦学习。

d. 教授要刻苦学习。

（194b、d）句的不定式短语中的空主语，实际上，逻辑主语都是句子的主句主语“I”/“我”或“professor”/“教授”，因此，空主语和代词一样具有相同的语法和指称特征，习惯上人们把它叫作PRO（大写的pronominal/代词性成分）。如果这样，那么它们的树形图就基本上一样，只不过b句和d句的不定式短语中的空主语，其他句子中的不定式短语是“the students”/学生。

（195）

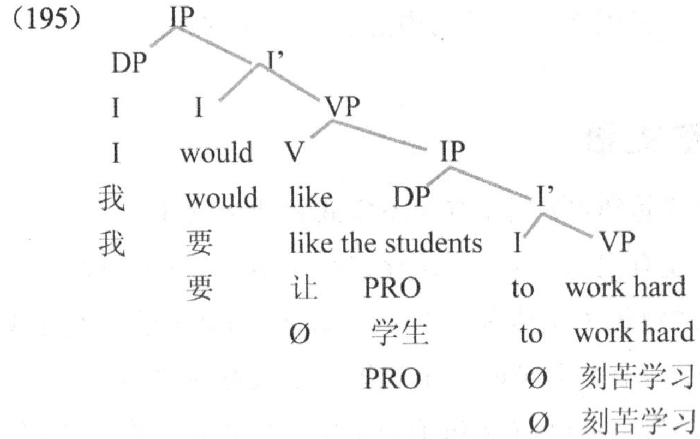

在上面b句和d句的不定式短语中的空主语，都是受到主句主语“I”/“我”、“the professor”/“教授”的控制的，这种情况我们叫作主语控制，主句主语“我”或“教授”就是PRO的先行词或控制词。动词like，want，expect等就是控制动词/控制谓词。空主语和无主语不一样，英语是有主语的语言，汉语是无主语的语言，在（196）中汉语的句子可以没有主语，但是说话者和听话者都知道主语是谁。

（196）a. 来了。

b. 吃了。

c. 一定要刻苦学习句法学。

d. 希望你写一篇句法学论文。

为什么说英语不定式短语中的空主语是PRO呢？首先是语义上的考虑。前面提到过，传统语法书上认为不定式短语中的空主语应该是逻辑主语，也有的叫隐性主语。如果说这个空主语是PRO，那么和传统语法说法比较契合。(197)的例句中a和b两个句子意思一样，在定式句中的主语是代词，在不定式的主语应该是PRO，前者是显性的，后者是隐性的。虽然汉语中没有定式与不定式之分(Hu, Pan & Xu, 2002)，我们为了解释的方便，认为汉语在形态句法层面上确实没有定式与不定式之分，但是在句法语义接口上应该有定式与不定式之分，否则下面的a和b两个汉语句子不仅意思一样，句子在句法上的差异也不好解释。

(197) a. The professor expects PRO to write an article on syntax.

教授希望PRO写一篇句法论文。

b. The professor expects that he will write an article on syntax.

教授希望自己会写一篇句法论文。

(198) a. The students promise PRO to write an article on syntax.

学生承诺PRO写一篇句法论文。

b. The students promise that they will write an article on syntax.

学生承诺自己会写一篇句法论文。

反身代词的用法也可以证明不定式短语的空主语是PRO，请看下面的例句，反身代词一般需要局部先行词，所谓局部先行词，就是说反身代词必须在自己的局部辖域内找到先行词：

(199) a. The professor expects the students to help themselves.

b. 教授期待学生们能帮助他们自己。

c. * The professor expects the students to help himself.

d. *教授期待学生们能帮助他自己。

e. The professor expects PRO to help himself.

f. 教授期待PRO能帮助他自己。

（199a、b）合乎语法，是因为反身代词“themselves”/“他们自己”满足了上面提到的局部要求，在从句内找到了先行词“the students”/“学生们”，这个限定词词组是局部先行词。而在（199c、d）中，反身代词“himself ”/“他自己”没有满足上面提到的局部要求，在从句内找到的先行词“the students”/“学生们”，这个限定词词组虽然是局部先行词，但是和反身代词“himself ”/“他自己”没有取得数的一致，而如果和主句主语“The professor”/“教授”共指的话，就违反了局部原则，所以句子不合乎语法。在（199e、f）中，反身代词“himself ”/“他自己”满足上面提到的局部要求，在从句内找到的先行词PRO，而由于PRO被主语控制，也就是说，“The professor”/“教授”是PRO的先行词，所以说，反身代词“himself ”/“他自己”和主句主语“The professor”/“教授”共指，句子合乎语法。

另外，述谓名词的用法也可以证明不定式短语中的空主语是PRO。述谓名词指的是名词成分用在系动词后面作补足语的情况下，系动词+名词成为主语的谓词，述谓名词也遵守局部原则，就是说，它必须和自己所在的小句内的主语一致，比如说，在（200）中，小句内的主语是复数的时候，述谓名词也要用复数（见200a、b），小句内的主语是单数的时候，述谓名词也要单复数（见200c、d）；而在（200’a、b）中，小句内的主语是PRO，PRO受主句主语“The professors”/“教授”所控制，先行词“The professors”/“教授”是复数，所以述谓名词也要用复数，在（200’c、d）中，小句内的主语是PRO，PRO受主句主语“The professor”/“教授”所控制，先行词“The professor”/“教授”是单数，所以述谓名词也要用单数。在（200’）中，我们只有假设不定式的空主语是PRO，PRO受主句主语所控制，述谓名词是单数还是复数要看PRO的先行词是单数还是复数，述谓名词和PRO要达到数的一致，PRO要和控制词即主句主语达到数的一致，只有这样句子才合乎语法。

（200）a. The professor expects the students to become linguists/*a linguist.

b. 教授期待学生们成为语言学者/*一个语言学者。

c. The professor expects the student to become a linguist/* linguists.

d. 教授期待那位学生成为一个语言学者/语言学者。

(200’)a. The professors expect PRO to become linguists/*a linguist.

b. 教授们期待PRO成为语言学者/*一个语言学者。

c. The professor expects PRO to become a linguist/* linguists.

d. 教授期待PRO成为一个语言学者/语言学者。

在下面的例句(201)中，为了满足局部条件，反身代词需要找到一个在局部辖域内的先行词，这个先行词就是PRO，虽然PRO表面上没有先行词，但是从上下文语境中我们可以知道PRO的指称和话语有关。这些句子中，如果没有PRO的存在，反身代词在局部辖域内就没有先行词，根据约束条件，句子就不应该合乎语法。在(202)中，为了满足局部条件，互指代词需要找到一个在局部辖域内的先行词，这个先行词在(202b)中就是PRO，虽然PRO表面上没有先行词，但是从上下文语境中我们可以知道PRO的指称和话语有关。这个句子中，如果没有PRO的存在，互指代词在局部辖域内就没有先行词，根据约束条件，句子就不应该合乎语法。

(201) a. Why PRO laugh at myself? I know you don't want to stay.

为什么PRO嘲笑我自己？我知道你不愿意留下来。

b. PRO write an article on syntax himself? He is so busy.

PRO自己写句法学论文？他那么忙。

c. It's necessary PRO to do it yourself.

有必要PRO亲自去做。

(202) a. The professors don't want the students to cheat each other.

教授们不希望学生互相作弊。

b. The professors don't want PRO to cheat each other.

教授们不希望PRO互相作弊。

不仅照应语需要前面的不定式短语中的空主语是PRO，所有格one's和副词together也遵守局部要求。大家看(203)面的句子，a句中的“his own”/“他自己的”和“his”/“他的”以及“together”/“一起”分别把辖域内的

“the professor”/“教授”和“the students”/“学生们”当作先行词，在性数上达到了一致，句子合乎语法；b句中的“his own”/“他自己的”和“his”/“他的”以及“together”/“一起”也分别把辖域内的“the professor”/“教授”和“the students”/“学生们”当作先行词，但在性数上没有达到一致，句子不合乎语法；c句中的“his own”和“his”/“他的”以及“together”/“一起”分别把辖域内的PRO当作先行词，而PRO的先行词分别是主句主语“the professor”/“教授”和“the professors”/“教授们”，句中的“his own”/“他自己的”和“his”/“他的”以及“together”/“一起”分别和主句主语“the professor”/“教授”和“the professors”/“教授们”在性数上达到了一致，句子合乎语法。

（203）a. Do you like the professor to use his own textbook?

你喜欢教授用他自己的教材吗？

b. *Does the professor like you to use his own textbook?

?教授喜欢你用他自己的教材吗？

c. The professor likes PRO to use his own textbook.

教授喜欢PRO用他自己的教材。

（204）a. The students don't like the professor to lose his temper.

学生们不喜欢教授控制不了他的脾气。

b. *The professor doesn't like the students to lose his temper.

?教授不喜欢学生们控制不了他的脾气。

c. The professor doesn't like PRO to lose his temper.

教授不喜欢PRO控制不了他的脾气。

（205）a. The professor expects the students to work together.

教授希望学生们一起学习。

b. *The professor expects the student to work together.

*教授希望这个学生一起学习。

c. The professors expect PRO to work together.

教授们希望PRO能一起学习。

通过上面的例句，我们已经可以证明不定式短语中的空主语是PRO。

4.2 空助动词

前文提到了，无论句子还是小句，不管是定式句还是不定式短语，都是由助动词或者不定式小品词投射而来的，所以说，所有的小句和句子句法上都属于IP屈折词组。但是，在英语的例句(206)中，第二个小句的助动词省略了，这种省略叫作中心语省略。第二个小句的结构也是一个IP屈折词组，如果省略的是助动词"must"/"一定"，那么树形图就是(207)；如果省略的是助动词"must"/"一定"和助动词"have"/"了"，那么树形图中下面的中心语标记I也是空的e；如果不仅省略了助动词"must"/"一定"和助动词"have"/"了"而且还省略了动词"be"/"去"，那么树形图中的动词也是空的e，动词词组下面的节点只有介词词组"to the museum"（汉语是名词词组"博物馆"）留下来。大家可以参考(207)分别给它们画个树形图，这里我们就不再费墨了。

(206) a. John must have been to the library, and Bill have been to the museum.

b. John must have been to the library, and Bill been to the museum.

c. John must have been to the library, and Bill to the museum.

d. 约翰一定去了图书馆，比尔去了博物馆。

e. 约翰一定去了图书馆，比尔博物馆。

(207)

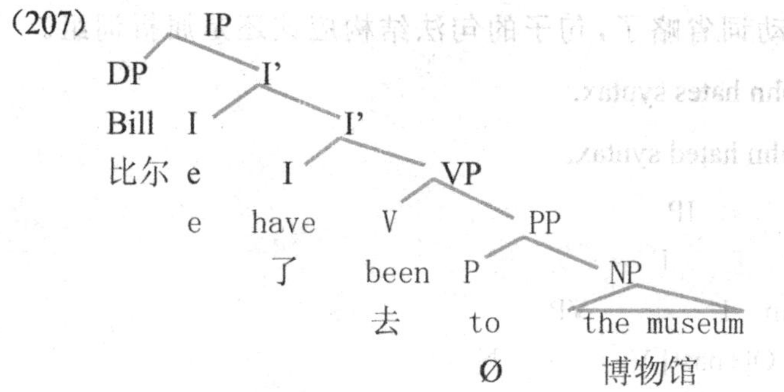

从(207)中可以说明三个问题：第一，e是助动词"must"的省略形式，(206)

中的第二个小句是从“Bill must have been to the museum.”/“比尔一定去了博物馆。”这个句子中省略而来的。第二，英语中第二个小句的主语“Bill”是主格形式，只有(206)中的第二个小句是从“Bill must have been to the museum.”/“比尔一定去了博物馆。”这个句子中省略而来的，才能够解释(206)中的第二个小句主语和谓词的一致。第三，(206)中的第二个小句中的助动词“have”和“been”都是不定式形式，没有发生屈折变化，我们只有认为前面省略了的助动词是e，e就相当于must或have，所以e后面的补足语必须使用不定式形式。当然了，如果(206)的树形图不是(206)，假设(206)中的第二个小句中前面的助动词没有省略，那么，在英语中(206)中第二个小句中的助动词就可以和助动词进行缩略。如果我们把第一个小句的主语改成“he”，把第二个小句的主语改成“she”，那么如果在助动词前面没有省略的话，下面的句子应该是合乎语法的，实际上，这个不能这么说，说明我们上面的分析是正确的，就是说，在第二个小句中存在着空助动词e，空助动词e实际上就是助动词“must”，在主语“she”和助动词“have”之间阻断了助动词“have”的缩略。

(208) a.*He must have been to the library, and she've been to the museum.

b. He must have been to the library, and she e have been to the museum.

4.3 空屈折词

在下面英语句子中，定式句中只有动词没有助动词，我们可以假设这些句子的助动词省略了，句子的句法结构应该还是屈折词组。

(209) a. John hates syntax.

b. John hated syntax.

(210)

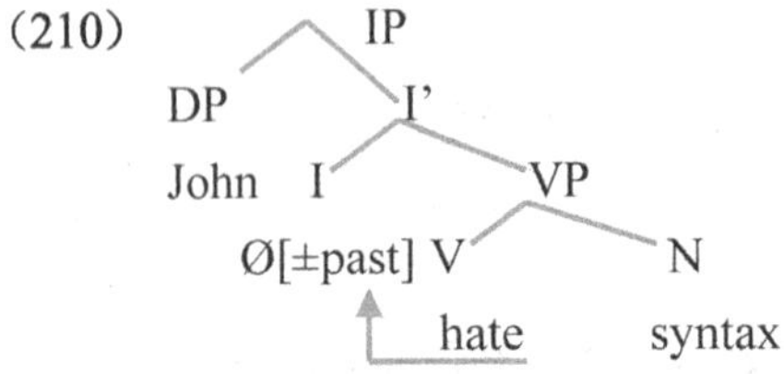

我们看一下(209b)的树形图，屈折词中心语I是空的，用Ø来标示，句子中没有助动词。如果屈折词中心语I是空的话，那么，大家知道，主语的形态变位是要和屈折词中心语I一致。句子才合乎语法。在(209)中，我们看到，主语是第三人称单数，动词是一般现在时，所以动词后面要加s，主语和动词是一致的。但是在(210)中，主语应该和屈折词一致，我们可以假设动词的时态[± past]要渗透到上面的屈折中心语去，然后嫁接到空助动词Ø上，这样，具有时态[± past]特征的屈折中心语和主语进行特征核查，屈折中心语和主语达到了一致，句子就合乎语法。所以，主语是主格，动词是一般现在时，句子的指示语的主格特征和中心语的时态特征等句法特征得到了核查，句子就合乎语法。

只有假设没有助动词的定式句中屈折词位置是空的，才能够对小句的句法进行统一的概括，因为所有的小句主语都位于屈折词组的指示语位置，屈折词中心语要求指示语位置必须有一个主语，而且必须和主语达到中心语指示语特征一致，句子才合乎语法。

中心语指示语特征必须一致，是有实验证据的。看一下(211)中的例句，句子中的"have"是助动词，位于树形图的屈折词I的位置，主语和助动词保持一致。

(211) a. She has been to the library.

b. I have been working on my thesis.

c. He had been learning syntax.

而在(212)中，句子中的have是动词，位于树形图中动词V的位置，主语表面上和动词保持一致，这种情况和(210)一样，我们可以假设动词的时态[± past]要渗透到上面的屈折中心语去，然后嫁接到空助动词?上，这样，具有时态[± past]特征的屈折中心语和主语进行特征核查，屈折中心语和主语达到了一致，句子就合乎语法。

(212) a. She has a book to read.

b. I have a thesis to write.

c. He had the students learn syntax.

还有一个证据来自缩略形式，(211)中的助动词可以缩略(见213)，而(212)动词不能缩略(见 214)。

(213) a. She's been to the library.

b. I've been working on my thesis.

c. He'd been learning syntax.

(214) a. *She's a book to read.

b. *I've a thesis to write.

c. *He'd the students learn syntax.

(212)动词不能缩略(见 214),是因为在主语和动词中间有一个空助动词位置即空中心语屈折词位置,由于中间有一个Ø的成分,助动词和主语并不邻接,所以(214)中动词和主语进行的缩略是错误的。(211)中的助动词可以缩略(见 213),是因为助动词位于中心语屈折词位置,中间没有任何语法成分干扰,助动词和主语直接邻接,所以助动词可以和主语进行缩略。

第三个证据来自于反意疑问句,(215)的反意疑问句是由主句中的助动词加上主语构成的,证明位于中心语屈折词位置的不是普通动词而是助动词。(216)的反意疑问句是借助于助动词 do 加上主句主语构成的,说明主句助动词应该是空的,位于中心语屈折词位置的是空助动词,说明普通动词构成的定式句即使没有助动词在句子中这个句子的中心语屈折词位置是空助动词,句子的句法结构应该是屈折词词组。

(215) a. She has been to the library, has/*does she?

b. I have been working on my thesis, have/*do I?

c. He had been learning syntax, had/*did he?

(216) a. She has a book to read, does/*has she?

b. I have a thesis to write, do /* have I?

c. He had the students learn syntax, did/*had he?

第四个证据来自于漂浮量词。在(217)中量词"all"量化的对象是主语"The professors",显然在英语中,它和主语"The professors"不属于同一个句法成分,因为不能单独说"The professors all"。它的前面可以加上副词"certainly"，阻断量词和主语的邻接关系(217b)，我们说量词"all"是漂浮量词，因为它和主语是分离的，而且漂浮到句子结构内部的其他位置。(217c)中可以看出漂浮量词"all"位于助动词"don't"和动词"hate"之间，位于屈折中心语I和中心语动词之间，所以应该位于动词词组的指示语位置。因此，可以证明(217a)的句法结构是屈折词词组(218)，屈折中心语I的位置是空的，没有任何成分填充在这个位置上。

(217) a. The professors all hate syntax.

b. The professors certainly all hate syntax.

c. The professors don't all hate syntax.

(218)

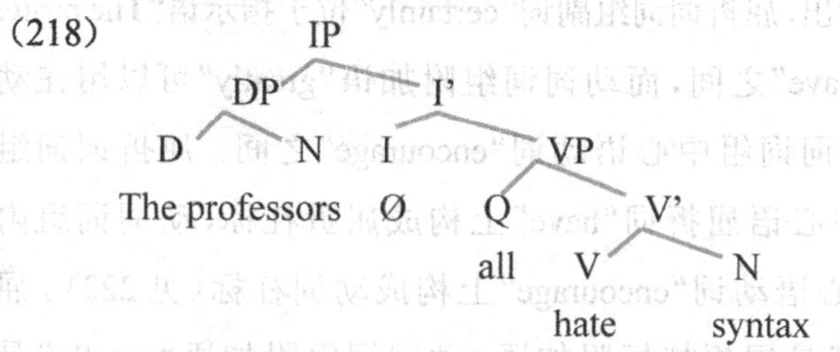

另一个证据来自于附加语。根据传统语法，附加语和论元是截然不同的概念。论元主要指动词所描写的事件、动作或者行为的参加者，而附加语是指给事件、动作或者行为提供附加信息的词语，比如，表示时间、地点、方式等。在(219)中，动词所描写的事件、动作或者行为的参加者是"the professors"和"the students"，主语"the professors"和补足语"the students"是论元，而分别表示时间、地点、方式的"last year"、"in the classroom"和"by email"是句子的附加语，虽然"last year"是副词，而"in the classroom"和"by email"是介词词组。

(219) a. The professors encouraged the studentslast year.

b. The professors encouraged the students in the classroom.

c. The professors encouraged the students by email.

(220) a. The professors have encouraged the students greatly.

b. The professors certainly have encouraged the students greatly.

c. The professors certainly have greatly encouraged the students.

d. * The professors greatly have encouraged the students certainly.

e. * The professors greatly have certainly encouraged the students.

从(220)中可以看出，附加语有两种。一种附加语像“certainly”一样只能和屈折词词组有关，用在指示语和中心语屈折词之间，这种附加语叫作屈折词词组副词；另外一种附加语像“greatly”一样只能和动词词组有关，不能和屈折词词组有关，用在动词词组前面或后面，不能用在指示语和中心语屈折词之间，这种附加语叫作动词词组附加语。

要确定附加语的句法位置，我们还可以参考下面的句子。

(221)The professors certainly have all greatly encouraged the students.

从(221)可以看出，屈折词词组副词“certainly”位于指示语“The professors”和中心语屈折词“have”之间，而动词词组附加语“greatly”可以用在动词词组指示语“all”和动词词组中心语动词“encourage”之间。屈折词词组副词“certainly”黏着在中心语屈折词“have”上构成屈折杠标，动词词组附加语“greatly”黏着在中心语动词“encourage”上构成动词杠标（见222）。屈折词词组副词“certainly”是屈折杠标附加语，动词词组附加语“greatly”是动词杠标附加语。所以附加语是中心语杠标的女儿，也是中心语杠标的姐妹，附加语的直接支配节点是中心语杠标，又和中心语杠标相互成分统制。

(222)

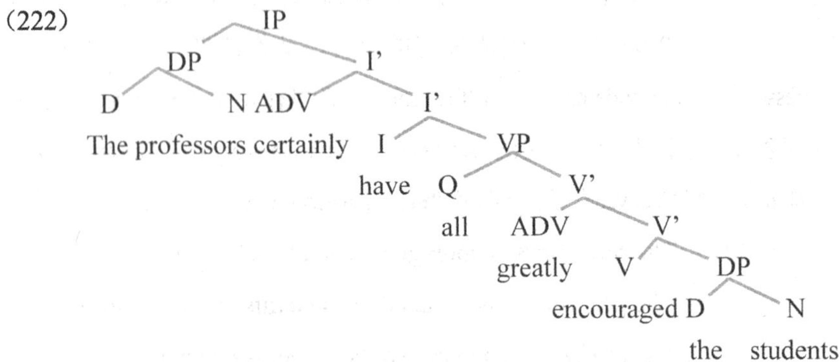

根据上面的分析，下面这个例句中的副词“certainly”是屈折杠标附加语，树形图是(223b)：

（223）a. The professors certainly encouraged the students.

b.

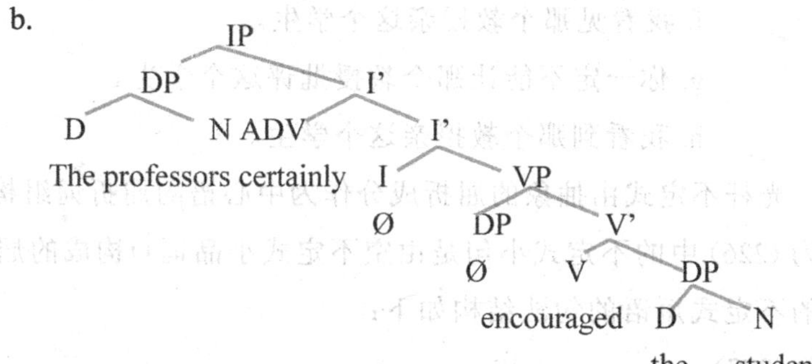

最后一个证据来自于不完整的句子可以用作疑问句的回答，这个不完整的片段应该是最大投射才可以用来回答别人的提问。大家看下面的例句，听话者的回答合乎语法，是因为"They encouraged the students"是屈折词词组，是屈折词的最大投射，而"encouraged the students"是动词词组，是动词词组的最大投射（见225）：

（224）—What did the professors do?

—a. They encouraged the students.

b. Encouraged the students.

（225）

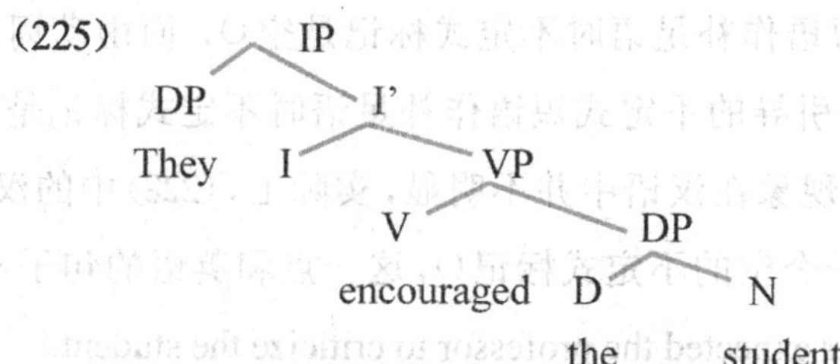

光杆不定式的句法结构也是屈折词词组，只不过光杆不定式的中心语屈折词是空的Ø，也属于空屈折词的一种。看下面的例句。

（226）a. I have never heard the professor criticize the student.

b. I saw the professor kiss the student.

c. You must not let the professor criticize the student.

d. I watched the professor kiss the student.

e. 我从来没听说那个教授批评这个学生。

f. 我看见那个教授亲这个学生。

g. 你一定不能让那个教授批评这个学生。

h. 我看到那个教授亲这个学生。

光杆不定式由抽象的屈折成分作为中心语的屈折词组构成的，我们认为(226)中的不定式小句是由空不定式小品词Ø构成的屈折词组，其中的不定式短语的句法结构如下：

(227)

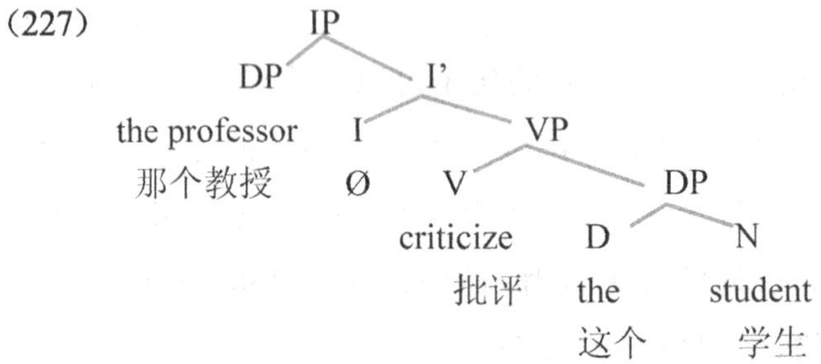

大家看，(227)的树形图和(225)的树形图基本一样，屈折中心语是由一个空的Ø所填充，它表示在这样的不定式结构中动词永远要使用动词原形，这和带有不定式标记的不定式结构中的动词一样。由动词 hear、saw、watch 和 let 等引导的不定式短语作补足语时不定式标记是空Ø，而由动词 want、expect、consider 和 judge 等引导的不定式短语作补足语时不定式标记是 to，请看例句(228)，注意这种现象在汉语中并不明显，实际上，(228)中的汉语句子和(227)中一样都有一个空的不定式标记Ø，这一点和英语的句子不同。

(228) a. I have never expected the professor to criticize the student.

b. I want the professor to kiss the student.

c. You must not consider the professor to criticize the student.

d. I judged the professor to kiss the student.

e. 我从来没期望那个教授批评这个学生。

f. 我想要那个教授亲这个学生。

g. 你一定不能认为那个教授批评这个学生。

h. 我判断那个教授亲这个学生。

由此可见,无论是定式句还是不定式短语,小句的结构都是屈折词词组。

4.4 空限定词

下面我们看一下名词性结构,这里的名词性结构包括名词结构和代词结构。

(229) a. I have never expected professors to criticize the student.

b. I have never heard professors criticize the student.

c. 我从来没期望教授批评这个学生。

d. 我从来没听说教授批评这个学生。

(229)中的句子和(228)以及(226)的句子稍有区别,如果画树形图的话,我们是否可以把主句的指示语位置标为代词,因为主语是代词"I"/"我",是否可以把内嵌句的指示语位置标为名词,因为主语是名词"professors"/"教授"。这样的话,我们就没有一个统一的树形图标记,根据Abney(1987)和Longbardi(1994)的观点,所有名词性成分都是由中心语限定词成分构成的,那么指示语位置可以统一标记为限定词词组。如(230):

(230)

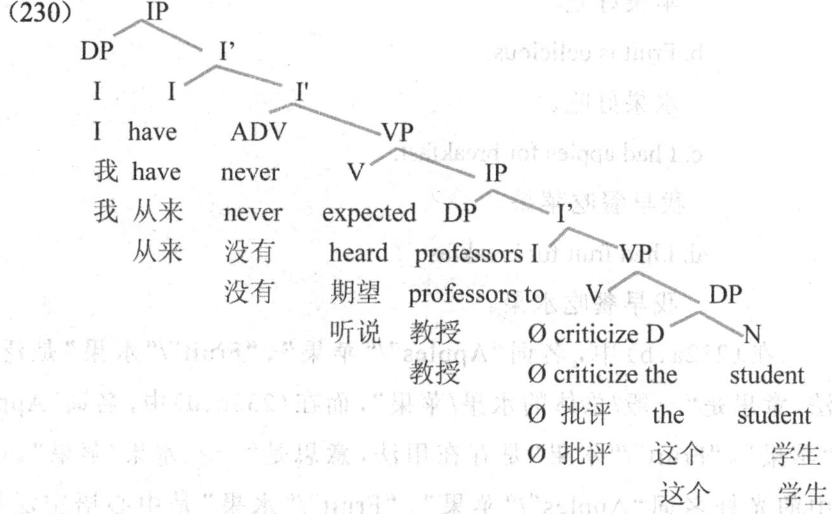

在(230)中，我们把所有的名词性成分统一地画成限定词词组，我们把代词“I”/“我”和名词“professors”/“教授”都看成是限定词词组，名词性成分“professors”/“教授”由一个空中心语即空限定词投射而成的，代词“I”/“我”应该是中心语限定词，因为前面提到过，代词具有限定词的作用，它和空名词投射而成限定词词组，具体结构如下：

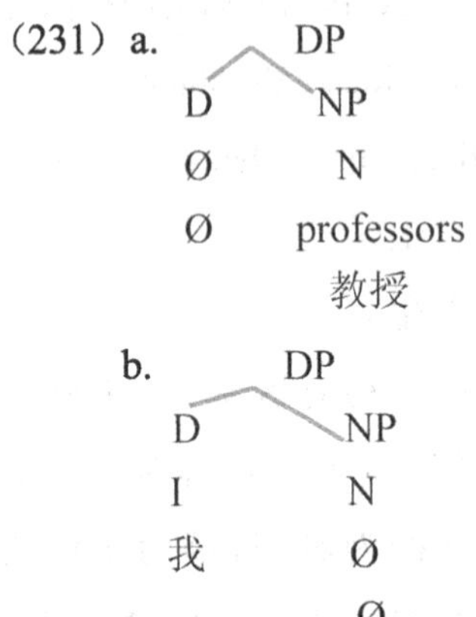

(231)中的空限定词本身具有明确的语义和句法特征，具有内在的内容。我们首先看一下空限定词的语义特征。

(232) a. Apples are delicious.

苹果好吃。

b. Fruit is delicious.

水果好吃。

c. I had apples for breakfast.

我早餐吃苹果。

d. I had fruit for breakfast.

我早餐吃水果。

在(232a、b)中，名词“Apples”/“苹果”、“Fruit”/“水果”是泛指用法，意思是“一般/总体的水果/苹果”，而在(232c、d)中，名词“Apples”/“苹果”、“Fruit”/“水果”是存在用法，意思是“一些水果/苹果”。(232)中的光杆名词“Apples”/“苹果”、“Fruit”/“水果”是中心语空泛指/存在量词即空限定词Ø所投射而成的，这个空限定词Ø的语义特征就是光杆名词“Apples”/“苹果”、“Fruit”/“水果”可以解释为泛指量词或存在量词。

不仅如此，这个空限定词还具有人称特征，请看下面的例子。在(233a)中，主语限定词词组“We professors”作为第一人称复数要求所约束的反身代词也是第一人称复数，反意疑问句也用第一人称复数，在(233b)中，主语限定词词组“You professors”作为第二人称复数要求所约束的反身代词也是第二人称复数，反意疑问句也用第二人称复数，在(233c)中，主语光杆名词“professors”要求所约束的反身代词只能是是第三人称复数，反意疑问句也用第三人称复数。在(234a)中，主语限定词词组“我们教授”作为第一人称复数要求所约束的反身代词也是第一人称复数，在(234b)中，主语限定词词组“你们教授”作为第二人称复数要求所约束的反身代词也是第二人称复数，在(234c)中，主语光杆名词“教授”要求所约束的反身代词只能是是第三人称复数。

(233) a. We professors must develop ourselves/*yourselves/*themselves, don't we/*you/*they?

b. You professors must develop yourselves/*ourselves/*themselves, don't you/*we/*they?

c. Professors must develop themselves/*ourselves/*yourselves, don't they/*we/*you?

(234) a. 我们教授必须发展好我们自己/*你们自己/*他们自己，对吗？

b. 你们教授必须做好发展好你们自己/*我们自己/*他们自己，对吗？

c. 教授必须做好发展好他们自己/*我们自己/*你们自己，对吗？

上述例句中的主语“We professors”/“我们教授”/“You professors”/“你

们教授”/“professors”/“教授”都是限定词词组，光杆名词“professors”/“教授”前面的限定词是Ø，这个空限定词是第三人称，所以说，空限定词具有人称特征。它们的句法结构如下：

(235)
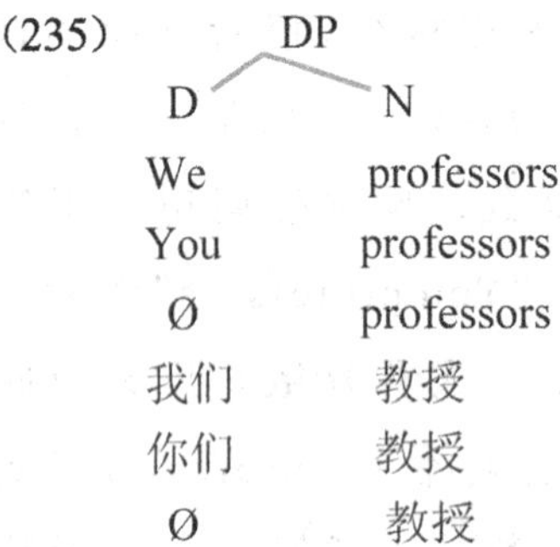

空限定词不仅具有人称特征和量化特征，还具有选择具体补足语的特征，比如说：

(236) a. He wrote poems.

b. He wrote poetry.

c. *He wrote poem.

在(236)中空限定词Ø可以选择复数可数名词“poems”作为它的补足语，也可以选择单数集体名词“poetry”作为它的补足语，但不能选择单数可数名词“poem”作为自己的补足语。空限定词Ø的这种补足语选择特征和下面例句中的显性限定词“some/enough”的补足语选择特征用法是一样的。

(237) a. He wrote some/enough poems.

b. He wrote some/enough poetry.

c. *He wrote some/enough poem.

4.5 空标句词

前文提到过，无论定式句还是不定式短语，无论有显性屈折词还是隐性屈折词，所有小句都是显性屈折词或隐性屈折词投射而成的屈折词词组。我们下面讨论一下，既然句子前面都可以用标句词来引导，这个句子是标句词词组，没有标句词的句子是否也是标句词词组，还是说这个句子是屈折词词组。

(238) a. The student thinks that knowledge is power.

b. The student thinks Ø knowledge is power.

c. The student wonders if he works hard at syntax.

d. The student intends for that to happen.

e. The student intends Ø that to happen.

(239) a. 那位学生认为Ø知识就是力量。

b. 那位学生想知道Ø是否要刻苦学习句法。

c. 那位学生故意Ø让那件事发生。

很清楚，(238) 中的句子 a、c 和 d 分别是由标句词“that”、“if”或“for”引导的，小句应该是标句词词组，而句子 b 和 e 中没有标句词的引导，句子 b 和 e 小句标句词位置是空的Ø。汉语的句子中没有标句词的引导，小句标句词位置是空的Ø。标句词的作用就是表达陈述句的言外之力，用来陈述一个话语，所以句子 b 和 e 中空标句词Ø也是用来陈述一个话语，作用也是表达陈述句的言外之力，所以可以说，句子b和e中的小句也是由中心语空标句词Ø引导的标句词词组。汉语句子(239)中空标句词Ø也是用来陈述一个话语，作用也是表达陈述句的言外之力，所以可以说，句子(239)中的小句也是由中心语空标句词Ø引导的标句词词组。所以，我们可以说，所有的小句都是标句词词组，都是由标句词或空标句词为中心语投射的标句词词组，这符合结构统一假设。结构统一假设认为，所有的小句都具有统一的标句词词组/屈折词词组/动词词组结构。我们把(238)中的句子 a 和 b 以及(237a)的树形图描写如下（为了简便，省略了中间有些无关步骤和节点）：

（240）
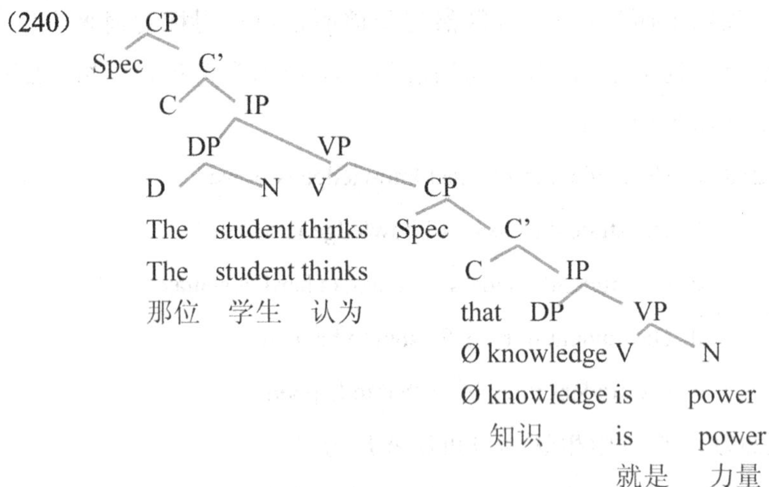

我们根据言外之力就判定(239)中的小句和(238b)和(238e)中的小句也是由中心语空标句词Ø引导的标句词词组缺乏说服力。把(239)中的小句和(238b)和(238e)中的小句看成是屈折词词组符合经济原则，语言理论的一个充分性准则就是把描写短语和句子句法的理论和描写手段最小化，乔姆斯基称之为最省力原则。

（241）经济原则：

推导式和表征式一定要最简化，推导没有多余步骤，表征没有多余符号（乔姆斯基，1989: 69；转引自 Radford, 2002: 149）。

(239)中的小句和(238b)和(238e)中的小句也是由中心语空标句词Ø引导的标句词词组这种说法，意味着这些小句没有指示语而标句词词组也是一个无实际内容的投射，所以说从经济原则来考虑，这些句子中的小句看成是屈折词词组更经济更省力。

（242）
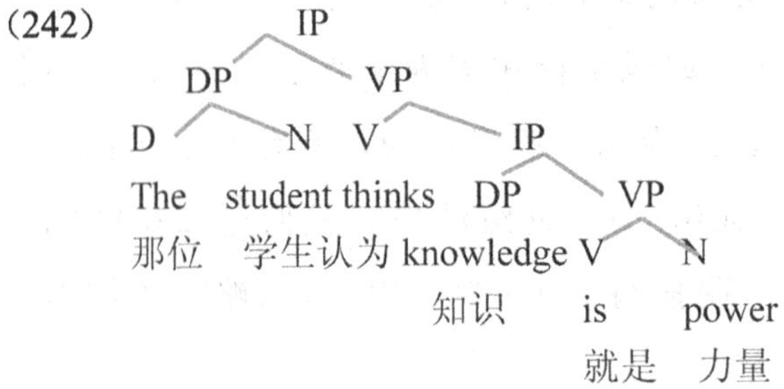

把(239)中的小句和(238b)和(238e)中的小句看成是屈折词词组,第一个证据来自于并列。波斯科威希(Boskovic, 1994)指出,像(243)中没有标句词的小句不能和有显性标句词的小句并列:

(243) a. *John said Peter left and that Bill kissed Mary.

b. *John rckoned Peter left and that Bill kissed Mary.

如果我们把携带标句词that的小句看成是标句词词组,把没有携带标句词的小句也看成是标句词词组,那么,(243)中的句子应该是正确的。(243)中的句子不合乎语法,是因为没有携带标句词的小句是屈折词词组,而携带标句词that的小句看成是标句词词组,两个分别属于不同语类的词组是不能并列的。

汉语由于没有显性标句词的存在,和(243)相应的句子是合乎语法的,所以说明汉语的句子可以看成是屈折词词组。

(244) a. 张三说李四离开了并且王五吻了玛丽。

b. 张三认为李四离开了并且王五吻了玛丽。

另外一个证据来自于前置。我们可以把没有标句词的小句主语前置但不能把有标句词的小句主语前置。

(245) a. The student thinks that knowledge is power.

b. *Knowledge the student thinks that is power.

c. The student thinks knowledge is power.

d. Knowledge the student thinks is power.

e. 学生认为知识就是力量。

f. 知识学生认为就是力量。

如果我们提出一个假设,认为主语不能从标句词词组中提取出来的话,那么(245a)不正确,就可以得到解释。(245a)主语"knowledge"从标句词"that"引导的标句词词组中提取出来,那么这个句子就不合乎语法。而在(245)的其他句子中,主语从屈折词词组中提取出来,并没有违法上述假设,所以句子就合乎语法。但是如果我们认为,所有的小句都是标句词词组的话，那么，在(245)的其他句子中，主语“knowledge”从标句词Ø引导的标句词词组中提取出来，那么这几个句子就不合乎语法，这和事实不相符合，说明把没有标句词引导的小句看成是标句词词组是有问题的。因此，我们可以得出结论，所有小句都是屈折词词组，只有含有标句词的小句才投射为标句词词组。注意，在(245)中，汉语的例子没有英语类似的区别，汉语句子中小句主语可以前置，因为汉语小句中没有标句词，所以汉语小句可能都是屈折词词组，和英语小句不同，不是标句词词组。

还有一种证据来自于缩略，在下面的例子中，助动词可以缩略到前面的动词结构中。

(246) a. Who do you think's writing a thesis on syntax?

b. Who do you think $[_{IP}$ $[_{I}$is]writing a thesis on syntax]?

c. Who do you think$[_{CP}$ $[_{C}$ Ø] $[_{IP}$ [Iis]writing a thesis on syntax]]?

(247) a. 你认为谁正在写一篇句法学论文

b. 你认为 $[_{IP}$ 谁$[_{I}$正在]写一篇句法学论文]?

c. 你认为$[_{CP}$ $[_{C}$ Ø] $[_{IP}$ 谁$[_{I}$正在]写一篇句法学论文]]?

从(246a)可以看出，助动词“is”可以缩略到动词“think”上去，说明这个句子的结构是(246b)，因为动词“think”和助动词“is”没有其他成分阻断它们进行缩略。而在(246c)中动词“think”和助动词“is”之间有一个中间成分就是标句词Ø，助动词is不可以缩略到动词“think”上去，这和句子事实不相符合，所以没有标句词的小句一个是屈折词组而不是标句词词组。汉语的句子中没有标句词，是否可以认为汉语的小句都是屈折词词组。但是这样的结论似乎太唐突，因为汉语存在着很多话题句，汉语是话题突出语言，比如：

(248) 这本书，学生不爱看。

在(248)中，“这本书”应该是不爱看的宾语，是受事。句子“学生不爱看”如果是屈折词词组，那么“这本书”应该在什么位置呢？比屈折词词组更大一个节点是标句词，所以受事“这本书”应该在标句词词组内，所以汉语的句子也是标句词词组。具体问题我们以后再讨论。

第五章　核查理论

在第三章和第四章中我们主要学习了句法结构和空语类，本章我们主要讨论核查理论。在英语中，有的句子可以说，有的句子不能说。因为单词的形态特征是由一系列的语法特征构成的，这些语法特征必须得到核查，构成的短语或句子才合乎语法。下面主要介绍特征核查理论。

5.1　可解释性特征与不可解释性特征

我们要学习核查理论，首先要知道语法特征在句法体系中的作用。一个好的语法体系，必须包括两方面内容：一方面是音系式；另一方面是逻辑式。句子结构经过不断的合并操作最后都要进入这两种句法表征，通过一系列的操作，句子的推导包括一系列的计算过程，可以生成句法结构，大拼读之后，通过一系列的音系操作把这个句法结构转换成音系表达式，同时通过一系列的逻辑式操作把句法结构转换成逻辑表达式。音系表达式和逻辑表达式是语法的两个接口层次，和语法理论之外的其他系统连接叫接口。音系表达式作为输入和发音感知系统接口，逻辑表达式作为输入和概念意念系统接口。这个语言推导模型可以用(249)来表示。

(249)

根据核查理论，单词的句法、语义和音系特征必须遵守完全解释原

则，逻辑表达式里面只包含语义可解释特征，音系表达式中只包含音系可解释特征。完全解释原则要求一个表达式必须只包含所有在相关层次直接起到解释作用的那些成分，逻辑表达式里面只包含那些对逻辑式起到解释作用的特征，音系表达式中只包含那些对音系式起到解释作用的特征。如果一个表达式的音系表达式满足了完全解释原则，只包含那些音系可解释特征，那么这个表达式就在音系式聚敛；如果一个表达式的逻辑表达式满足了完全解释原则，只包含那些语义可解释特征，那么这个表达式就在逻辑式聚敛。如果一个表达式的逻辑表达式和音系表达式都满足了完全解释原则，那么相关推导就聚敛，句子或小句就合乎语法。如果一个表达式的逻辑表达式和/或音系表达式不能满足完全解释原则，那么相关推导就崩溃，句子或小句就不合乎语法。很显然，完全解释原则要求一个表达式的音系表达式必须满足完全解释原则，只包含那些音系可解释特征，不能包含任何语义可解释特征；而一个表达式的逻辑表达式必须满足完全解释原则，只包含那些语义可解释特征，不能包含任何音系可解释特征。在推导过程中，首先要进行选词操作，把词汇从词库里选择出来，每个词都包含了一系列音系、句法和语义特征。通过两两合并，句法成分构成短语结构树，树上每个单词都携带着一系列音系、句法和语义特征。大拼读之后，推导过程一分为二：一条路径计算音系表达式，拼读出音系式；另一条路径计算逻辑式，拼读出来逻辑式。单词的音系特征通过音系操作计算音系表达式，单词的语义特征通过逻辑操作计算逻辑式。这个过程就是(249)的图所表示的语言推导模型。

大拼读是推导阶段的一个步骤，通过选词和合并程序生成的短语结构进入两个不同的路径，音系路径处理短语结构的音系特征，逻辑路径处理短语结构的语法语义特征。本章的核查理论主要论述的是如何推导逻辑表达式。

前面提到音系路径处理短语结构的音系特征，逻辑路径处理短语结构的语法语义特征，那么什么是语法特征呢？语法特征也叫形式特征，在语法过程中形态和句法层面起着一定的作用，主要包括数（单数/复数）特征、性（阴性、阳性、中性）特征、人称特征、格特征和屈折特征，比如：

（250）a. He/*She/*It/*They/*You/*We/*I helps/*helping himself. 数（单数/复数）特征、性（阴性、阳性、中性）特征、人称特征、格特征、屈折特征

b. this /*these book　数（单数/复数）特征

c. He//*You /*I helps himself. 人称特征

d. He/*Him helps himself.　格特征

e. He/*She/*It helps himself.　性（阴性、阳性、中性）特征

f. He has helped/*help/*helping himself. 屈折特征

现在汉语中，应该存在着数特征，比如："这本书/这些书"；存在着人称特征，比如："你/我/他/她/它"；存在着格特征，比如："他（主格）帮助了她（宾格）"；存在着性特征，比如："他/她/它"；形态上没有屈折特征，比如："他已经帮助了她"。

在（251）的例句中，许多形式特征其实也具有语义内容。主语"She"的语法特征是第三人称单数阴性主格限定词，助动词"is"的语法特征是第三人称单数现在时助动词，动词"learning"的语法特征是现在进行体，宾语"syntax"的语法特征是第三人称单数中性宾格限定词。凡是有语义内容并且对语义解读有作用的语法特征都是在逻辑式中可解释特征，凡是没有语义内容并且对语义解读没有任何作用的语法特征都是在逻辑式中的不可解释特征。

（251）She is learning syntax.

在（251）中，主语"She"第三人称单数阴性限定词的语法特征有语义内容并且对语义解读有作用，所以是可解释特征；主语"She"主格的语法特征没有语义内容并且对语义解读没有任何作用，所以是不可解释特征。比如：

（252）a. The professor expects she will learn syntax.

b. The professor expects her to learn syntax.

c. 教授期望她学习句法学。

在(252)中，小句主语无论是主格“she”还是宾格“her”(逻辑主语)在句子中起到的语义作用相同，所以说，格在逻辑式是不可解释特征。这一点在汉语句子里也一样，由于汉语没有形态上的主格和宾格形式差别，(252c)中小句主语无论是主格还是宾格在句子中起到的语义作用相同，所以说，格在逻辑式是不可解释特征。

同样，在(251)中，助动词is的现在时在逻辑式中起着一定的作用，所以现在时助动词是可解释特征，助动词“is”的第三人称单数在逻辑式中没有起到任何作用，所以是不可解释特征。动词“learning”的进行体语法特征在逻辑式中没有起到任何作用，所以是不可解释特征。宾语“syntax”的第三人称单数中性语法特征在逻辑式中起着一定的作用，所以是可解释特征。宾语“syntax”的宾格语法特征在逻辑式中没有起到任何作用，所以是不可解释特征。总之，代词和名词的格特征和动词的一致/分词屈折特征在逻辑式中没有起到任何作用，所以是不可解释特征。

现在我们发现，语法特征有的是可解释特征，而有的是不可解释特征。根据完全解释原则，逻辑式中只包含语义可解释特征。这就意味着不可解释特征在逻辑式推导过程中就必须删除掉，只有删除掉不可解释特征句子的推导才可能聚敛，句子才合乎语法。

根据乔姆斯基的核查理论，单词携带的语法特征必须在推导过程中被核查。一旦一项不可解释语法特征被核查，该语法特征就被删除。任何不可解释语法特征一旦在逻辑式没有被核查并且没有被删除，推导就崩溃，句子就不合乎语法。

5.2 词组核查

前文提到语法特征时我们会遇到两个问题：第一个我们已经说到，就是如何删除那些不可解释特征；第二个问题就是如何保证中心语和指示语补足语携带恰当的特征，见(253)：

(253) a. She/*Her/*They is learning syntax.

b. She is learning/*learned/*learn syntax.

c. 她/她们/他们正在学句法学。

从(253)可以看出，助动词“is”作为中心语要求指示语“She”携带第三人称单数主格特征，而不是第三人称单数宾格的“Her”，也不是第三人称复数主格的“They”，中心语屈折词助动词对其指示语的性数格特征有具体的限制。同理，助动词“is”作为中心语要求其补足语携带现在分词进行体特征，而不是过去分词形式，也不是动词原形，中心语屈折词助动词对其补足语有形态限制。而汉语的例句说明，中心语屈折词助动词对其指示语的性数格特征没有具体的限制，中心语屈折词助动词对其补足语没有形态限制，因为汉语没有形态标记。

特征核查理论主语核查三种不同类型的特征：中心语特征、指示语特征和补足语特征。所有不可解释特征都必须在适当的核查结构内和恰当的核查辖域内得到核查，被核查的不可解释特征就会被删除（乔姆斯基，1995）。中心语核查其指示语和补足语的特征，中心语的人称性数特征是可解释特征，格特征是不可解释特征。我们看一下(251)的例句。首先看一下句子中四个单词的语法特征，我们在(254)的树形图忽略了音系特征和语义特征，主语“She”的语法特征是第三人称单数阴性主格限定词，助动词“is”的语法特征是第三人称单数主格现在分词现在时，动词“learning”是现在分词宾格，受事宾语“syntax”是第三人称中性单数宾格。

(254)
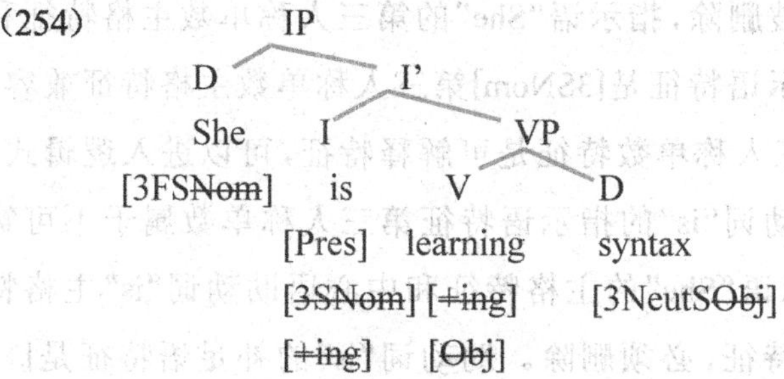

在(254)中，主语“She”的语法特征[3FSNom]第三人称单数阴性主格限定词属于中心语特征，助动词“is”的中心语特征是[Pres]现在时，动词“learning”的中心语特征是[+ing]现在分词，宾语“syntax”的中心语特征是[3NeutSObj]第三人称中性单数宾格限定词。助动词“is”的指示语特征是[3SNom]第三人称单数主格，助动词“is”的补足语特征是[+ing]现在分词，动词“learning”的补足语特征是[Obj]宾格。下面我们看一下具体的核查过程。

具体核查过程我们是这样做的：中心语的指示语特征要和它的指示语的中心语特征进行核查，中心语的补足语特征要和它的补足语的中心语特征进行核查(Radford, 2002: 175)。如果中心语的指示语特征和它的指示语的中心语特征核查是兼容的，如果这些特征是不可解释的，那么中心语的指示语特征和它的指示语的中心语特征就一起删除；如果中心语的补足语特征和它的补足语的中心语特征核查是兼容的，如果这些特征是不可解释的，那么中心语的补足语特征和它的补足语的中心语特征就一起删除。如果中心语的指示语特征和它的指示语的中心语特征核查后发现不兼容，那么相关特征就不能被删除；如果中心语的补足语特征和它的补足语的中心语特征核查后发现不兼容，那么相关特征也不能被删除。

在(254)中主语“She”的语法特征[3FSNom]第三人称单数阴性主格限定词属于中心语特征，属于指示语的中心语特征，助动词“is”的指示语特征是[3SNom]第三人称单数主格属于中心语的指示语特征，两者进行核查，核查后发现，指示语“She”的阴性语法特征和中心语的语法特征不兼容，所以不能被删除，指示语“She”的第三人称单数主格特征和中心语助动词“is”的指示语特征是[3SNom]第三人称单数主格特征兼容，其中指示语“She”的第三人称单数特征是可解释特征，可以进入逻辑式，不能删除，而中心语助动词“is”的指示语特征第三人称单数属于不可解释特征，必须删除，指示语“She”的主格特征和中心语助动词“is”主格特征兼容，属于不可解释特征，必须删除。助动词“is”的补足语特征是[+ing]现在分词，动词“learning”的中心语特征是[+ing]现在分词，两者进行核查，核查后发现特征兼容，[+ing]现在分词属于不可解释特征，必须删除。动词“learning”的补足语特征是[Obj]宾格，宾语“syntax”的中心语特征是[3NeutSObj]第三人称中性单数宾格，两者进行核查发现宾格特征兼容，宾格特征属于不可解释特征，必须删除，但是宾语“syntax”的中心语特征[3NeutS]第三人称中性单数特征不兼容，必须保留下来。这样核查后能进入逻辑式的语法特征只有树形图(253)中所表示的那些特征：

(255)

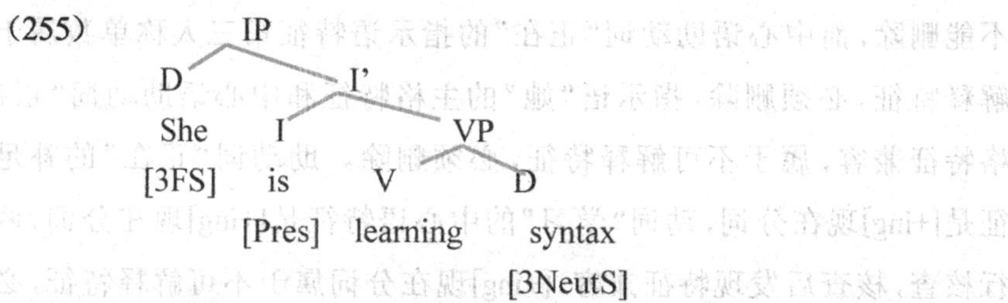

所有不可解释特征都被删除了，所有的指示语特征和补足语特征都不可解释，都被删除了，只有可解释的中心语特征保留了下来。指示语主语“She”保留了[3FS]第三人称阴性单数的特征，可以进入逻辑式，助动词中心语“is”保留了[Pres]现在时的特征，可以进入逻辑式，宾语受事“syntax”保留了[3NeutS]第三人称中性单数的特征，可以进入逻辑式，这些保留下来的特征都是可解释的中心语特征。由于(255)中所有留下来的特征都是可解释特征，所以(255)的推导符合完全解释原则，句子在逻辑式聚敛，合乎语法。

下面我们看一下汉语相应的句子。

(256)

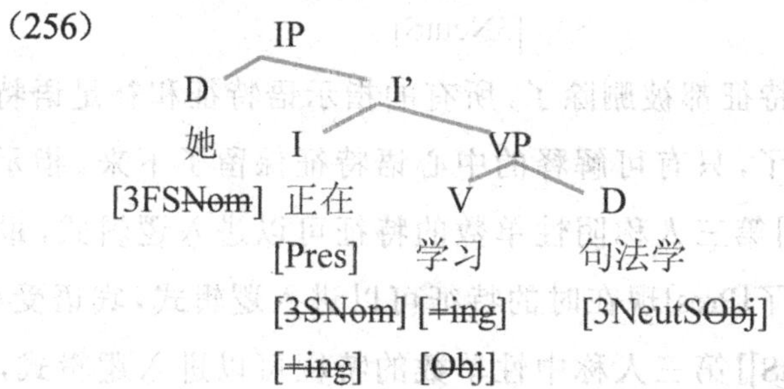

在(256)中主语“她”的语法特征[3FSNom]第三人称单数阴性主格限定词属于中心语特征，属于指示语的中心语特征，助动词“正在”的指示语特征是[3SNom]第三人称单数主格属于中心语的指示语特征，两者进行核查，核查后发现，指示语“她”的阴性语法特征和中心语的语法特征不兼容，所以不能被删除，指示语“她”的第三人称单数主格特征和中心语助动词“正在”的指示语特征是[3SNom]第三人称单数主格特征兼容，其中指示语“她”的第三人称单数特征是可解释特征，可以进入逻辑式，不能删除，而中心语助动词“正在”的指示语特征第三人称单数属于不可解释特征，必须删除，指示语“她”的主格特征和中心语助动词“正在”主格特征兼容，属于不可解释特征，必须删除。助动词“正在”的补足语特征是[+ing]现在分词，动词“学习”的中心语特征是[+ing]现在分词，两者进行核查，核查后发现特征兼容，[+ing]现在分词属于不可解释特征，必须删除。动词“学习”的补足语特征是[Obj]宾格，宾语“句法学”的中心语特征是[3NeutSObj]第三人称中性单数宾格，两者进行核查发现宾格特征兼容，宾格特征属于不可解释特征，必须删除，但是宾语“句法学”的中心语特征[3NeutS]第三人称中性单数特征不兼容，必须保留下来。这样核查后能进入逻辑式的语法特征只有树形图(257)中所表示的那些特征：

(257)

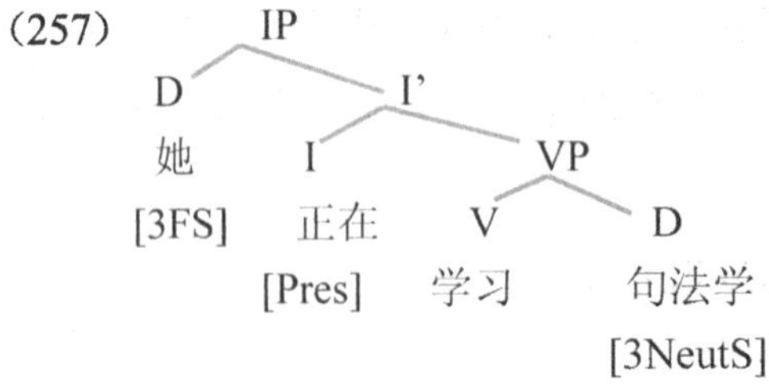

所有不可解释特征都被删除了，所有的指示语特征和补足语特征都不可解释都被删除了，只有可解释的中心语特征保留了下来。指示语主语“她”保留了[3FS]第三人称阴性单数的特征可以进入逻辑式，助动词中心语“正在”保留了[Pres]现在时的特征可以进入逻辑式，宾语受事“句法学”保留了[3NeutS]]第三人称中性单数的特征可以进入逻辑式，这些

保留下来的特征都是可解释的中心语特征。由于(257)中所有留下来的特征都是可解释特征，所以(257)的推导符合完全解释原则，句子在逻辑式聚敛，合乎语法。现在看来，似乎核查理论和完全解释原则在汉语中和在英语中同样有效，有些推导可能存在争议，这是难免的，因为汉语形态上没有相关标记，和英语不同，限于版面，这一点我们以后再详细研究。

大家注意，我们在(255)和(257)中没有加入纯语义特征，严格意义上说，逻辑式应该包含语义特征，由于核查理论只关注语法特征的核查，所以我们暂时忽略(255)和(257)的纯语义特征。

实际上，我们看(258)的树形图，看看这个句子为什么不合乎语法。

(258)
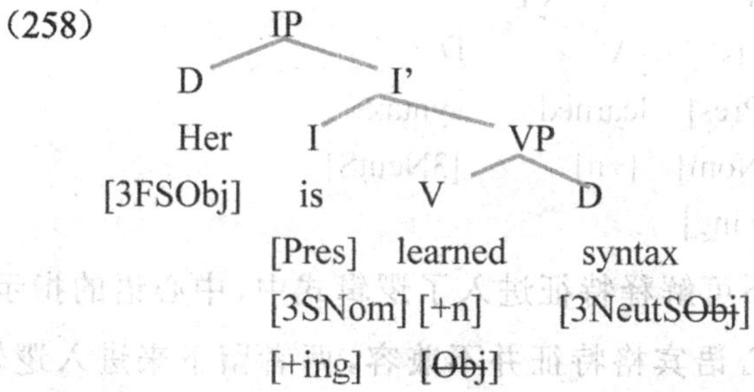

中心语屈折的指示语特征[3SNom]第三人称单数主格和指示语的中心语特征[3FSObj]第三人称单数阴性宾格进行核查，第三人称单数特征兼容，屈折词助动词的第三人称单数是不可解释特征，删除，由于主语的第三人称单数是可解释特征，可以进入逻辑式，所以可以保留下来主语的第三人称单数特征，中心语的指示语阴性特征和指示语的中心语特征并不兼容，可以留下来进入逻辑式。但是中心语的指示语主格特征和指示语的中心语宾格特征并不兼容，两者留下来进入逻辑式，而问题是格特征是不可解释特征，不能进入逻辑式，所以一旦不可解释特征进入逻辑式，该逻辑式推导就崩溃，句子就不合乎语法。中心语屈折的补足语特征[+ing]现在分词和补足语动词的中心语特征[+n]过去分词进行核查，发现不匹配，不兼容，两者都进入逻辑式，而[+ing]现在分词和[+n]过去分词是不可解释特征，不能进入逻辑式，所以一旦不可解释特征进入逻辑辑式，该逻辑式推导就崩溃，句子就不合乎语法。中心语屈折的中心语特征[Pres]属于可解释特征，可以留下来进入逻辑式。动词“learning”的补足语特征是[Obj]宾格，宾语“syntax”的中心语特征是[3NeutSObj]第三人称中性单数宾格，两者进行核查发现宾格特征兼容，宾格特征属于不可解释特征，必须删除，但是宾语“syntax”的中心语特征[3NeutS]第三人称中性单数特征不兼容，必须保留下来。这样核查后进入逻辑式的语法特征只有树形图(259)中所表示的那些特征：

(259)

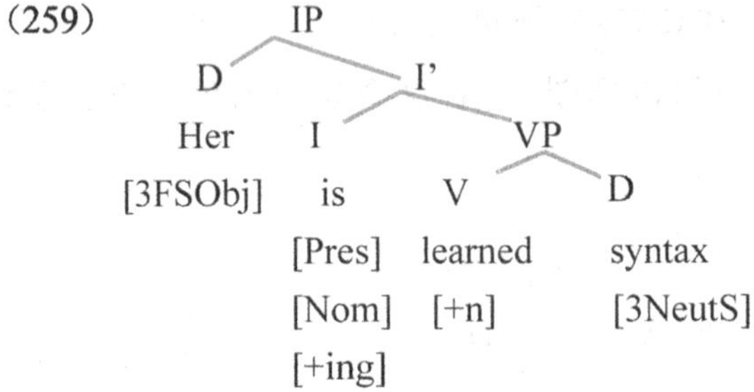

在(259)中，很多不可解释特征进入了逻辑式中，中心语的指示语主格特征和指示语的中心语宾格特征并不兼容，两者留下来进入逻辑式，而问题是格特征是不可解释特征，不能进入逻辑式，所以一旦不可解释特征进入逻辑式，该逻辑式推导就崩溃。中心语屈折的补足语特征[+ing]现在分词和补足语动词的中心语特征[+n]过去分词进行核查，发现不匹配，不兼容，两者都进入逻辑式，而[+ing]现在分词和[+n]过去分词是不可解释特征，不能进入逻辑式，所以一旦不可解释特征进入逻辑式，该逻辑式推导就崩溃，句子就不合乎语法。

和(258)相对应的汉语句子还是(256)，由于汉语中在形态上缺少格的形式变化，而且动词在形态变位方面也没有现在分词和过去分词的区别，所以这些不可解释特征在汉语中的核查不太相同，因为汉语相对应的句子(256)经过核查后能进入逻辑式的语法特征可以用(257)来标示，而(257)的推导式符合完全解释原则，合乎语法。如果汉语相对应的句子也和(258)具有相同的语法特征，那么汉语相对应的句子经过核查后能进入逻辑式的语法特征和英语(259)相同,中心语的指示语主格特征和指示语的中心语宾格特征并不兼容,两者留下来进入逻辑式,中心语屈折的补足语特征[+ing]现在分词和补足语动词的中心语特征[+n]过去分词进行核查,发现不匹配,不兼容,两者都进入逻辑式,而[+ing]现在分词和[+n]过去分词和格特征都是不可解释特征,不能进入逻辑式,所以一旦不可解释特征进入逻辑式,该逻辑式推导就崩溃,句子就不合乎语法。显然,和(258)相对应的汉语句子的推导和(256)、(257)一样,而和英语(258)、(259)的推导不同。

助动词be和have的第三人称一般现在时特征在定式句中具有和主语的第三人称一般现在时特征应该一致,而情态助动词的第三人称一般现在时特征在定式句中没有变化。

(260) She can learn syntax.

助动词can要求主语携带主格特征,但是对主语的人称和数的特征没有要求。所以我们可以把(260)的核查过程简化为(261):

(261)

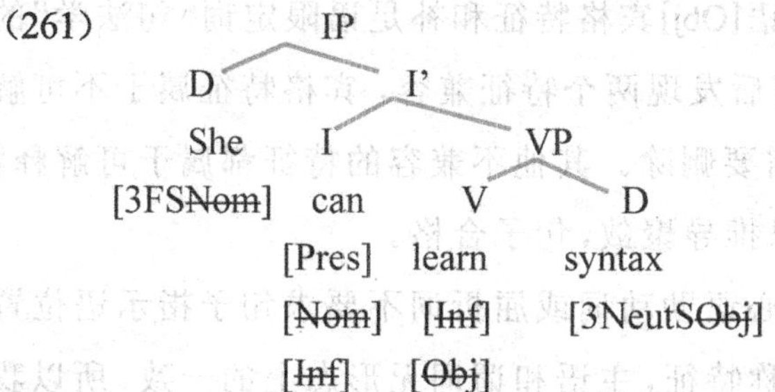

在(261)中,中心语助动词"can"的指示语[Nom]主格特征和指示语"She"的中心语[Nom]主格特征核查后发现两个特征兼容,主格特征属于不可解释特征,所以核查兼容后需要删除,我们在中间用删除线来标示。中心语助动词"can"的补足语[Inf]屈折特征和补足语动词"learn"[Inf]屈折特征核查后发现两个特征兼容,[Inf]屈折特征属于不可解释特征,所以核查兼容后需要删除。中心语动词"learn"的补足语[Obj]宾格特征和补足语限定词"syntax"的补足语[Obj]宾格特征核查后发现两个特征兼容,宾格特征属于不可解释特征，所以核查兼容后需要删除。其他不兼容的特征都属于可解释特征，可以进入逻辑式，所以推导聚敛，句子合格。大家看汉语和(260)相对应的句子的树形图：

(262)

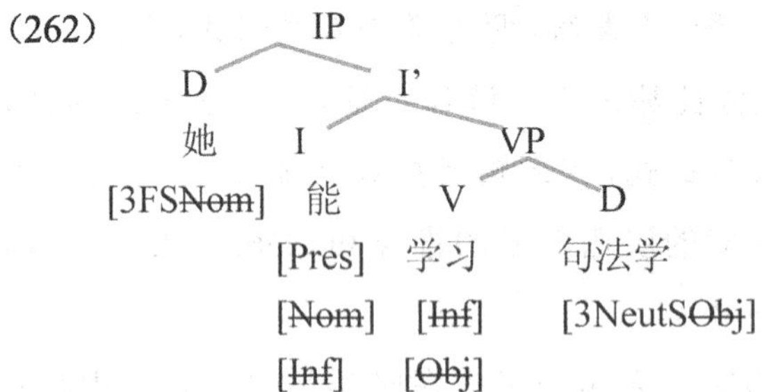

在(262)中，中心语助动词“能”的指示语[Nom]主格特征和指示语“她”的中心语[Nom]主格特征核查后发现两个特征兼容，主格特征属于不可解释特征，所以核查兼容后需要删除。中心语助动词“能”的补足语[Inf]屈折特征和补足语动词“学习”[Inf]屈折特征核查后发现两个特征兼容，[Inf]屈折特征属于不可解释特征，所以核查兼容后需要删除。中心语动词“学习”的补足语[Obj]宾格特征和补足语限定词“句法学”的补足语[Obj]宾格特征核查后发现两个特征兼容，宾格特征属于不可解释特征，所以核查兼容后需要删除。其他不兼容的特征都属于可解释特征，可以进入逻辑式，所以推导聚敛，句子合格。

由于汉语句子中心语助动词或屈折词不要求句子指示语位置的主语携带性和数以及人称特征，主语和谓词无形态上的一致，所以我们比照英语的例句进行特征核查时会感觉牵强附会，也许特征核查理论在汉语这种形态贫瘠的语言中会别有洞天。

下面我们看一看在更复杂的句子中特征核查是怎么进行的。

(263) a. They could have been learning syntax.

b. *Them could had be learned syntax.

c. 他们本来可能正在学习句法学。

我们首先看一下和(263c)的树形图。主语指示语位置的主语携带中心语特征是第三人称复数主格，助动词"could"/"本来"携带的指示语特征，两者进行核查，主格特征一致，主格特征属于不可解释特征兼容后可以删除，主语指示语位置的主语携带中心语特征第三人称复数不兼容，属于可解释特征，可以进入逻辑式。助动词"could"/"本来"携带的中心语特征[past]过去时不兼容，属于可解释特征，可以进入逻辑式。助动词"could"/"本来"携带的补足语特征[Inf]屈折和助动词"have"/"可以"的中心语特征[Inf]屈折核查，发现两者兼容，屈折特征属于不可解释特征兼容后可以删除。助动词have/"可以"的补足语特征[+n]过去分词和助动词"been"/"正在"的中心语特征[+n]过去分词核查，发现两者兼容，过去时特征属于不可解释特征兼容后可以删除。助动词"been"/"正在"的补足语特征[+ing]现在分词和动词"learning"/"学习"的中心语特征[+ing]现在分词核查，发现两者兼容，现在分词进行体特征属于不可解释特征兼容后可以删除。动词"learning"/"学习"的补足语特征[Obj]宾格和宾语限定词"syntax"/"句法学"的中心语特征[3SObj]第三人称单数宾格核查，动词"learning"/"学习"的补足语特征[Obj]宾格和宾语限定词"syntax"/"句法学"的中心语特征[Obj]宾格兼容，宾格特征属于不可解释特征兼容后可以删除，不兼容的宾语限定词"syntax"/"句法学"的中心语特征[3S]第三人称单数属于可解释特征，可以进入逻辑式。这样推导后留下来的都是可解释特征，可以进入逻辑式，符合完全解释原则，句子推导聚敛，合乎语法。

(264)

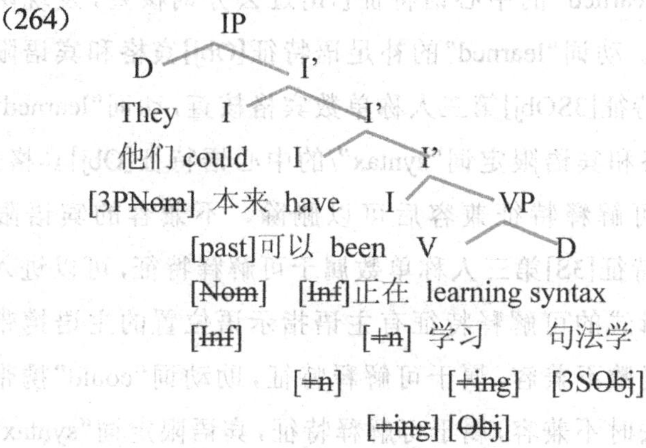

(264)核查后推导出来的逻辑式就是(265)：

(265)

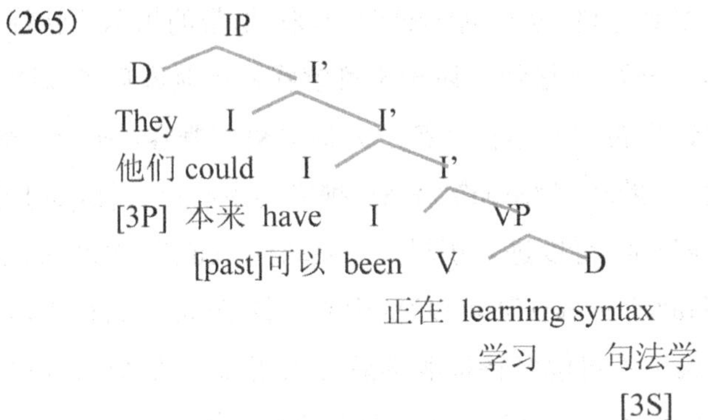

为什么(263b)不合乎语法呢？我们看一下(263b)的句法结构(266)，在(266)中，主语指示语位置的主语携带中心语特征是第三人称复数宾格，助动词“could”携带的指示语特征宾格，两者进行核查，主格特征和宾格特征不一致，不可以删除，位于指示语位置的主语携带中心语特征第三人称复数不兼容，属于可解释特征，可以进入逻辑式。助动词“could”携带的中心语特征[past]过去时不兼容，属于可解释特征，可以进入逻辑式。助动词“could”携带的补足语特征[Inf]屈折和助动词“had”的中心语特征[past]过去时特征进行核查，发现两者不兼容，不可以删除。助动词“had”的补足语特征[+n]过去分词和助动词“be”的中心语特征[Inf]动词原形核查，发现两者不兼容，不可以删除。助动词“be”的补足语特征[+ing]现在分词和动词“learned”的中心语特征[+n]过去分词核查，发现两者不兼容，不可以删除。动词“learned”的补足语特征[Obj]宾格和宾语限定词“syntax”的中心语特征[3SObj]第三人称单数宾格核查，动词“learned”的补足语特征[Obj]宾格和宾语限定词“syntax”/的中心语特征[Obj]宾格兼容，宾格特征属于不可解释特征兼容后可以删除，不兼容的宾语限定词“syntax”的中心语特征[3S]第三人称单数属于可解释特征，可以进入逻辑式。可以进入逻辑式的可解释特征有主语指示语位置的主语携带中心语特征第三人称复数不兼容，属于可解释特征，助动词“could”携带的中心语特征[past]过去时不兼容，属于可解释特征，宾语限定词“syntax”的中心语特征[3S]第三人称单数属于可解释特征，它们进入逻辑式不违法完全解释原则。但是除此之外的其他特征都属于不可解释特征，不能进入逻辑式，所以上述推导不符合完全解释原则，推导崩溃，句子不合乎语法（见 267）。

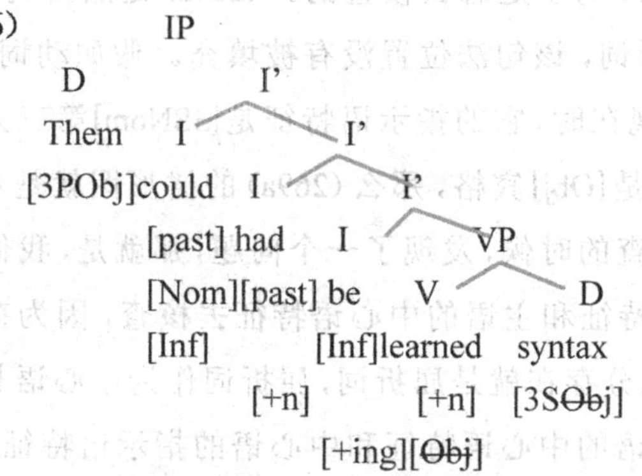

在（267）中应该核查删除掉的特征我们用斜体加粗表示，这些特征不应该进入逻辑式。一旦进入逻辑式，推导就崩溃。

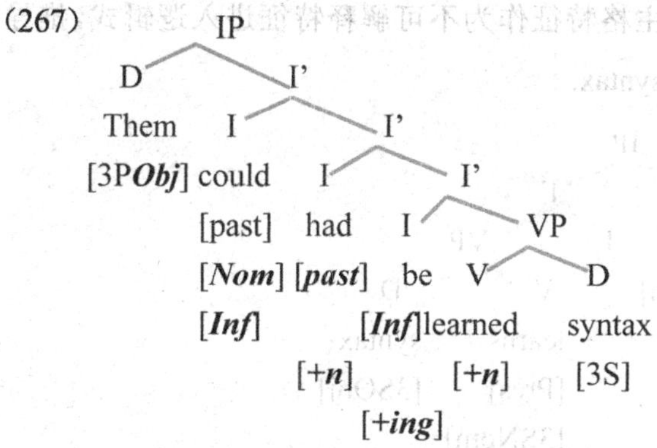

和（263b）相对应的汉语句子应该也是（263c），所以汉语句子的推导不是树形图（266）和（267）而是树形图（264）和（265），前文我们提到汉语句子"他们本来可能正在学习句法学"推导符合完全解释原则，句子合乎语法。

我们需要课下讨论的问题是汉语的"本来"真的是助动词吗？传统汉语词典里把它看成是什么词性？我们上面把它看成助动词有理论依据吗？

5.3 渗透

上面我们主要讨论了有助动词的定式句是如何核查的，下面我们看一看如果没有助动词，句子是怎么核查的。(269a) 是屈折词词组，但在屈折词位置没有屈折词，该句法位置没有被填充。假如动词“learns”的中心语特征是[Pres]现在时，它的指示语特征是[3SNom]第三人称单数主格，它的补足语特征是[Obj]宾格，那么(269a)的树形图就是(269b)。但是，我们进行特征核查的时候，发现了一个问题，那就是，我们不能把动词“learns”的指示语特征和主语的中心语特征去核查，因为在它们中间有另外一个中心语成分存在就是屈折词，屈折词作为中心语具有指示语特征，要求指示语主语的中心语特征和中心语的指示语特征进行核查。(269b) 的屈折词是空的，中心语的指示语特征也是空的，那么主语的中心语特征核查时，主语指示语的中心语特征得不到核查，特征不兼容，主格特征就不能被删除，主格特征作为不可解释特征进入逻辑式，推导崩溃。

(269) a. She learns syntax.

b.

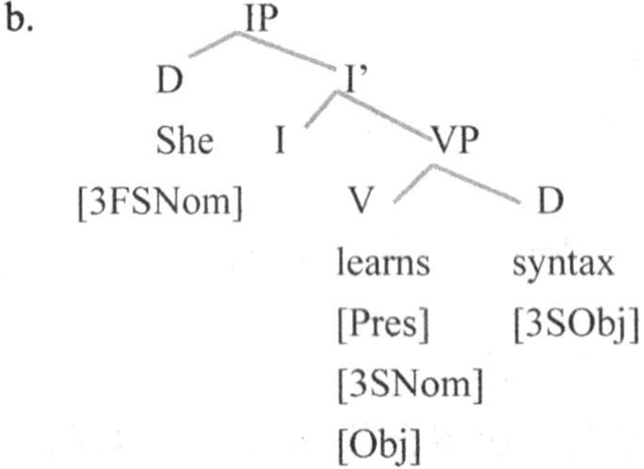

如何解决这个问题呢？我们假设动词的中心语特征和指示语特征从动词位置渗透到中心语屈折词位置（见 270）。屈折词的中心语特征[Pres]现在时从动词位置渗透到屈折词位置，屈折词便具有了[Pres]现在时的中心语特征，而屈折词的这个[Pres]现在时特征是可解释特征，可以进入逻辑式，在逻辑式中可以得到解释。屈折词的指示语特征是[3SNom]第三人称单数主格和指示语主语的[3FSNom]第三人称单数阴性主格进行核查，主格特征一致，主格特征兼容，主格特征作为不可解释特征兼容后得以删除，第三人称单数一致，兼容，屈折词的指示语特征第三人称单数作为不可解释特征兼容后得以删除，但指示语主语的第三人称单数阴性属于可解释特征，可以进入逻辑式，在逻辑式中可以得到解释，可以保留不必删除。动词"learns"的补足语特征[Obj]宾格和宾语"syntax"的中心语特征[3SObj]第三人称单数宾格核查，宾格兼容，由于属于不可解释特征兼容后得以删除，而宾语"syntax"的中心语特征[3S]第三人称单数不兼容，第三人称单数属于可解释特征，可以进入逻辑式。

(270)
IP
D　I'
She　I　VP
[3FS~~Nom~~]　V　D
learns　syntax
[Pres] ←　[3S~~Obj~~]
[~~3SNom~~] ←
[~~Obj~~]

(270)核查后相关特征删除，留下来的特征都属于可解释特征，可以进入逻辑式，符合完全解释原则，句子推导聚敛(见271)。

(271)
IP
D　I'
She　I　VP
[3FS]　V　D
[Pres] learns　syntax
[3S]

我们看一下汉语的相对应的句子。(272a)是屈折词词组，但在屈折词位置没有屈折词，该句法位置没有被填充。假如动词"学习"的中心语特征是[Pres]现在时，它的指示语特征是[3SNom]第三人称单数主格，它的补足语特征是[Obj]宾格，那么(272a)的树形图就是(269b)。但是，我们进行特征核查的时候，发现了一个问题，那就是，我们不能把动词"学习”的指示语特征和主语的中心语特征去核查，因为在他们中间有另外一个中心语成分存在就是屈折词，屈折词作为中心语具有指示语特征，要求指示语主语的中心语特征和中心语的指示语特征进行核查。(272b)的屈折词是空的，中心语的指示语特征也是空的，那么和主语的中心语特征核查时，主语指示语的中心语特征得不到核查，特征不兼容，主格特征就不能被删除，主格特征作为不可解释特征进入逻辑式，推导崩溃。

(272) a. 她学习句法学。

b.

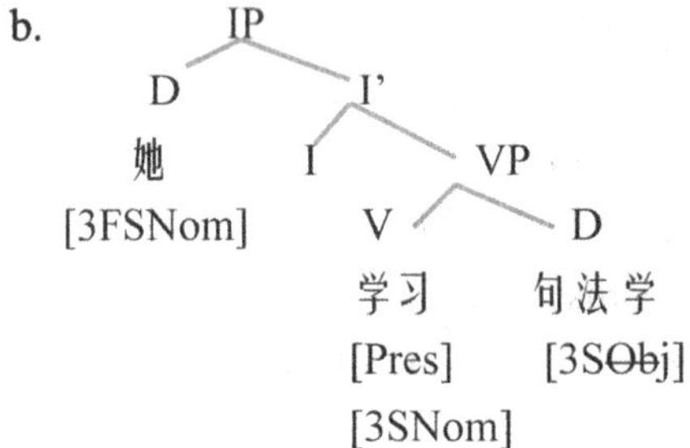

和英语的例句一样，我们假设动词的中心语特征和指示语特征从动词位置渗透到中心语屈折词位置（见273）。屈折词的中心语特征[Pres]现在时从动词位置渗透到屈折词位置，屈折词便具有了[Pres]现在时的中心语特征，而屈折词的这个[Pres]现在时特征是可解释特征，可以进入逻辑式，在逻辑式中可以得到解释。屈折词的指示语特征是[3SNom]第三人称单数主格和指示语主语的[3FSNom]第三人称单数阴性主格进行核查，主格特征一致，主格特征兼容，主格特征作为不可解释特征兼容后得以删除，第三人称单数一致，兼容，屈折词的指示语特征第三人称单数作为不可解释特征兼容后得以删除，但指示语主语的第三人称单数阴性属于可解释特征，可以进入逻辑式，在逻辑式中可以得到解释，可以保留不必删除。动词“学习”的补足语特征[Obj]宾格和宾语“句法学”的中心语特征[3SObj]第三人称单数宾格核查，宾格兼容，由于属于不可解释特征兼容后得以删除，而宾语“句法学”的中心语特征[3S]第三人称单数不兼容，第三人称单数属于可解释特征，可以进入逻辑式。

(273)

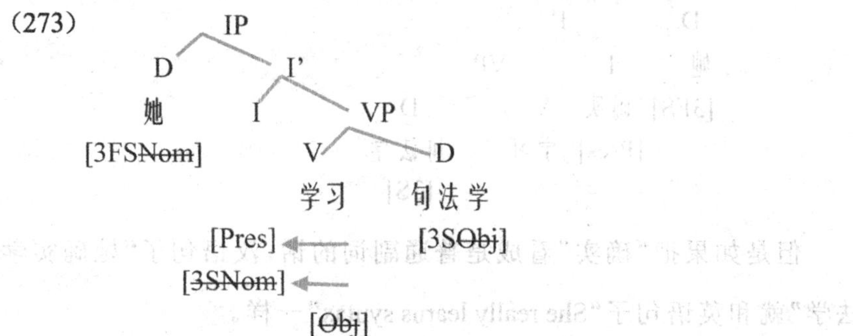

经过核查后，相关不可解释特征得以删除，留下来的是可解释特征，推导聚敛，符合完全解释原则，句子合乎语法。

(274)

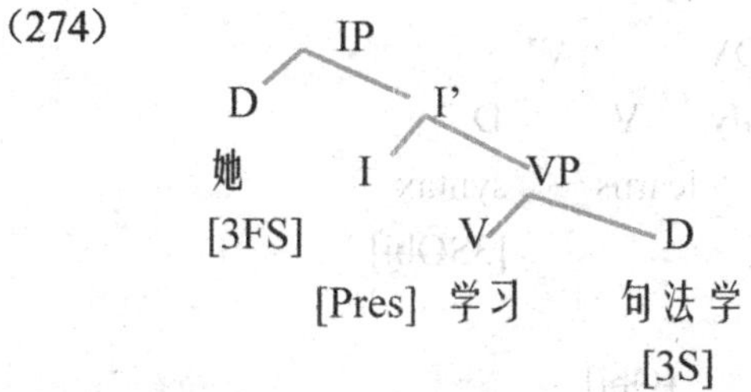

下面的句子“She does learn syntax”可以说，是因为它的核查过程和(270)一样，不可解释特征删除后，进入逻辑式的可解释特征和(271)一样，(275)符合完全解释原则，句子推导聚敛。与之对应的汉语句子“她确实学习句法学”怎么进行核查呢？如果“确实”可以作为屈折词位置的句法成分，那么它的推导可以和英语句子“She does learn syntax”一样，不可解释特征删除后，进入逻辑式的可解释特征和(274)一样，(276)符合完全解释原则，句子推导聚敛。

(275)

IP
D I'
She I VP
[3FS] does V D
[Pres] learn syntax
[3S]

(276)

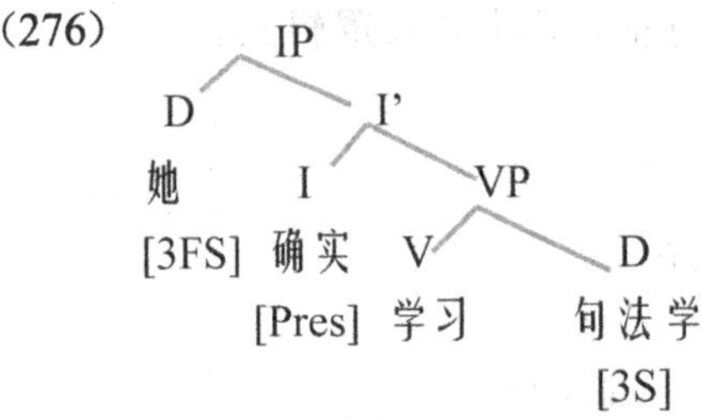

但是如果把“确实”看成是普通副词的话，汉语句子“她确实学习句法学”就和英语句子“She really learns syntax”一样。

(277)

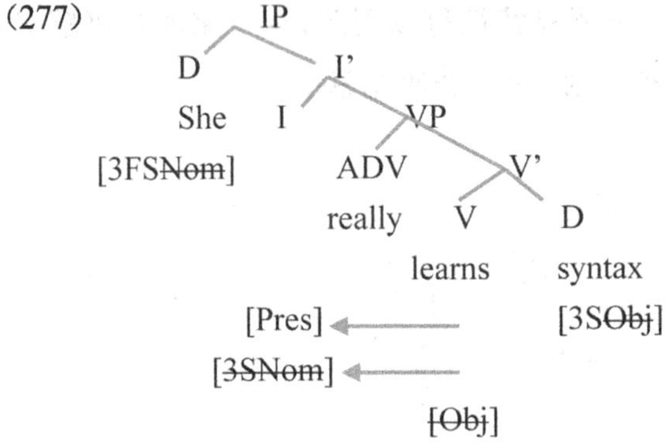

(278)

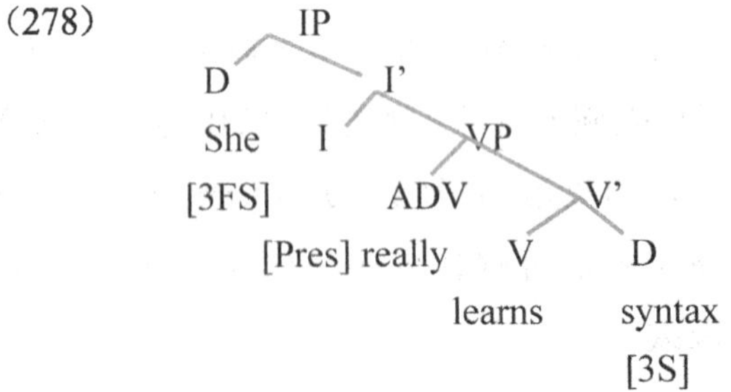

(277)中动词的中心语特征和指示语特征从动词位置渗透到屈折词位置，特征核查和英语句子“She learns syntax”一样，句子聚敛(见278)，我们就不再重复。汉语句子“她确实学习句法学”的句法结构的特征核查就和(277)一样，句子聚敛(见280)。

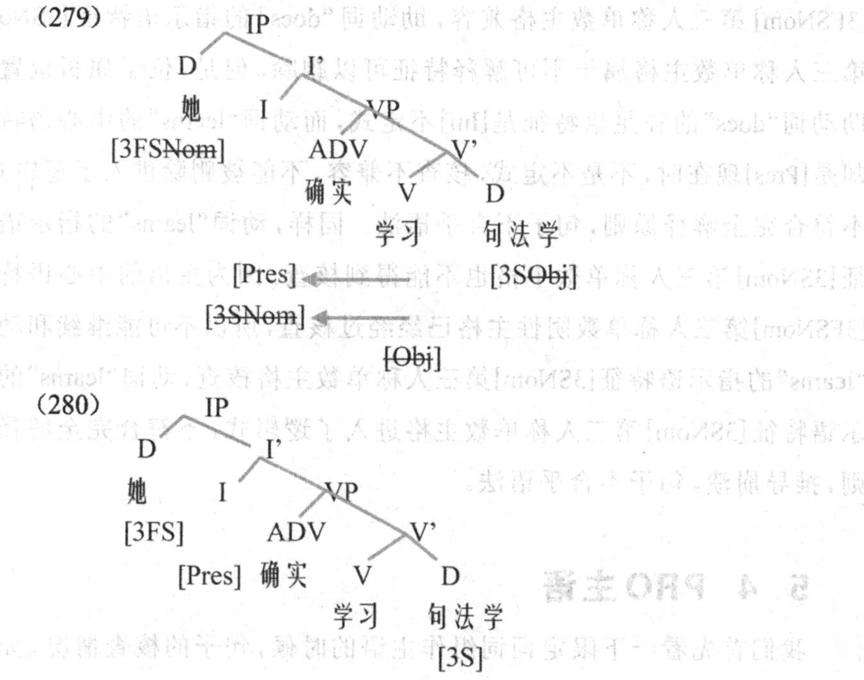

为什么英语的句子“She does learns syntax”是不合乎语法的呢？请看(281)的树形图：

（281）

IP
D I'
She I VP
[3FSNom] does V D
[Pres] learns syntax
[3SNom] [Pres] [3SObj]
[Inf] *[3SNom]*
[Obj]

这个句子不合乎语法，是因为在推导过程中，还有不可解释特征进入了逻辑式，所以推导崩溃。虽然位于指示语位置的主语中心语特征[3FSNom]第三人称单数阴性主格可以和位于屈折位置的助动词“does”的指示语特征[3SNom]第三人称单数主格进行核查，助动词“does”的指示语特征[3SNom]第三人称单数主格与位于指示语位置的主语中心语特征

[3FSNom]第三人称单数主格兼容，助动词“does”的指示语特征[3SNom]第三人称单数主格属于不可解释特征可以删除。但是，位于屈折位置的助动词“does”的补足语特征是[Inf]不定式，而动词“learns”的中心语特征却是[Pres]现在时，不是不定式，核查不兼容，不能被删除进入了逻辑式，不符合完全解释原则，句子不合乎语法。同样，动词“learns”的指示语特征[3SNom]第三人称单数主格也不能得到核查，因为主语的中心语特征[3FSNom]第三人称单数阴性主格已经经过核查，所以不可能继续和动词“learns”的指示语特征[3SNom]第三人称单数主格核查，动词“learns”的指示语特征[3SNom]第三人称单数主格进入了逻辑式，不符合完全解释原则，推导崩溃，句子不合乎语法。

5.4 PRO主语

我们首先看一下限定词词组作主语的时候，句子的核查情况。如果上面的句子主语是“the students”，那么我们看一下树形图(282)：

(282)

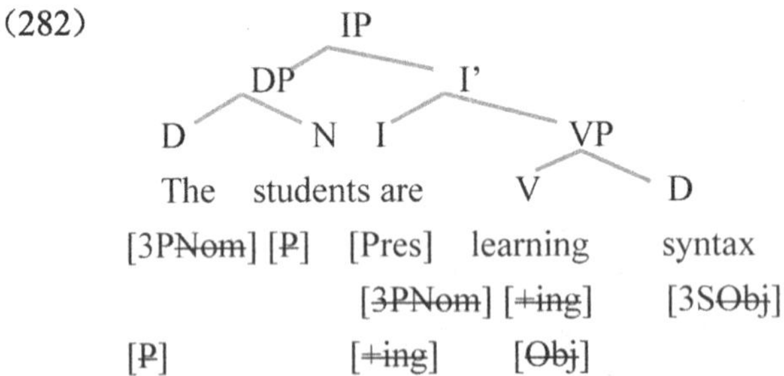

中心语限定词“The”的补足语特征是[P]复数，补足语名词“students”的中心语特征是[P]复数，核查后发现两者特征兼容，属于不可解释特征，可以删除，而中心语限定词“The”的中心语特征是[3NomP]第三人称复数主格，而中心语助动词“are”的指示语特征是[3NomP]第三人称复数主格，核查后发现中心语限定词“The”的中心语特征是[3NomP]第三人称复数主格和中心语助动词“are”的指示语特征是[3NomP]第三人称复数主格兼容，中心语助动词“are”的指示语特征是[3NomP]第三人称复数主格，属

于不可解释特征，删除，不进入逻辑式，而中心语限定词“The”的中心语特征是[3NomP]第三人称复数主格中主格特征属于不可解释特征，删除，不进入逻辑式，中心语限定词“The”的中心语特征是[3NomP]第三人称复数属于可解释特征，不删除，进入逻辑式。其他特征核查步骤不再重复叙述，留下来的可解释特征如下图所示：

（283）

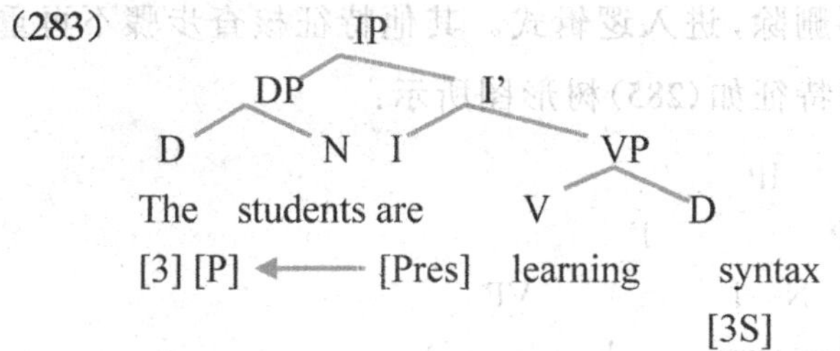

有一点需要注意，限定词中心语“The”的中心语特征[3P]中的复数特征是从名词“students”那儿渗透而来的，因为限定词中心语“The”的中心语特征可以是单数也可以是复数，这要看后面的名词是单数还是复数，所以我们说限定词中心语“The”的中心语特征[3P]中的复数特征是从名词“students”位置渗透到限定词位置的（见283）。为什么这么说呢？大家看限定词词组中没有显性限定词的句子：

（284）

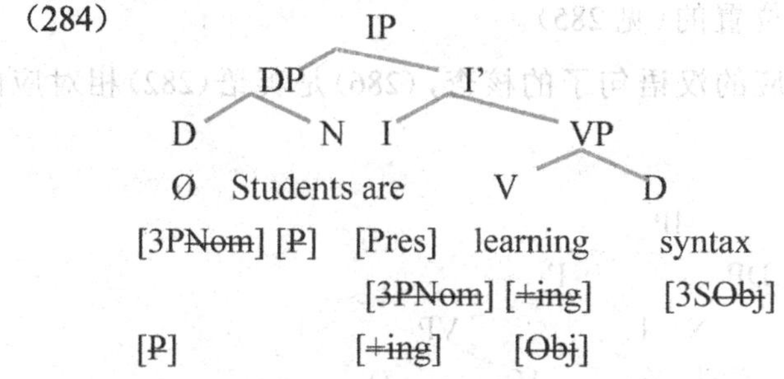

在（284）中，中心语限定词Ø的补足语特征是[P]复数，补足语名词“students”的中心语特征是[P]复数，核查后发现两者特征兼容，属于不可解释特征，可以删除，而中心语限定词Ø的中心语特征是[3NomP]第三人称复数主格，而中心语助动词“are”的指示语特征是[3NomP]第三人称复数主格，核查后发现中心语限定词Ø的中心语特征是[3NomP]第三人称

复数主格和中心语助动词“are”的指示语特征是[3NomP]第三人称复数主格兼容，中心语助动词“are”的指示语特征是[3NomP]第三人称复数主格，属于不可解释特征，删除，不进入逻辑式，而中心语限定词Ø的中心语特征是[3NomP]第三人称复数主格中主格特征，属于不可解释特征，删除，不进入逻辑式，中心语限定词Ø的中心语特征是[3NomP]第三人称复数属于可解释特征，不删除，进入逻辑式。其他特征核查步骤不再重复叙述，留下来的可解释特征如(285)树形图所示：

(285)

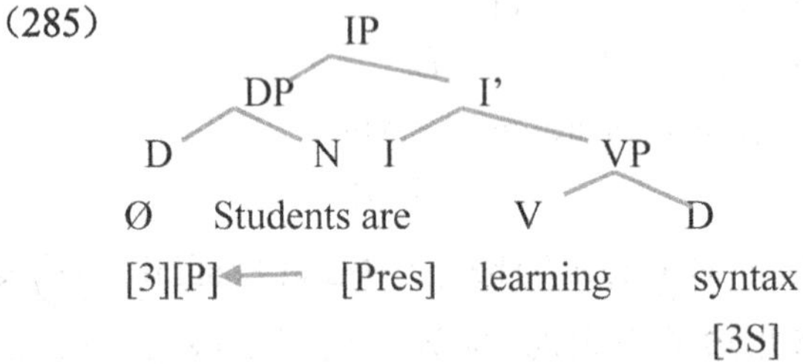

有一点需要注意，限定词中心语Ø的中心语特征[3P]中的复数特征是从名词“students”那儿渗透而来的，因为限定词中心语Ø的中心语特征可以是单数也可以是复数，这要看后面的名词是单数还是复数，所以我们说限定词中心语Ø的中心语特征[3P]中的复数特征是从名词“students”位置渗透到限定词位置的(见285)。

我们看一下相应的汉语句子的核查，(286)是英语(282)相对应的汉语句子：

(286)

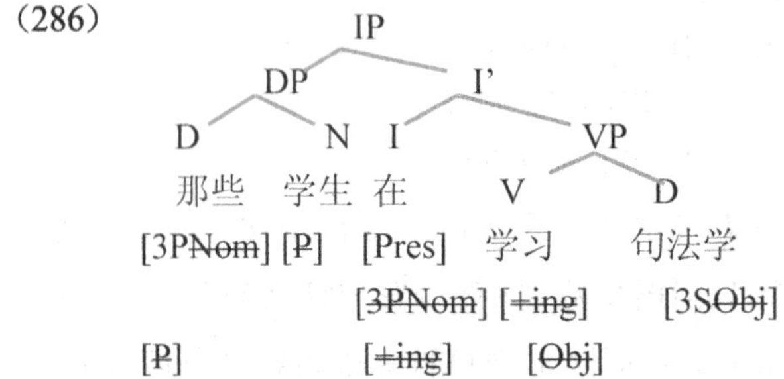

中心语限定词“那些”的补足语特征是[P]复数，补足语名词“学生”的中心语特征是[P]复数，核查后发现两者特征兼容，属于不可解释特征，

可以删除，而中心语限定词“那些”的中心语特征是[3NomP]第三人称复数主格，而中心语助动词“在”的指示语特征是[3NomP]第三人称复数主格，核查后发现中心语限定词“那些”的中心语特征是[3NomP]第三人称复数主格和中心语助动词“在”的指示语特征是[3NomP]第三人称复数主格兼容，中心语助动词“在”的指示语特征是[3NomP]第三人称复数主格，属于不可解释特征，删除，不进入逻辑式，而中心语限定词“那些”的中心语特征是[3NomP]第三人称复数主格中主格特征，属于不可解释特征，删除，不进入逻辑式，中心语限定词“那些”的中心语特征是[3NomP]第三人称复数属于可解释特征，不删除，进入逻辑式。其他特征核查步骤不再重复叙述，留下来的可解释特征如下图所示：

(287)

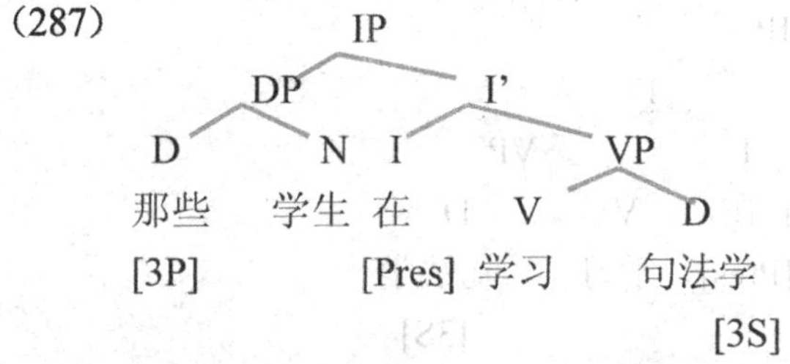

有一点需要注意，限定词中心语“那些”的中心语特征[3P]中的复数特征不一定是从名词“学生”那儿渗透而来的，我们说限定词中心语“那些”的中心语特征[3P]也可能是固有的（见287），这和英语的现象不同。大家看限定词词组中没有显性限定词的句子：

(288)

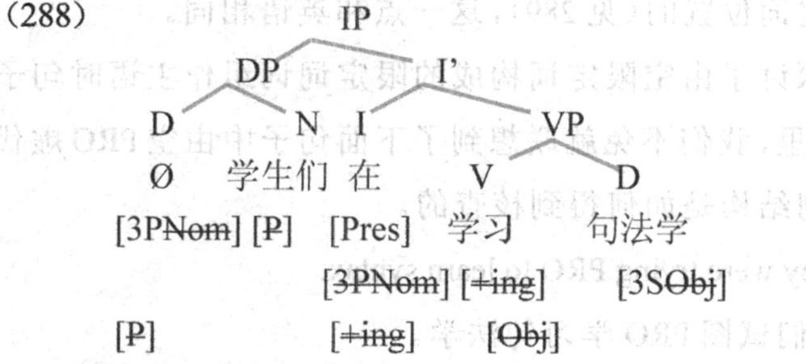

在(288)中，中心语限定词Ø的补足语特征是[P]复数，补足语名词“学生们”的中心语特征是[P]复数，核查后发现两者特征兼容，属于不可

解释特征，可以删除，而中心语限定词Ø的中心语特征是[3NomP]第三人称复数主格，而中心语助动词“在”的指示语特征是[3NomP]第三人称复数主格，核查后发现中心语限定词Ø的中心语特征是[3NomP]第三人称复数主格和中心语助动词“在”的指示语特征是[3NomP]第三人称复数主格兼容，中心语助动词“在”的指示语特征是[3NomP]第三人称复数主格，属于不可解释特征，删除，不进入逻辑式，而中心语限定词Ø的中心语特征是[3NomP]第三人称复数主格中主格特征，属于不可解释特征，删除，不进入逻辑式，中心语限定词Ø的中心语特征是[3NomP]第三人称复数属于可解释特征，不删除，进入逻辑式。其他特征核查步骤不再重复叙述，留下来的可解释特征如(289)树形图所示：

(289)

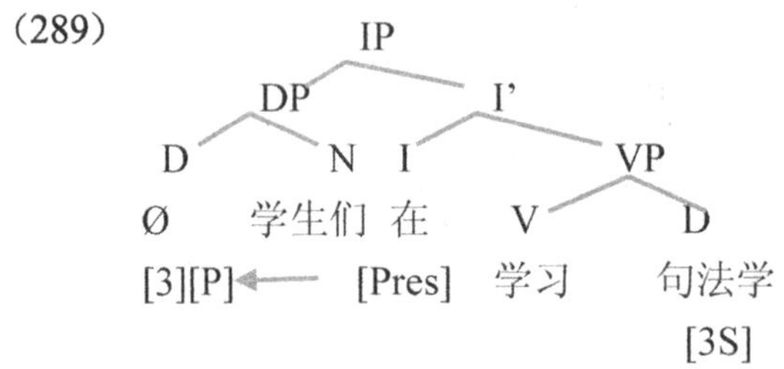

有一点需要注意，限定词中心语Ø的中心语特征[3P]中的复数特征是从名词“学生们”那儿渗透而来的，因为限定词中心语Ø的中心语特征可以是单数也可以是复数，这要看后面的名词是单数还是复数，所以我们说限定词中心语Ø的中心语特征[3P]中的复数特征是从名词“学生们”位置渗透到限定词位置的（见289），这一点和英语相同。

上面我们探讨了由空限定词构成的限定词词组作主语时句子的核查情况，说到这里，我们不免就联想到了下面句子中由空PRO虚代词作主语构成的控制结构是如何得到核查的。

(290) a. They were trying PRO to learn syntax.

b. 他们试图PRO学习句法学。

如果PRO是空代词的话，那么它也应该和代词一样携带格特征，乔姆斯基和赖斯尼克（1995：119-120；转引自Radford, 2002: 192）认为，PRO携带空的格特征，这个空格特征是由不定式小品词来核查的。

(291)

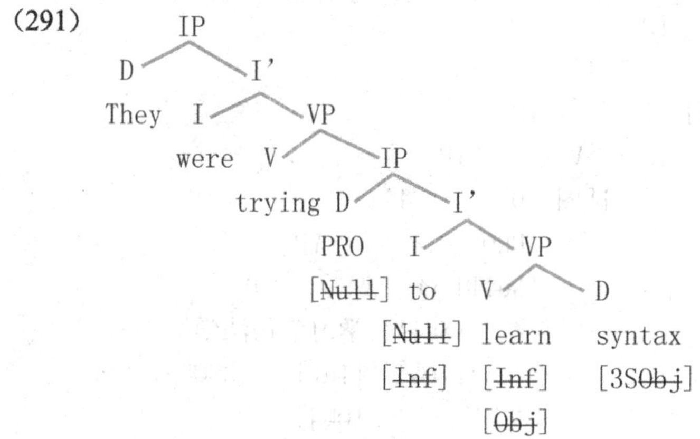

在(291)中，我们只关注不定式短语作为补足语的核查，句子主句中“They were trying”这部分和后面的动词词组“learn syntax”的核查情况我们暂时不提。位于指示语位置的不定式主语PRO的中心语特征零[Null]格特征和位于中心语位置的不定式小品词“to”的指示语特征零[Null]格特征进行核查，两个都是空的格特征，特征兼容，由于格特征属于不可解释特征，所以核查后删除。位于中心语位置的不定式小品词“to”的补足语特征[Inf]不定式和动词“learn”指示语特征[Inf]不定式进行核查，两种特征兼容，由于该特征属于不可解释特征，所以核查后删除。正如前面我们所做过的一样，其他特征留下来进入逻辑式，由于进入逻辑式的特征都属于可解释性特征，所以句法推到聚敛，符合完全解释原则，句子合格。

汉语相对应的句子(290b)“他们试图PRO学习句法学”也类似，详见(292)，位于指示语位置的不定式主语PRO的中心语特征零[Null]格特征和位于中心语位置的不定式小品词Ø的指示语特征零[Null]格特征进行核查，两个都是空的格特征，特征兼容，由于格特征属于不可解释特征，所以核查后删除。位于中心语位置的不定式小品词Ø的补足语特征[Inf]不定式和动词“学习”的指示语特征[Inf]不定式进行核查，两种特征兼容，由于该特征属于不可解释特征，所以核查后删除。正如前面我们所做过的一样，其他特征留下来进入逻辑式，由于进入逻辑式的特征都属于可解释性特征，所以句法推到聚敛，符合完全解释原则，句子合格。

(292)

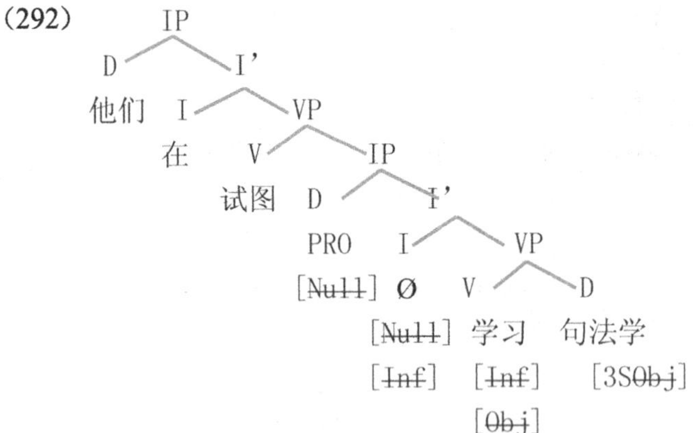

还有一些动词（比如：believe/相信，consider/认为）要求后面的不定式短语要跟宾格代词或名词作主语，但是后面不能跟PRO作主语。

(293) a. They believe/consider him to learn syntax.

b. *They believe/consider PRO to learn syntax.

(294) a. 他们相信/认为他学习句法学。

b. *他们相信/认为PRO学习句法学。

所以不定式短语有两种：一种是不定式小品词可以允许前面出现一个PRO作主语，如(290a)和(290b)；另一种是不定式小品词不允许前面出现一个PRO作主语，如(293b)和(294b)。

这种句子还有一些例句，它们的特点是不定式短语的主语是宾格代词或者是作主句宾语的名词。

(295) a. They expect/like him to learn syntax.

b. We are keen for them to learn syntax.

(296) a. 他们期待/喜欢他学习句法学。

b. 我们渴望他们学习句法学。

但是，(295)、(296)和(293)、(294)并不完全一样，(295)和(296)的例句中可以允许不定式短语的主语是PRO。和(290)一样，(297)和(298)中的PRO是主语控制的虚代词。

（297）a. They expect/like PRO to learn syntax.

b. We are keen PRO to learn syntax.

（298）a. 他们期待/喜欢 PRO 学习句法学。

b. 我们渴望 PRO 学习句法学。

（295）和（296）中宾格主语的情况一般出现在主句动词是及物动词不定式主语作为该动词的补足语时或者作为补足语跟在及物标句词“for”的后面时。主句动词和及物标句词“for”具有赋格能力，可以核查不定式主语的宾格特征。这样看来，在（297—298）中，PRO 空主语的格是由内部的不定式小品词空格所核查，而在（295—296）中，不定式主语的宾格是由外部的及物动词或及物标句词“for”来核查。试想一下，一个主语，它的格特征是由包含该主语屈折词词组外部的及物动词或及物标句词“for”来核查，这种情况太特别了，所以这种情况就叫作特别格标记（ECM: exceptional case-marking）。含有宾格主语作为补足语的不定式叫作特别格标记补足语，而含有宾格主语的选择不定式短语作为补足语的动词叫作特别格标记动词。这两种情况的格特征核查呈现出系统的不对称性。

第一，这种不对称性和主动被动结构中相关补足语行为有关。有的动词像 decide，用作控制动词时，不管用作主动还是被动，都可以允准空格 PRO 主语的存在。因为在这样的结构中，PRO 主语的空格特征是由不定式小品词来核查的，所以动词在主动句和被动句中都一样，不影响 PRO 空格特征核查。

（299）a. We decided PRO to write an article on syntax.

b. It was decided PRO to write an article on syntax.

（300）a. 我们决定 PRO 写一篇句法学论文。

b. 有人决定 PRO 写一篇句法学论文。

但是，有的动词像 believe 可以用作特别格动词携带含有宾格主语的不定式作补足语，但是这种情况下动词只能出现在是主动句中而不能出现在被动句中。在这样的结构中，不定式短语的主语的宾格是由外部的主句动词核查的，如果主句动词是被动形式，那么这个动词就丧失了赋格能力，所以，主语的宾格在（300b）中得不到核查，句子推导崩溃。注意，汉语的（302b）可以这样说，因为汉语类似的句子很少有“被相信他会写一篇句法学论文”和“被决定PRO写一篇句法学论文”，所以汉语相对应的句子被动性不明显，看上去还是主动句，主句动词“相信”不像被动形式，还有赋格能力，所以可以核查代词“他”的宾格特征，句子推导聚敛，因此和例句（300 b）一样，例句（302b）合乎语法。

（301）a. We believed him to write an article on syntax.

b. *It was believed him to write an article on syntax.

（302）a. 我们相信他会写一篇句法学论文。

b. 有人相信他会写一篇句法学论文。

第二种不对称性来自于控制不定式和特别格标记不定式中的副词位置（303）。修饰控制动词的副词可以放在控制动词和它的屈折词词组补足语之间，而修饰特别格标记动词的副词不能置于特别格标记动词和它的屈折词词组补足语之间。控制不定式结构中的PRO是由不定式小品词to来核查的，副词不能妨碍不定式小品词to对PRO的空格特征进行核查，所以句子合乎语法。修饰特别格标记动词的副词如果置于特别格标记动词和它的屈折词词组补足语之间的话，副词就阻断了宾格代词的宾格特征得到外部的主句动词的核查，特别格标记动词没有直接位于宾格代词的前面，没有办法核查宾格代词的宾格特征，句子推导崩溃，不合乎语法。

但是，在汉语相对应的句子（304）中，类似的情况没有出现，实际上，汉语的副词修饰动词时，无论动词是控制动词还是特别格标记动词，副词不能置于动词和它的屈折词词组补足语之间。汉语中副词位置在控制不定式和特别格标记不定式中没有呈现出不对称性。

（303）a. We decided earnestly PRO to write an article on syntax.

b. *We believed greatly him to write an article on syntax.

(304) a. 我们认真决定(*认真)PRO 写一篇句法学论文。

b. 我们非常相信(*非常)他会写一篇句法学论文。

撇开汉语的例句不说，我们再继续看一下英语中副词的阻断效应。下面的例句中，(305a)中，及物动词后面紧紧跟着宾语，可以核查宾语的宾格特征；而在(305b)中，及物动词后面跟着副词，副词阻断了及物动词对宾语的赋格能力，阻断了及物动词核查宾语的宾格的行为，宾语的宾格得不到核查，句子不合乎语法。

(305) a. He learns syntax well.

b. *He learns well syntax.

和(305)相对应的汉语句子如下：

(306) a. 他学习句法学学得好。

b. ?他学习好句法学。

c. 他要学习好句法学。

在汉语句子(306)中，副词“好”用在动词和它的宾语之间似乎问题不大(见306c)，说明汉语中副词可以用在动词和它的宾语之间，并不产生阻断效应，句子合法。可能的解释是汉语的“学习好”是由副词嫁接到动词上变成一个及物动词词组，然后再去核查宾语的宾格特征，这样推导就聚敛了。

这样看来，英语的动词有三种：第一种动词后面只能跟PRO作主语的不定式短语作为动词的补足语(见290)；第二种动词后面只能跟宾格代词或者宾格名词作主语的不定式短语作为动词的补足语(见293)；第三种动词上面两种情况都可以(见295和297)。这三种动词我们上面都有例句，句子的特征核查上面也讨论过。这里不再赘述。

我们在前面五章中论述了推导中的合并操作，后面三章主要论述句法成分的移位。

第六章　中心语移位

句法操作不仅包含了我们前文谈到的合并，还包括另外一种操作即移位。移位包括中心语移位、疑问算子移位和论元移位。我们在第六章主要讨论中心语移位，在第七章讨论算子移位，在第八章讨论论元移位。所谓中心语移位指的是从一个中心语位置移位到另外一个中心语位置的移位，像现代英语中的助动词移位和早期英语中的动词移位。

6.1　助动词倒装

助动词在疑问句中是需要倒装的，它的句法位置是位于主语的前面。我们前文讨论过，在标句词引导的小句中标句词位于主语的前面，标句词词组具有不同的功能层次，中心语是标句词 that，if，for。倒装助动词这一点有点像标句词，比如在(307)的肥皂剧中，标句词的位置和助动词will的位置在同一个地方，都位于主语的前面（见Radford, 2002: 216）：

(307) Speaker A: honey-buns, there's something I wanted to ask you.

Speaker B: What, sweetie-pie?

Speaker A: If you will marry me.

Speaker B: (pretending not to hear) What dyou say, darlin'?

Speaker A: Will you marry me?

在(307)中，句子“If you will marry me”显然是标句词词组，由标句词if引导，句子的树形图是(308)：

(308)

CP
D C'
C IP
If D I'
you I VP
will V D
marry me

现在大家看(307)中的句子"Will you marry me?"，这个句子是倒装句，主语前面出现了助动词。这个助动词在树形图上应该在哪个位置呢？由于助动词和标句词一样，都位于主语的前面，所以句法学家就假设助动词倒装后的位置也在中心语标句词位置。这种假设是在标句词和助动词倒装出于互补分布的情况下进行的，也就是说，这两个成分是互相排斥的，有你无我，有我无你的状态。也就是说，标句词位置只能由两个成分中的一个来占领，如果是标句词位于标句词位置，那么就不可能同时还有助动词倒装，如果助动词倒装位于标句词位置，那么标句词就不能同时位于这个位置。实际上，我们不能说"*if will you marry me"这样的句子，这个句子不合乎语法，这说明倒装助动词可以位于标句词位置(见309)。在树形图上，助动词"will"是从屈折词词组的屈折词位置移位到标句词词组的标句词位置，类似这种一个单词从一个词组的中心语位置移位到另一个词组的中心语位置的移位就叫作中心语至中心语移位，简称中心语移位。

(309)

CP
D C'
C IP
will D I'
you I VP
V D
marry me

大家看下面汉语相对应的句子：

(310) a. 你是否愿意嫁给我

b. 你愿意嫁给我吗?

和英语不同的是,汉语疑问句中的助动词“愿意”并没有倒装,没有发生移位,汉语的一般疑问句/是非疑问句成立,为什么呢?

乔姆斯基(1995)提出,英语一般疑问句中助动词需要倒装,原因是英语这样的语言中,疑问句中的标句词具有强疑问特征,这种强疑问特征要求标句词位置不能是空的,必须有词填入才行。根据这种说法,我们假设汉语和英语不同的是,汉语的标句词位置不具有强疑问特征,具有弱疑问特征,具有弱疑问特征的标句词不要求汉语的疑问句进行助动词倒装,也不要求标句词进行填充。所以说,汉语的句子(310)合乎语法。

由于英语的标句词具有强疑问特征,就要求英语的疑问句中的标句词必须填充。这就是为什么在(309)中助动词必须移位到标句词位置的原因,由于标句词疑问特征太强,所以就有力量吸引助动词从屈折词词组的中心语屈折词位置移位到标句词词组的中心语标句词位置。那么,如果陈述句中没有助动词怎么办呢?没有助动词的陈述句在变成疑问句时需要一个没有语音没有语义的羡余词助动词 do 来帮助完成(见 311)。

(311) a. They learn syntax.

b. Do they learn syntax?

在英语陈述句中(309a)中,屈折词词组的屈折词具有弱特征,所以屈折词可以是空的(312a)。(309a)变成疑问句时,就需要借助于助动词“do”,这个助动词基础生成在屈折词位置,然后从屈折词词组的中心语屈折词位置移位到标句词词组的中心语标句词位置,句子才合乎语法(312b)。在(312b)中助动词不能直接在标句词位置生成,因为助动词“do”需要动词作为它的补足语,所以只能在屈折词位置生成这样才能携带动词作为补足语。

(312) a.

IP
D　I'
They　I　VP
V　D
lean　syntax

b.

CP
D　C'
C　IP
Do　D　I'
they　I　VP
V　D
learn　syntax

我们看汉语相对应的句子：

(313) a. 他们学习句法学。

b. 他们学习句法学吗？

为什么汉语中没有助动词的陈述句变成疑问句时没有出现插入羡余词do的做法，句子也合乎语法呢？乔姆斯基（1995）认为，插入羡余词do的做法是不得已而为之（last resort），不用这种办法就不能满足语法要求，就不能满足标句词需要填充的强疑问特征。不得已条件符合经济原则，该原则禁止使用多余的句法成分和操作。所以英语中借助羡余词do的做法和句子中助动词倒装都是不得已而为之，根据经济原则，只有在缺少其他任何别的办法只有这种操作才能满足语法要求的情况下才使用羡余词do和倒装。汉语的句子不需要助动词倒装也不需要借助于助动词do，汉语的标句词位置具有弱疑问特征，不需要助动词倒装，当然也就不需要插入一个没有语音没有语义的羡余词了，陈述句用声调或者在句子后面加上疑问小品词“吗”就可以了，非常符合经济原则。而英语那么做实在是不得已而为之的，否则满足不了经济原则。

6.2 语迹

在例句(309)和(312b)中，助动词从屈折词词组的中心语屈折词位置移位到标句词词组的中心语标句词位置，移位后在原来的位置留下来什么了呢？屈折词词组的中心语屈折词位置的屈折词还在那儿，只不过是以空语类的形式留下来了，在(314)中我们用t来表示。助动词从屈折词词组的中心语屈折词位置移位之后留下来的是语迹(trace)，这就像人在柔软的沙滩上走路一样，人前脚迈步离开了，后面留下来的是人的脚印，这个脚印就像语迹。语迹属于空语类，因为这个语迹和助动词一样具有相同的中心语特征、指示语特征和补足语特征，它的指示语特征要求前面的主语必须具有主格特征，它的补足语特征要求后面的动词必须是不定式动词原形，只有这样特征核查才会出现特征兼容，推导才聚敛，句子才合乎语法。既然这个空语类的中心语特征、指示语特征和补足语特征和移位的助动词都一样，说明这个空语类就是助动词的一个无声的复制品，和助动词具有同样的语法特征，但和助动词不同的是它没有语音内容。助动词will移位后留下来的是自己的空语迹，这个语迹和助动词will具有同样的中心语特征、指示语特征和补足语特征，那么例句(309)的树形图应该是下面的(314)：

(314)
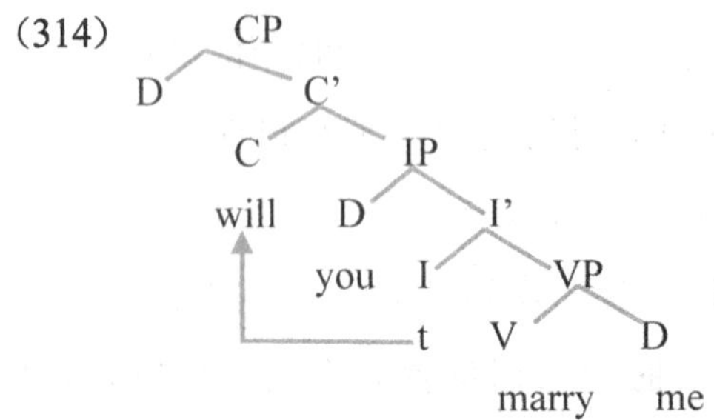

这种移位后的句法成分在自己的身后留下语迹的说法就构成了句法学家所称的语迹理论。根据语迹理论，移位后的成分是自己语迹的先行词，先行词决定着空语类语迹的特征并约束着语迹，移位后的成分和自己的空语迹构成了语链。在(314)中，移位后的“will”是语迹的先行词，与语迹构成了语链，就是说，屈折词和标句词构成语链。位于标句词位置的移位后的助动词“will”和位于屈折词位置的语迹是相关移位语链的两个不同的链，移位后的助动词“will”是这个语链的头，语迹就是这个语链的尾。一般情况下，语迹和它的先行词之间的约束关系是由下标来标记的，比如：“Will_i you t_i marry me?”。上面这个句子中的助动词“will”和语迹t都用同样的下标i来表示它们的约束和被约束关系，说明它们共指，构成了语链。

为什么要提出语迹理论呢？提出这样的理论有两方面的考虑：第一，从理论上来看，提出语迹理论可以帮助我们更好地解释移位的理论特征，移位总是从一个低一点的位置移动到高一点的位置，从来没有从高移到低的情况出现。在(314)中，助动词从屈折词词组的屈折位置移动到更高的标句词词组的标句词位置。根据语迹理论，移位必须是往上移动，而不是往下移动。因为移位后的句法成分约束力留在自己身后的语迹，只有往上移动，才能保证移位遵守了约束理论。约束成分和被约束成分必须构成成分统制关系，即先行词一定要成分统制语迹。如果移位后的句法成分要约束自己的语迹，那么这个句法成分必须移位到一个能够成分统制自己语迹的位置，这样，句法成分必须往上移位，所谓人往高处走，句法成分也往高处走。这一点在例句(314)中已经很明显。其次，移位后的句法成分留下语迹和投射的中心语特征有关。前面提到，所有的词组或者小句都必须是中心语语类的投射，屈折词词组必须是屈折词的投射，即使表面上没有显性屈折词，那么也必须要有一个隐性屈折词。第二，从实证方面看，在助动词倒装结构中，助动词have不能缩略到前面紧邻的主语上面去，为什么会这样呢？在(315)这些例句中，助动词移位到句子前面去了，如果后面没有留下语迹，那么这些句子中的“have”就可以缩略到前面紧邻的主语上面去。由于助动词移位到句子前面去在自己身后留下来自己的语迹，这个语迹作为空语类阻断了“have”和主语的缩略。

(315) a. Will you have/*you've learned syntax?

b. Could we have/*we've learned syntax?

c. Should I have/*I've learned syntax?

d. Would they have/*they've learned syntax?

e. Might he have/*he've learned syntax?

我们看一下(315a)的树形图(316):

(316)

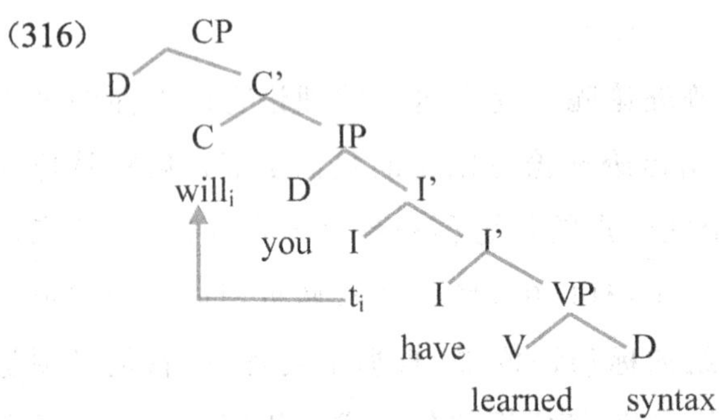

从(316)这个树形图中可以看出,助动词“will$_i$”从曲折位置移位到更上面一层的标句词位置之后在自己的身后留下了语迹“t$_i$”,这个空语类位于屈折词词组指示语位置的“you”和屈折词杠标中心语位置的“have”之间,阻断了两者进行缩略这种亲密接触。缩略服从于邻接条件,邻接条件要求两个句法成分要进行有关句法操作必须紧邻。比如说,在下面的句子“You have learned syntax”中,我们可以把紧紧相邻的两个单词助动词和主语进行缩略,“You've learned syntax”这句话就可以说,而(316)句子中助动词和主语不能进行缩略,不能亲密接触是因为中间有一个第三者,语迹阻断了它们进行缩略。这就可以证明助动词从屈折词词组的屈折位置移动到更高的标句词词组的标句词位置。

6.3 动词移位

前文上面讨论了助动词移位,下面讨论一下中心语移位的另外一种,即动词移位,英语有时候缩略为V movement,即V移位。动词移位主要涉及早期现代英语定式句中普通动词从动词词组中心语动词位置移位到屈折词词组中心语屈折词位置。这种情况在莎士比亚作品中可以看到，要研究动词移位，我们先看看现代标准英语和早期现代英语在否定方面的句法结构。下面这两个句子的对比可以看出“never”在现代英语中可以用作副词修饰动词，而“not”的句法表现和“never”不同。

(317) a. She never learns syntax.

b. *She not learns syntax.

另外，在(318)中，“never learn syntax”可以单独使用，说明副词“never”的位置在动词词组“never learn syntax”之内。

(318) a. Speaker A: What do you advise her to do?

Speaker B: Never learn syntax.

b. What he advises her to do is never learn syntax.

如果上面的分析是正确的话，那么(317a)的树形图就是(319)：

(319)

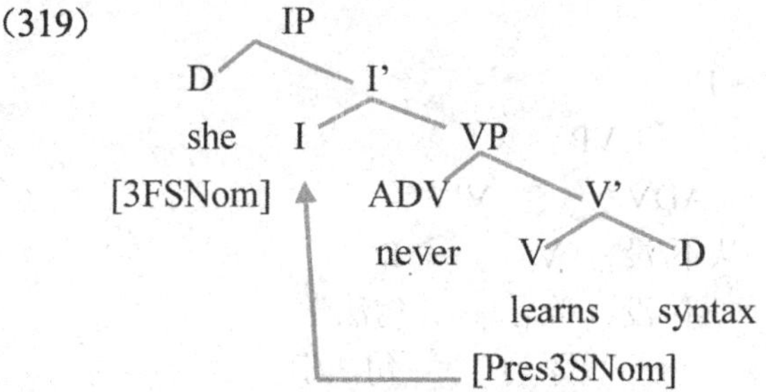

在(319)句子的推导过程中，主语“She”的中心语特征主格和动词“learns”的指示语特征第三人称单数主格，属于不可解释特征，都必须在核查中得以删除，唯一的办法就是让动词指示语特征第三人称单数主格被吸引到屈折词词组中心语屈折位置上，动词“learns”的指示语特征第三人称单数主格以及它的中心语特征现在时都可以被吸引到屈折词中心语位置上去，句子就可以进行主语和中心语屈折的核查，核查发现特征兼容，动词“learns”的指示语特征第三人称单数主格删除，主语“She”的中心语特征主格删除，其他特征属于可解释特征，可以进入逻辑式，推导聚敛，句子合格。

汉语与(317)相对应的句子是(320),和(318)相对应的汉语句子是(321):

(320) a. 她从不/没学习句法学。

b. 她不/没学习句法学。

(321) a. Speaker A: 你建议他干什么?

Speaker B: 从/永不学习句法学。

Speaker B: 不学习句法学。

b. 他建议她从/永不学习句法学。

他建议她不学习句法学。

在(320)中可以看到汉语句子中的"从不/没"如果和英语的"never"一样是副词的话,"不/没"的用法似乎和"从不/没"一样,因为汉语的(320b)是合乎语法的句子,说明汉语的否定词也可以看作是修饰动词的副词。这一点从(321)中也可以得到证明,否定词组"不学习句法学"也可以和"从/永不学习句法学"一样,也可以单独使用。这就证明汉语的否定词可以看作是副词。那么汉语(320)的树形图应该是(322):

(322)

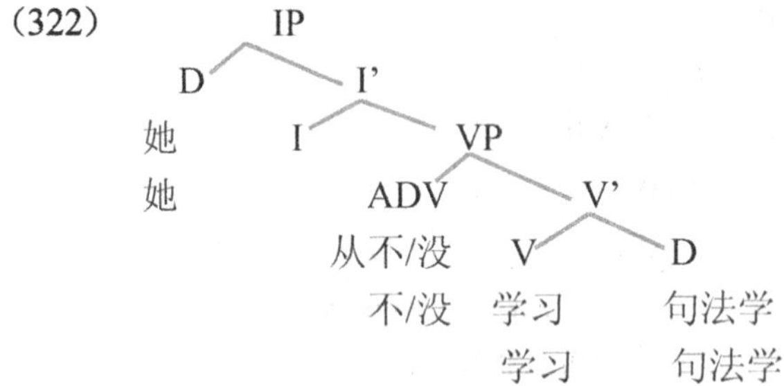

和汉语不同的是,否定词not和副词never的句法表现不同。如果否定词not是副词的话,那么(317b)就应该合乎语法。假设否定词"not"属于单独的语类NEG,作为句法中心语投射成为NEGP否定词词组。那么(317b)的树形图就是(323),为什么这句话是错的呢?在这个句子的推导过程中,主语"She"的中心语特征主格和动词"learns"的指示语特征第三人称单数主格都必须在核查中得以删除,唯一的办法就是让动词指示语特征第三人称单数主格被吸引到屈折词词组中心语屈折位置上,但是这种特征渗透被中间的否定词not所阻断。因为吸引也是局部的,特征吸引只能允许特征从一个中心语位置渗透到紧邻的更高层的中心语位置。这就意味着，(323) 中动词"learns"的指示语特征第三人称单数主格不能直接从动词位置渗透到屈折位置上，因为动词"learns"的指示语特征第三人称单数主格只能先渗透到紧邻的更高一层的NEGP否定词词组上去，然后再从NEGP否定词词组渗透到紧邻的更高一层的屈折位置上，但是这种操作被中间的否定词阻断了，因为否定词位置已经被占据了，动词"learns"的指示语特征第三人称单数主格没有办法被吸引到NEGP否定词词组上去。另外，屈折属于论元中心语，可以允许论元作其指示语，而否定属于非论元中心语，不允许论元作其指示语，这就说明动词"learns"的指示语特征第三人称单数主格不能直接移位到屈折位置得到核查，作为不可解释特征进入逻辑式，根据完全解释原则，推导崩溃，句子不合格。

(323)

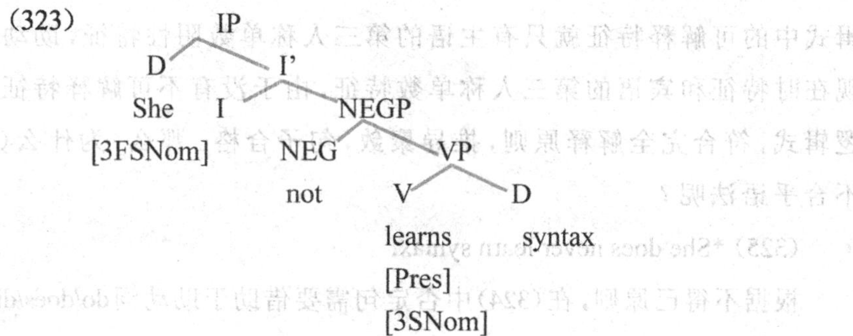

威廉姆斯 (Williams, 1994) 认为，英语否定词not只能修饰不定式动词，不能修饰定式动词。(323)的正确用法是(324)：

(324) a. She does not learn syntax.

b.

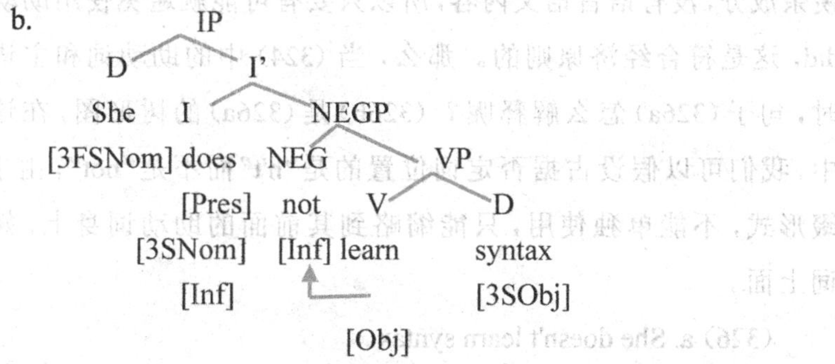

为什么(324)合乎语法？我们看这个句子的推导是怎么进行特征核查的。助动词“does”的指示语特征第三人称单数主格和主语的中心语特征第三人称单数主格核查，特征兼容，助动词“does”的指示语特征第三人称单数主格属于不可解释特征，可以删除，主语的主格特征属于不可解释特征，可以删除，主语的中心语特征第三人称单数属于可解释特征，可以进入逻辑式，不需要删除。动词的不定式动词原型特征 [Inf] 可以渗透到否定NEG上面去，因为否定词词组是否定词的投射，所以否定词词组是否定不定式词组，可以核查助动词的补足语不定式动词原型特征[Inf]，特征兼容可以删除。动词“learn”的补足语宾格特征[Obj]可以和宾语“syntax”的中心语特征宾格特征[Obj]核查，核查后特征兼容，两者都属于不可解释特征，都得以删除。这样，留在逻辑式中的可解释特征就只有主语的第三人称单数阴性特征，助动词的现在时特征和宾语的第三人称单数特征，由于没有不可解释特征进入逻辑式，符合完全解释原则，推导聚敛，句子合格。那么，为什么(325)不合乎语法呢？

(325) *She does never learn syntax.

根据不得已原则，在(324)中否定句需要借助于助动词do/does/did，这是不得已而为之，只有在没有插入助动词句子的句法特征就不能得到核查时才使用。由于句子“She never learn syntax.”合乎语法，上面我们已经讨论过，所以根据经济原则，我们没有必要再加入多余成分，因为助动词是羡余成分，没有语音语义内容，所以只要有可能就避免使用助动词do/does/did，这是符合经济原则的。那么，当(324)中的助动词和主语进行缩略时，句子(326a)怎么解释呢？(326b)是(326a)的树形图，在这个树形图中，我们可以假设占据否定词位置的是“n't”而不是“not”，由于“n't”是后缀形式，不能单独使用，只能缩略到其前面的助动词身上，嫁接到助动词上面。

(326) a. She doesn't learn syntax.

b.

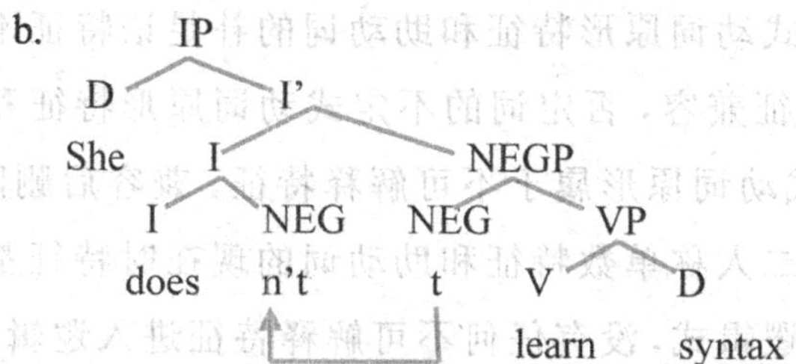

在(326)中，后缀"n't"嫁接到助动词"does"上面，构成了一个复合中心语，即由助动词和否定词构成的否定助动词"doesn't"，这个否定助动词在疑问句中可以移位到句首位置，句子变成"Doesn't she learn syntax?"，后缀"n't"嫁接到助动词"does"上面，主要动机是自利原则，后缀"n't"的形态特征要求它必须附加到一个合适的宿主上去。

在早期现代英语中，否定词not一般位于助动词和普通动词之间，我们暂时按照上面的惯例把否定词 not 看成是否定词词组的中心语否定词，如果这样，那么(327b)是(327a)的树形图：

(327) a. Thou shalt not die...(Orlando, As You Like It, II, vi)(转引自 Radford, 2002: 223)

b.

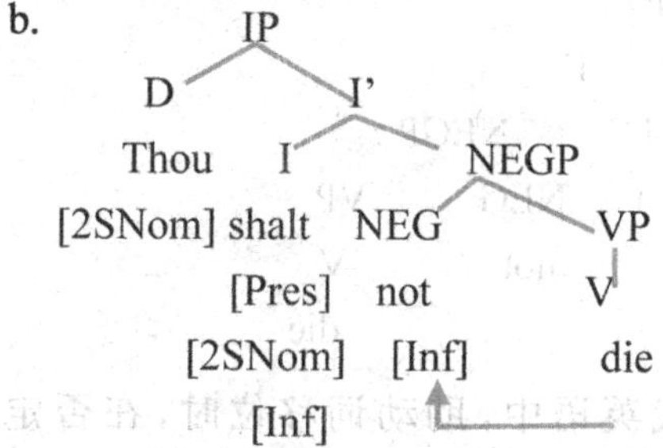

(327b)中主语的中心语特征第二人称单数主格和屈折中心语的指示语特征第二人称单数主格进行核查，特征兼容，屈折中心语的指示语特征第二人称单数主格属于不可解释特征，兼容后删除，不进入逻辑式，主语的中心语特征主格属于不可解释特征，兼容后删除，不进入逻辑式，动词的不定式动词原形特征渗透到上一紧邻层级的否定词位

置，否定词的不定式动词原形特征和助动词的补足语特征不定式动词原形进行核查，特征兼容，否定词的不定式动词原形特征和助动词的补足语特征不定式动词原形属于不可解释特征，兼容后删除，不进入逻辑式，主语的第二人称单数特征和助动词的现在时特征都属于可解释特征，可以进入逻辑式，没有任何不可解释特征进入逻辑式，符合完全解释原则，推导聚敛，句子合格。根据早期现代英语的特点，带有助动词的疑问句一般是助动词移位到句首，比如在莎士比亚作品*Much Ado About Nothing*中有这样一个句子"Didst thou not hear somebody?"，如果是这样，那么(327)句子的一般疑问句应该是(328a)(我们暂时不考虑在早期现代英语中这个句子是不是能说，我们暂且假设这个句子是合乎语法的，正如"Didst thou not hear somebody?"是合乎语法的一样)，(328a)的树形图应该是(326b)("Didst thou not hear somebody?"的树形图也是类似的结构)：

(328) a. Shalt thou not die?

b.

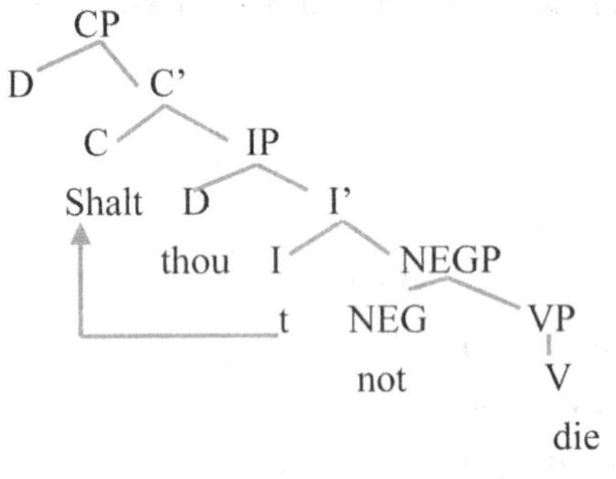

```
         CP
    D         C'
          C         IP
        Shalt   D        I'
                thou   I      NEGP
                       t   NEG      VP
                           not      V
                                    die
```

现在的问题是，在现代英语中，助动词移位时，在否定疑问句中，否定助动词一起移位到句首，为什么早期现代英语中，只有助动词单独移位到句首，而否定词not没有一起移位？这说明上面我们的分析有问题。我们假设在早期现代英语中，否定词not是副词，上面的问题就迎刃而解了。如果否定词是副词，那么，(327b)应该是(329)，(328b)应该是(330)：

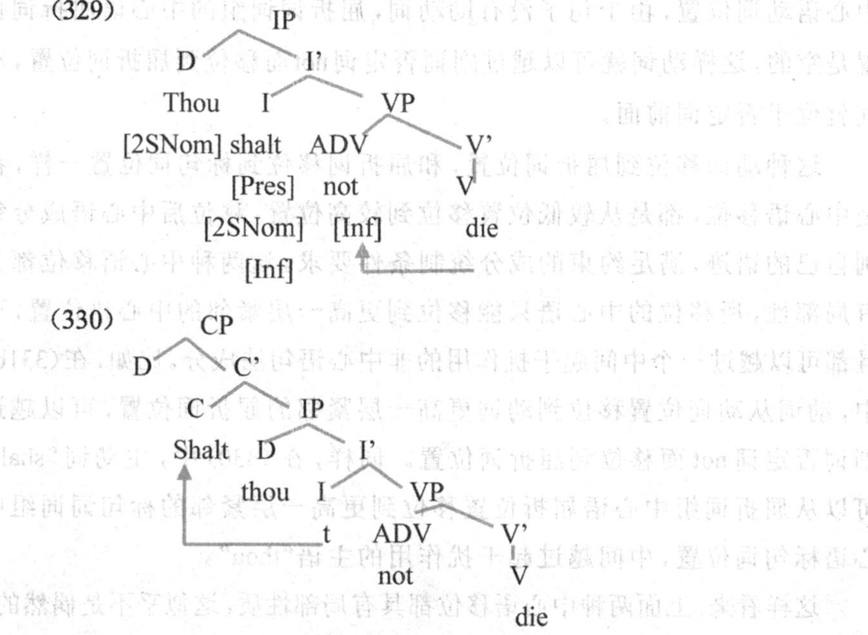

如果否定词not在早期现代英语中是副词，那么否定词not的句法位置就位于动词词组内部，所以当助动词从屈折位置向上移位到标句词位置时，否定词not仍然留在动词词组内部，这样就可以解释为什么否定词not没有嫁接到助动词身上，然后和助动词一起移位到句首了。不仅如此，否定词not只有是副词，才能解释下面的句子。

(331) a. He heard not that. (Juliea, *Two Gentlemen of Verona*, IV. Ii)(转引自Radford, 2002: 224)

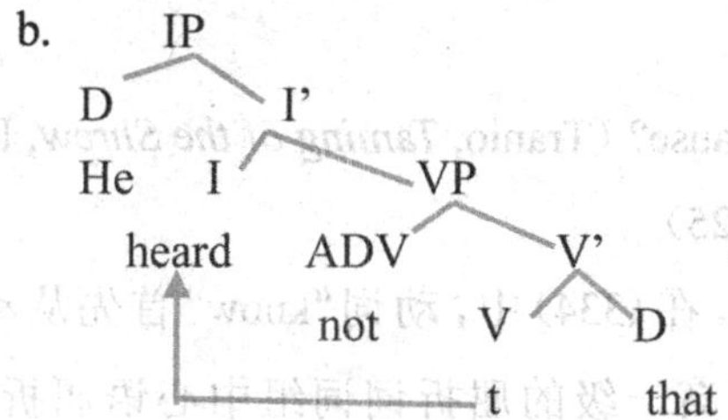

在莎士比亚英语中，如果句子中没有助动词，普通动词可以移位到否定词的前面。在树形图中我们可以看到，动词起初生成于动词词组内

中心语动词位置，由于句子没有助动词，屈折词词组的中心语屈折词位置是空的，这样动词就可以越过副词否定词not而移位到屈折词位置，动词就位于否定词前面。

这种动词移位到屈折词位置，和屈折词移位到标句词位置一样，都是中心语移位，都是从较低位置移位到较高位置，移位后中心语成分统制自己的语迹，满足约束的成分统制条件要求。这两种中心语移位都具有局部性，所移位的中心语只能移位到更高一层紧邻的中心语位置，而且都可以越过一个中间起干扰作用的非中心语句法成分。比如，在(331b)中，动词从动词位置移位到动词更高一层紧邻的屈折词位置，可以越过副词否定词not而移位到屈折词位置。同样，在(330)中，主动词“shalt”可以从屈折词组中心语屈折位置移位到更高一层紧邻的标句词词组中心语标句词位置，中间越过起干扰作用的主语“thou”。

这样看来，上面两种中心语移位都具有局部性质，这似乎不是偶然的，应该是属于普遍语法的相关原则，称为中心语移位限制条件(Lisa Travis, 1984)。

(332) 中心语移位限制条件：

中心语只能移位到直接包含这个中心语紧邻更高一级的词组的中心语位置。

那么，在早期现代英语中，在没有助动词的局子里，动词还可以移位到句首构成一般疑问句，这种动词从动词位置移位到标句词词组中心语标句词位置的做法显然违反了中心语移位限制条件，因为动词中心语更高一级紧邻的词组的中心语位置是屈折词词组的中心语屈折词位置，而不是标句词位置。

(333) Know you not the cause? (Tranio, *Taming of the Shrew*, III.ii)（转引自 Radford，2002: 225）

(334)是(333)的树形图，在(334)中，动词“know”首先从动词词组中心语动词位置移位到紧邻更高一级的屈折词词组中心语屈折词位置，然后再从屈折词词组中心语屈折词位置移位到紧邻更高一级的标句词词组中心语标句词位置，这种移位叫连续循环移位，每一步移位都满足(332)

中心语移位限制条件，每一步移位都满足局部性要求，所以句子推导聚敛。

(334)
CP
D C'
C IP
Know D I'
you I VP
t ADV V'
not V DP
t D N
the cause

在现代英语中，这种移位已经不存在了，但是下面句子(335)中动词"have"的移位可能还是早期现代英语动词的遗存，但有时候我们也说"Do you have any books?"，这么说的原因是因为动词"have"在这儿是个普通及物动词，后面跟一个限定词词组作补足语。那么，在(335)中动词"have"也应该是个普通及物动词。

(335) Have you any books?

(336)是(335)的树形图，在(336)中，普通动词"have"首先从动词词组中心语动词位置移位到更紧邻高一级的屈折词词组中心语屈折词位置，然后再从屈折词词组中心语屈折词位置移位到更紧邻高一级的标句词词组中心语标句词位置，这种移位叫连续循环移位，每一步移位都满足(332)中心语移位限制条件，每一步移位都满足局部性要求，所以句子推导聚敛。

(336)
CP
D C'
C IP
Have D I'
you I VP
t D V'
V DP
t D N
any books

对(335)的回答可以是(337a)和(337b)，(338)是(337b)的树形图，说明动词“have”已经从动词位置移位到屈折词位置，和主语紧密相邻，否则，动词“have”不能缩略到主语上面去。如果动词“have”没有移位到屈折词位置，仍然留在动词词组中心语动词位置，那么由于和主语中间有屈折做阻断，动词“have”就不能缩略到主语上面去。

(337) a. They have no books.

b. They've no books.

(338)

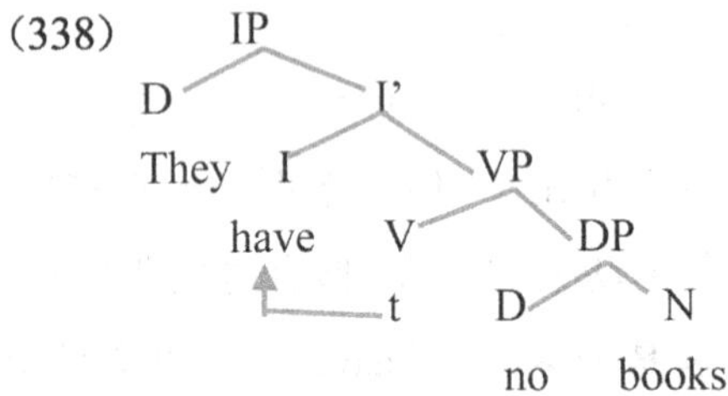

如果在(337)的句子中加入量词“both”，在(339a)中漂浮量词位于主语和动词之间，说明这个动词“have”仍然位于动词词组内中心语动词位置，而没有移位到屈折词组中心语屈折词位置，而在(339b)中漂浮量词位于动词“have”和限定词之间，而且动词缩略到主语上面，说明动词“have”已经从动词位置移位到屈折词位置，和主语紧密相邻。

(339) a. They both have no books.

b. They've both no books.

我们还可以注意到另外一种现象，否定词not不可以直接否定动词have，而否定词的缩略式n't可以：

(340) a. They haven't any books.

b. *They have not any books.

我们前面讨论过，在现代英语中，否定词not是否定词词组中心语，如果是这样，(340)的树形图是(341)。在(341a)中，由于否定词的缩略式“n't”不过是个词缀，所以动词“have”可以往上爬升，嫁接到否定词词组中心语否定词上，由否定词和动词构成了一个复合中心语，这个包含了否定词和动词两个中心语的句法特征，既有动词的特征又有否定词的特征。

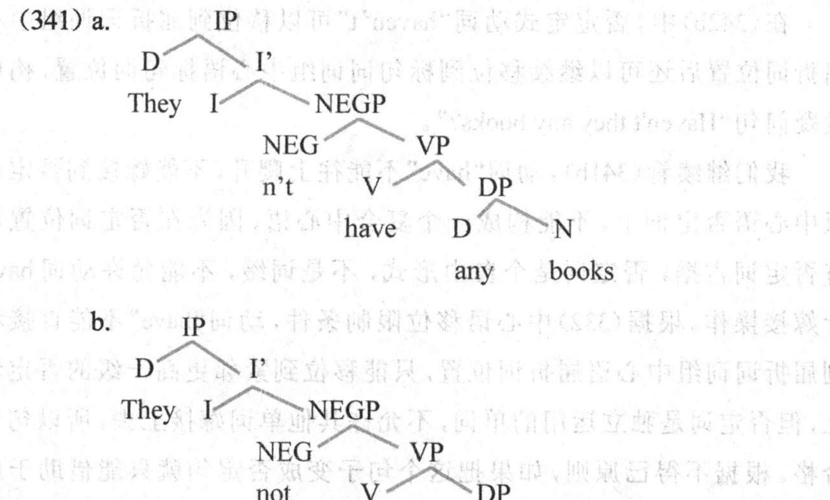

在(341a)中，动词“have”可以往上爬升，嫁接到否定词词组中心语否定词上，构成了一个复合中心语(342a)，这个复合中心语是否定定式动词“haven't”可以移位到屈折词词组中心语屈折词位置，构成了树形图(342b)：

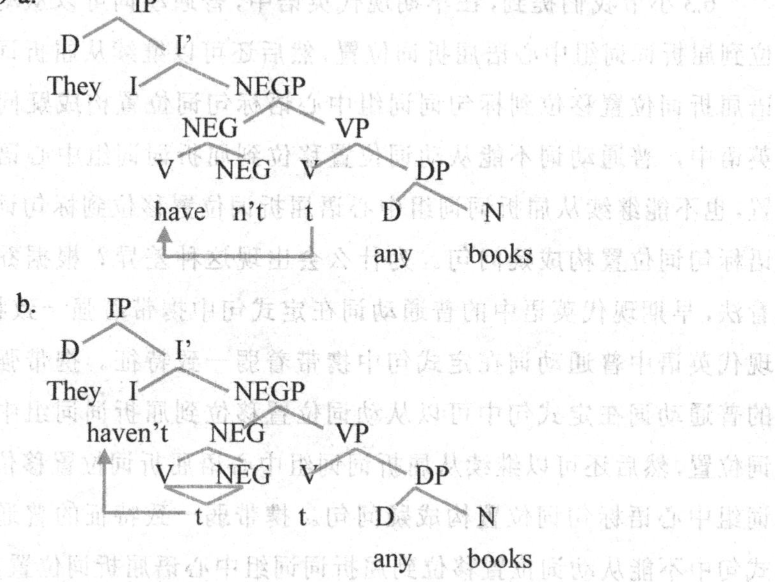

在(342b)中，否定定式动词“haven’t”可以移位到屈折词词组中心语屈折词位置后还可以继续移位到标句词词组中心语标句词位置，构成一般疑问句“Haven't they any books?”。

我们继续看(341b)，动词“have”不能往上爬升，不能嫁接到否定词词组中心语否定词上，不能构成一个复合中心语，因为在否定词位置已经有否定词占据，否定词是个自由形式，不是词缀，不能允许动词have进行嫁接操作。根据(332)中心语移位限制条件，动词“have”不能直接移位到屈折词词组中心语屈折词位置，只能移位到紧邻更高一级的否定词组上，但否定词是独立运用的单词，不允许其他单词嫁接上去，所以句子不合格。根据不得已原则，如果把这个句子变成否定句就只能借助于助动词do，在屈折词位置插入羡余成分助动词do变成“They do not have any books”，这样彼此紧邻的助动词do和否定词not也可以缩略成don't，句子变成“They don't have any books”。

6.4 强特征和弱特征

6.3小节我们提到，在早期现代英语中，普通动词可以从动词位置移位到屈折词词组中心语屈折词位置，然后还可以继续从屈折词词组中心语屈折词位置移位到标句词词组中心语标句词位置构成疑问句。现代英语中，普通动词不能从动词位置移位到屈折词词组中心语屈折词位置，也不能继续从屈折词词组中心语屈折词位置移位到标句词词组中心语标句词位置构成疑问句。为什么会出现这种差异？根据乔姆斯基的看法，早期现代英语中的普通动词在定式句中携带着强一致特征，而在现代英语中普通动词在定式句中携带着弱一致特征。携带强一致特征的普通动词在定式句中可以从动词位置移位到屈折词词组中心语屈折词位置，然后还可以继续从屈折词词组中心语屈折词位置移位到标句词词组中心语标句词位置构成疑问句。携带弱一致特征的普通动词在定式句中不能从动词位置移位到屈折词词组中心语屈折词位置，也不能继续从屈折词词组中心语屈折词位置移位到标句词词组中心语标句词位置构成疑问句。所以，早期现代英语中的普通动词可以从动词位置移位到屈折词词组中心语屈折词位置，而现代英语中的普通动词不能从动词位置移位到屈折词词组中心语屈折词位置。而现代汉语中的动词没有携带形态上的一致特征，所以现代汉语中的普通动词不能从动词位置移位到屈折词词组中心语屈折词位置。同样的道理，现代英语中的助动词携带着强一致特征，可以从动词位置移位到屈折词词组中心语屈折词位置，然后还可以继续从屈折词词组中心语屈折词位置移位到标句词词组中心语标句词位置构成疑问句；而现代汉语中的助动词没有携带形态上的一致特征，不能从动词位置移位到屈折词词组中心语屈折词位置，也不能继续从屈折词词组中心语屈折词位置移位到标句词词组中心语标句词位置构成疑问句（见310）。

为什么早期现代英语中的普通动词可以从动词位置移位到屈折词词组中心语屈折词位置，而现代英语中的普通动词不能从动词位置移位到屈折词词组中心语屈折词位置呢？在屈折一致变化丰富的语言中，动词在定式句中具有强一致特征，而在屈折一致变化贫穷的语言中，动词在定式句中具有弱一致特征。早期现代英语中的普通动词在定式句中具有丰富的一致屈折变化，所以，早期现代英语中的普通动词在定式句中具有强一致特征。在莎士比亚的作品中，我们可以找到三种现在时态变位，第二人称单数动词后面加+st，第三人称单数后面加+th和+s，这和现代英语(344)不同，现代英语中定式动词只有一种变位。

(343) a. Thou sayst true.（Petruchio, *Taming of the Shrew*, IV.iii）

b. The sight of love feedeth those in love.（Rosalind, *As You Like It*, III.v）

c. Winter tames man, woman and beast.（Grumio, *Taming of the Shrew*, IV.i）

(344) a.? You say true.

b. The sight of love feeds those in love.

e. Winter tames man, woman and beast. (Grumio, *Taming of the Shrew*, IV.i)

早期现代英语是屈折一致变化丰富的语言，动词在定式句中具有强一致特征，现代英语是屈折一致变化贫瘠的语言，动词在定式句中具有弱一致特征。这种差异还体现在现代英语是非空主语语言(346)，而早期现代英语属于空主语语言(345)(转引自 Radford, 2002: 227)。

(345) a. Lives, sir.(Iago, *Othello*, IV.i)

b. Hast any moe of this?(TRiculo, *The Tempest*, II.ii)

e. Sufficeth, I am come to keep my word. (Petruchio, *Taming of the Shrew*, III.ii))

(346) a. He is alive, sir.

b. Have you any more of this?

c. It is enough that I have come to keep my word.

(347) a. 活着，先生。

b.还有更多这个吗？

c. 我既然来了就足够了。

(348) a. 他活着，先生。

b.你们还有更多这个吗？

c. 我既然来了，这就足够了。

(345)中的空主语出现在定式句中的主语位置，位于主格位置携带主格特征，和不定式主语PRO虚主语不同的是，这个空主语携带主格特征，PRO虚主语没有格特征，所以习惯上这个空主语被称为pro零代词。由于早期现代英语具有相对比较丰富的屈折变位，空主语出现在定式句中的主语位置，位于主格位置携带主格特征。在具有丰富的屈折变位语言中，动词的一致屈折变位可以辨认主语，比如，在(345a)中，动词“lives”能够辨认主语是第三人称单数，在(345b)中，动词“hast”能够辨认主语是第二人称单数，在在(345c)中，动词"sufficeth"能够辨认主语是第三人称单数。而现代英语的动词形态一致屈折变位单一，不能够辨认空主语。

和早期现代英语相同的是，现代汉语(347)的例句中，空主语也是pro零代词，也出现在定式句中的主语位置，位于主格位置携带主格特征，和不定式主语PRO虚主语不同。但是，问题是现代汉语动词形态上缺乏显性的一致屈折变位，动词形态上一致屈折变位比现代英语还贫穷，应该要求主语存在，这和早期现代英语不同，按道理说，动词没有一致屈折变位不能辨认主语，句子不应该合格，但是在汉语中(347)的例句完全合乎语法，这怎么解释？现代汉语可以是无主语语言(347)，学术界普遍承认汉语是主语脱落语言，但是，其实汉语也可以是有主语语言(见348)，这一点是大家普遍所忽视的。汉语应该既是主语脱落语言又是有主语语言，这又怎么解释？

到现在，我们解释了为什么早期现代英语中可以允许空主语而现代英语不允许空主语出现的问题，但还有一个问题没有解决。这个问题就是为什么在早期现代英语中，定式动词可以从动词词组中心语动词位置移位到屈折词词组中心语屈折词位置。根据核查理论，早期现代英语中定式动词携带强一致特征，动词移位到屈折词位置是为了进行特征核查，因为移位必须符合不得已原则，只有在不移位就解决不了特征核查的问题时才不得已移位，另外移位还要满足自利原则，就是说，之所以要移位，是因为这是自身特征需要通过移位才能够核查。

(349)
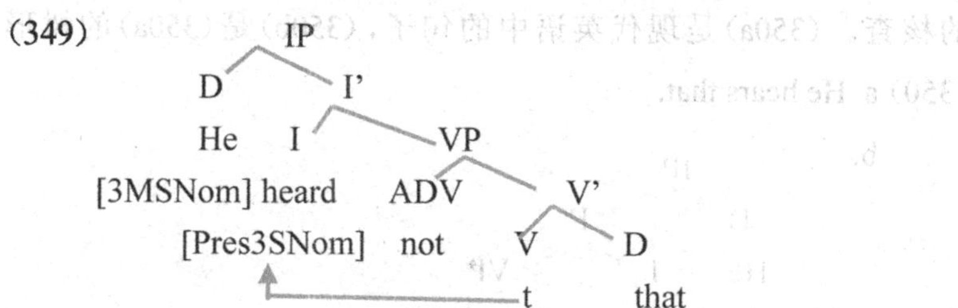

(349)是(331)的树形图，我们看一下这个句子是怎么进行特征核查的。为了讨论的简便，我们把和这个问题无关的特征省略了。动词"heard"基础生成于动词词组中心语动词位置，由于它携带着强一致特征，所以就移位到屈折词词组中心语屈折词位置，这样，主语的中心语特征第三人称单数阳性主格就可以和动词“heard”的指示语特征第三人称单数主格特征进行核查，动词“heard”的指示语特征第三人称单数主格特征和主语的中心语特征第三人称单数阳性主格特征兼容，由于动词“heard”的指示语特征第三人称单数主格特征属于不可解释特征，兼容后就要删除，主语的主格特征也属于可解释特征，兼容后也要删除；而主语的中心语特征第三人称单数阳性属于可解释特征，可以进入逻辑式，不必要删除，句子进入逻辑式的还有动词的可解释特征现在时中心语特征，没有任何不可解释特征进入逻辑式，推导聚敛，句子合格，同时满足了特征核查的局部限制条件。另外，在(349)中，动词“heard”移位到屈折词词组中心语屈折词位置，目的还是要核查自身的指示语特征，只有移位，才能够和主语的中心语特征第三人称单数主格特征进行核查，兼容后才能够被删除，推导才能聚敛，句子才能合格。否则这些不可解释特征特征就没有办法进行核查，无法删除，只能进入逻辑式，推导崩溃，句子不合格。这样来看，(349)中动词“heard”移位的动机是为了核查自身的形态特征并删除自己携带的不可解释特征。还有一点，(349)中动词“heard”移位后可以保证屈折携带时态特征，时态特征是可解释特征，在逻辑式中可以解读。

刚才讨论了早期现代英语中普通动词需要移位到屈折词位置才能构成指示语中心语的局部核查关系。现在我们看一下现代英语中普通动词的核查。(350a)是现代英语中的句子，(350b)是(350a)的树形图。

(350) a. He hears that.

b.

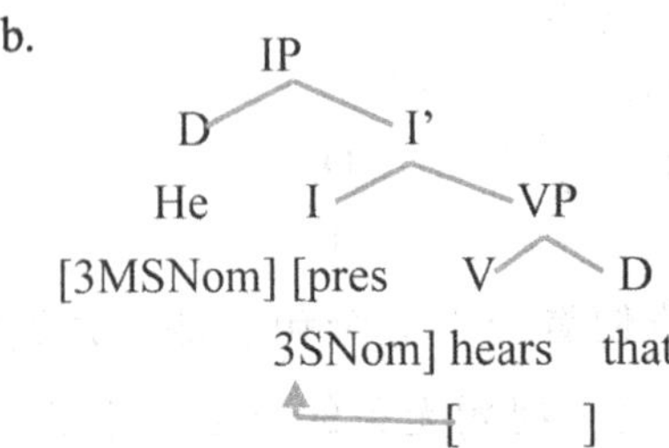

在树形图中，主语占据了屈折词词组的指示语位置，动词占据了动

词词组中心语动词位置，前面我们曾经提出，把普通动词的一致特征渗透到屈折词位置来满足屈折词必须携带时态特征，并且能保证动词的指示语特征被核查并得以被删除。这种过程乔姆斯基称为吸引，就是屈折节点吸引了动词的相关特征进行特征移位。为了满足自利原则，动词为了保证自身的指示语特征被核查并得以被删除，通过吸引把动词一致特征移位到屈折词位置，这样，主语的中心语第三人称单数主格特征和屈折词的指示语特征第三人称单数主格特征进行核查，特征兼容，屈折词的指示语特征第三人称单数主格特征属于不可解释特征，兼容后删除，主语的主格特征属于不可解释特征，兼容后删除，主语的中心语第三人称单数特征虽然兼容但属于可解释特征，可以进入逻辑式，可以保留下来。屈折词的中心语特征属于可解释特征，可以进入逻辑式，这样只有可解释特征进入了逻辑式，符合完全解释原则，所以推导聚敛。上述吸引符合经济原则，因为只有最小的移位，也就是说，没有语音移位只有语法特征移位，就满足了句法要求。在早期现代英语中，动词具有强一致特征，动词可以通过移位来进行特征核查，移位包括句法特征移位和语音移位；而在现代英语中，动词具有弱一致特征，动词的特征可以通过吸引来得到核查，吸引只包括句法特征移位而没有包括语音移位。

那么现代英语中为什么动词have可以从动词位置移位到屈折词位置而其他普通动词不能呢？根据乔姆斯基的自利原则，中心语移位的动机是为了满足中心语自身形态特征的要求，中心语自身形态特征核查触发中心语移位。在(342a)中，一个显著的特点是“have”可以嫁接到否定中心语“n't”上面，说明动词“have”可以用作黏着形式，而且在(338)中，动词“have”可以移位到屈折词位置，更证明了动词“have”可以用作黏着形式。

乔姆斯基(1995)提出，屈折词携带着抽象的时态词缀(现在时或过去时)。如果是这样，那么，我们可以假设在(338)中的动词“have”从动词位置移位到屈折词位置，嫁接到这个抽象的时态词缀(见351)：

(351)

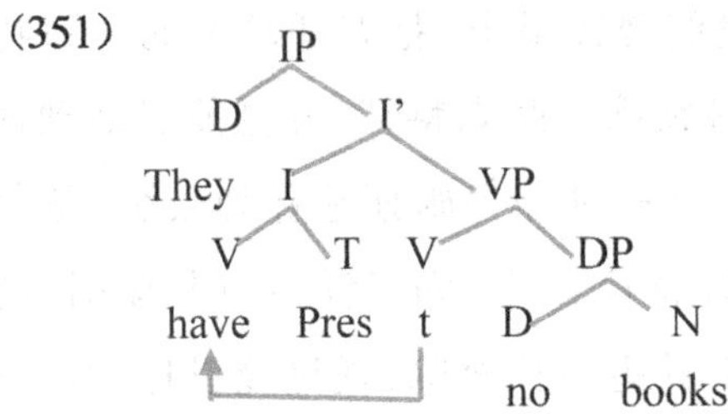

在(351)中动词“have”从动词位置移位到屈折词位置满足了动词“have”用作黏着形式嫁接到词缀的要求，也使动词“have”携带的现在时特征和T时态词缀携带的现在时进行核查，动词“have”携带的现在时特征属于不可解释特征，兼容后删除，而T时态词缀携带的现在时属于可解释特征，兼容后不能删除，可以进入逻辑式。

(351)带来了新问题，动词“have”嫁接到词缀现在时上去后，只能投射为时态节点，不可能投射为屈折词节点，时态再投射为时态杠标，最大投射为时态词组，所以，(351)应该是个时态词组。

(352)

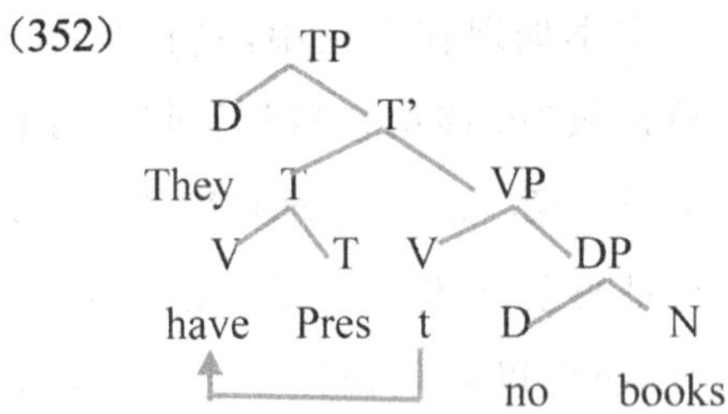

从(352)来看，现代英语普通动词构成的定式句应该是时态最大投射的时态词组，在现代英语中，这个时态词缀应该具有弱特征，只能吸引动词的语法特征而不能吸引动词的语音特征移位到时态位置并嫁接到时态上面。如果是这样，那么，(350b)就应该是(353)：

(353)

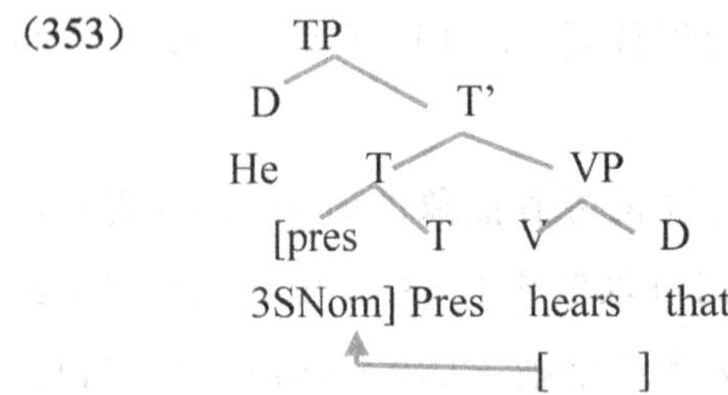

从(353)可以看出，根据经济原则，吸引总是比移位更经济、更优先。吸引只是句法特征移位，而移位包括句法特征和语音特征移位。吸引更经济，能用吸引解释句法现象就不要用移位。汉语是一门经济语言，和(353)相对应的句子“他听到那件事”可以用吸引来解释。

(354)

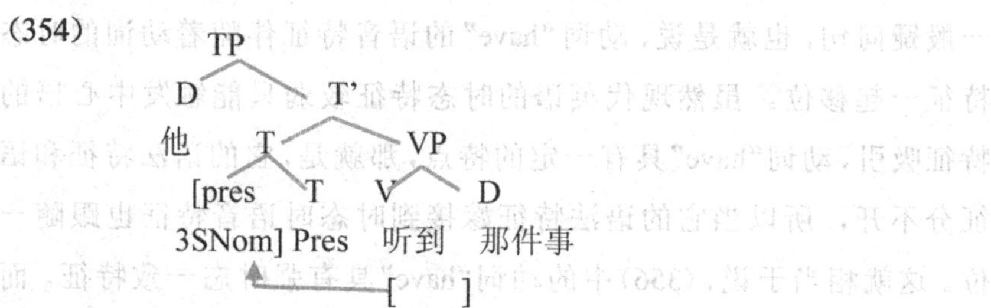

和(352)相对应的汉语句子“他们没有书”可以用(355)来解释，由于前面说过汉语的否定词“没”是副词，所以汉语“他们没有书”的树形图和英语的相关树形图略不一样，这个树形图和汉语的(354)一样。

(355)

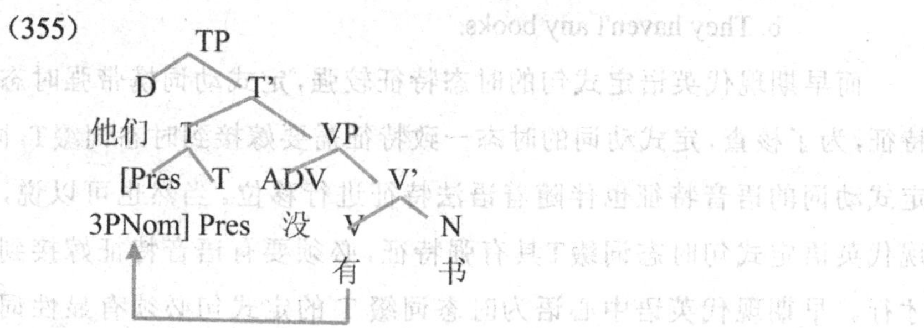

汉语动词之所以采取特征吸引来进行句子推导，主要因为汉语动词缺乏形态特征，具有弱一致特征，汉语的时态词缀也具有弱一致特征，因此不能触发动词进行移位，因为移位包括句法特征移位和语音特征移位，而根据自利原则，动词为了满足自身指示语特征核查的需要，其中心语和指示语特征被吸引并嫁接到时态词缀上面，嫁接到时态词缀上面的指示语特征和主语的中心语特征进行核查，特征兼容，时态词缀上面的指示语特征第三人称复数主格属于不可解释特征，不能进入逻辑式，应该删除；而主语的中心语特征第三人称复数属于可解释特征，能进入逻辑式，不应该删除；主语的中心语特征主格属于不可解释特征，不能进入逻辑式，应该删除。进入逻辑式的只有可解释特征，符合完全解释

原则，推导聚敛。所以说，现代汉语中心语移位采取的手段是动词一致特征移位，

现代英语定式句的时态特征较弱，所以只能触发中心语的语法特征吸引，不能触发中心语的整套语法语音特征的移位。在(356)中，位于时态位置的动词“have”可以拽着所有句法语音特征一起移位到句首构成一般疑问句，也就是说，动词“have”的语音特征伴随着动词的时态一致特征一起移位。虽然现代英语的时态特征较弱只能触发中心语的语法特征吸引，动词“have”具有一定的特点，那就是，它的语法特征和语音特征分不开，所以当它的语法特征嫁接到时态时语音特征也跟随一起移位。这就相当于说，(356)中的动词“have”具有强时态一致特征。而一般情况下，现代英语中，动词“have”和其他普通动词一样，具有弱特征，要求借助于助动词do来构成否定句和疑问句，这种情况和(353)一样。

(356) a. Have you any books?

b. They haven't any books.

而早期现代英语定式句的时态特征较强，定式动词携带强时态一致特征，为了核查，定式动词的时态一致特征需要嫁接到时态词缀T，同时，定式动词的语音特征也伴随着语法特征进行移位。当然也可以说，早期现代英语定式句时态词缀T具有强特征，必须要有语音特征嫁接到上面才行。早期现代英语中心语为时态词缀T的定式句必须有显性词项嫁接到它的上面，要么通过合并把助动词和词缀结合在一起，要么通过嫁接把普通动词从动词词组的中心语动词位置移位并嫁接到到时态词组中心语时态词缀T。

这么看来，定式句的中心语是抽象的时态词缀，这个词缀是强是弱，关系到语言的参数变异。早期现代英语中心语时态词缀强，现代英语定式句的时态特征弱。中心语时态词缀的时态特征弱就必须要有合适的时态一致特征附着到上面去，中心语时态词缀的时态特征强就必须要有语音特征附着到上面去。

刚才讲到，现代英语中心语时态词缀的时态特征弱就必须要有合适

的时态一致特征附着到上面去。附着方式有三种：第一种是把定式句中普通动词的时态一致特征通过吸引嫁接到时态T上面；第二种是通过动词移位来完成，比如在(352)中动词“have”要求它自身的语音特征和句法特征一起进行伴随移位；第三种是通过合并把定式句助动词合并到时态词缀上面，比如在(357)中，主动词和现在时词缀合并为一个时态成分，然后再和动词词组进行合并构成时态杠标。

(357) a. They have learned syntax.

b. They must learn syntax.

现在时词缀具有弱句法特征，必须有一系列的时态一致特征嫁接上去，这一要求通过把助动词嫁接到时态词缀上面而实现(358)。

(358)

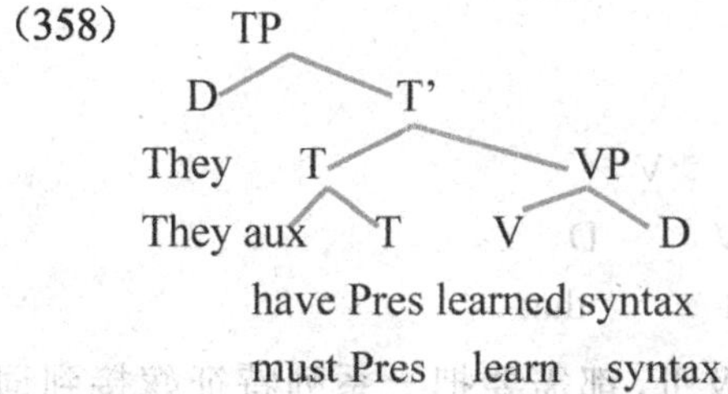

Stowel(1982)提出，不定式小品词携带着时态特征，如果这样，我们完全可以把不定式短语看成是时态词组，比如句子“He wants to learn syntax.”的树形图是(359)。主句动词的语法特征[pres3SNom]包括中心语特征现在时和指示语特征第三人称单数主格通过吸引操作嫁接到具有弱一致特征的中心语上面，而不定式小品词是通过合并嫁接到时态词缀上面去。

(359)

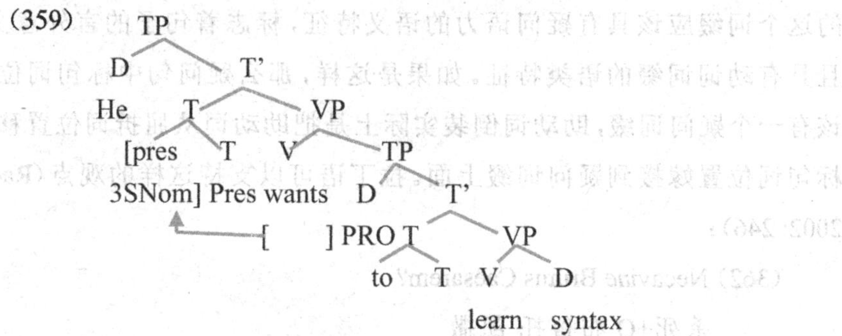

那么我们再看一下早期现代英语中的句子，早期现代英语定式句中的时态词缀具有强一致特征，要求必须有一个显性词项附着上去，一种是把助动词与时态词缀合并（360），另一种是把普通动词通过提升嫁接到时态上面去（361）。

（360）

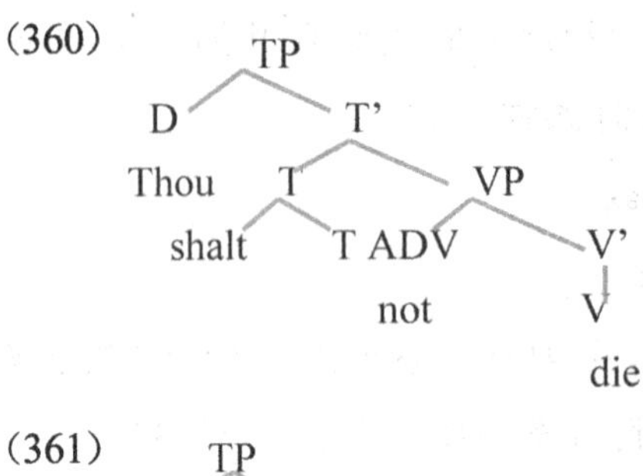

（361）

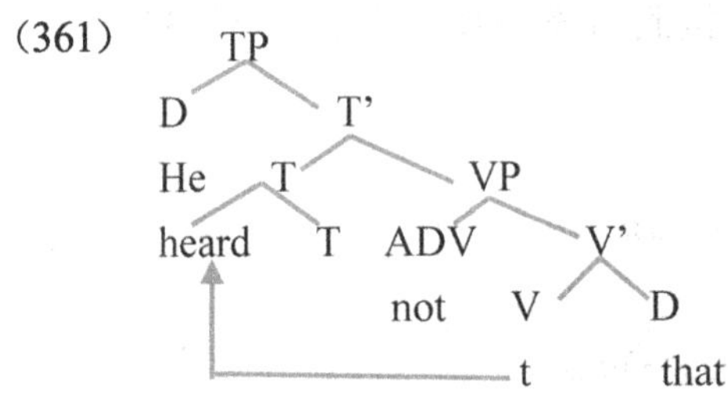

现在看来，无论移位还是吸引，都需要把一系列特征嫁接到词缀上面去。假如说，中心语移位就是嫁接操作的话，那么我们以前谈到的一般疑问句中的助动词倒装，很有可能不是直接移位到标句词位置而是要嫁接到标句词中的词缀上面。（361）也可以看出，时态词缀T具有表达时态的语义特征和动词词缀的语类特征，因此词缀具有具体的语义和语类特征。那么，助动词嫁接到标句词中的什么词缀上面去呢？标句词中的这个词缀应该具有疑问语力的语义特征，标志着句子的言外意义，并且具有动词词缀的语类特征。如果是这样，那么疑问句中标句词位置应该有一个疑问词缀，助动词倒装实际上是把助动词从屈折词位置移位到标句词位置嫁接到疑问词缀上面。拉丁语可以支持这样的观点（Radford, 2002: 246）：

（362）Necav*ine* Brutus Caesarem?

杀死+Q 布鲁托 凯撒

“布鲁托杀死了凯撒吗？”

在拉丁语中，动词necavit后面的词缀ne就是嫁接到标句词的显性疑问词缀，拉丁语的动词一般放在句子后面，在(362)这个疑问句中动词“Necavine”放在了句子前面，这个动词就位于句首标句词位置。

如果疑问句中标句词位置应该有一个疑问词缀，助动词倒装实际上是把助动词从屈折词位置移位到标句词位置嫁接到疑问词缀Q上面，那么和(357)相对应的疑问句“Have they learnt syntax?”和“Must they lean syntax?”的结构应该是(363)。由于疑问词缀Q具有强特征，需要显性中心语附着到自己上面。根据经济原则，只要能满足疑问词缀对显性中心语的要求，移位的成分越少越好，把助动词移位并嫁接上去，满足了经济原则。助动词从时态中心语中分离出来，把中心语时态的现在时特征留在了原位，把自己和中心语时态的现在时脱离了出来，移位的成分最少最经济。如果这样，那么说明现在时作为时态词缀，可以在助动词单独移位后搁浅。

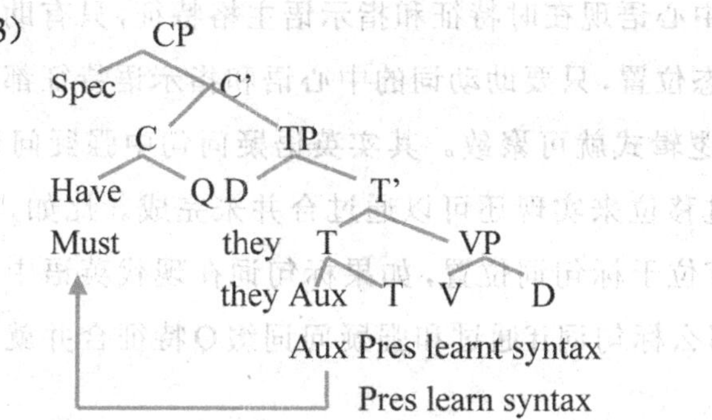

现在时作为时态词缀，可以在助动词单独移位后搁浅，这和Lasnik (1981)的观点相左。比如，在否定句(364)中，我们不能把“have”单独移位到标句词位置而把否定缩略式“n't”搁浅，因为“n't”是词缀，不能搁浅。我们把整个否定成分“haven't”进行伴随移位，句子就合格了。

(364) a. They haven't learnt syntax.

b. *Have they n't learnt syntax?

如果时态词缀不能搁浅，那么我们可以让现在时词缀和助动词一起进行伴随移位，把整个时态成分助动词+现在时一起移位嫁接到标句词上面。

(365)

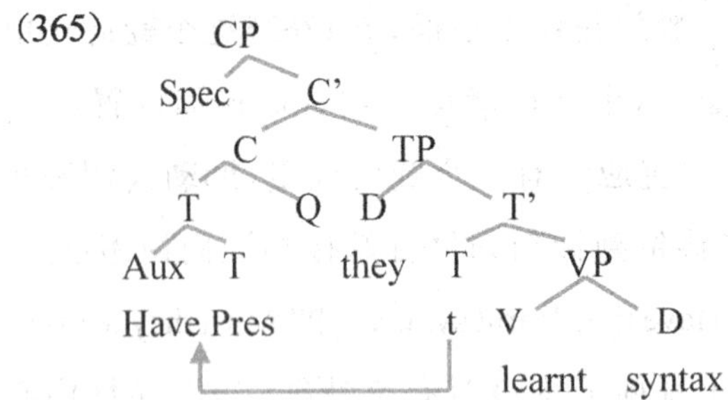

但是，(364)中的疑问句如果否定词没有缩略的话，在某种特殊情况下，可以说："Have they not learnt syntax?"。如果是这样，说明如果助动词单独移位能够满足特征核查的要求，那么这样的移位更合乎经济原则。前面我们曾经提到，现代英语中的时态成分包含着一个弱时态词缀，弱时态词缀与助动词分离不是没有理由的。助动词移位到时态节点无非是要核查自身的中心语现在时特征和指示语主格特征，只有助动词单独移位并嫁接到时态位置，只要助动词的中心语和指示语特征都能得到核查，句子推导在逻辑式就可聚敛。其实英语疑问句中强疑问词缀Q特征，不仅可以通过移位来实现还可以通过合并来完成。比如，在下面的句子中，标句词if位于标句词位置，如果标句词在现代英语中携带强疑问词缀Q特征，那么标句词if通过和强疑问词缀Q特征合并就可以使得句子推导聚敛。

(366) a. I wonder if they can learn syntax.

b.

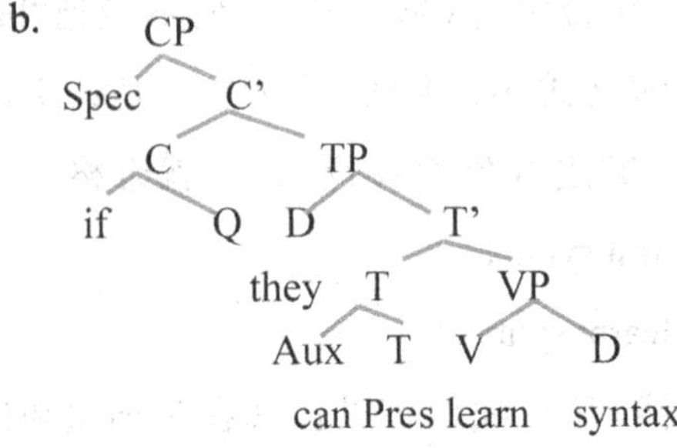

现在我们讲到了两种移位操作：一种是移位；另一种是吸引。移位需要移动句法特征和语音特征，吸引仅仅需要移动句法特征，不移动语音特征，那么还有没有一种只移动语音特征而不移动句法特征的情况呢?移位属于句法操作发生在拼读之前，而吸引发生在逻辑式，属于逻辑式移位，那么还有没有一种移动只发生在语音层面呢？这种情况按道理应该存在。看下面的例句:

(367) a. You think who's learning syntax?

b. Who do you think's learning syntax?

c. *Who's do you think learning syntax?

在(367)中，第一句正确说明词缀"'s"可以附着在疑问词"who"上面，词缀"'s"嫁接"who"后应该形成一个句法成分，可以整体移位到句首，但是，c句却不合格，b句合乎语法，可以看出，疑问词"who"可以单独移位。这种情况只能说明这种词缀附着仅仅发生在语音层面没有发生在句法层面，因为在b句中这个词缀"'s"可以附着在动词"think"后面。因此在(367)中，词缀附着只是一个语音过程，是把一个词项的语音特征嫁接到另外一个词项的语音特征，所以这种移位就叫作语音式移位。在第七章中我们将详细讨论疑问词移位情况。

第七章　疑问词移位

7.1　疑问词移位简介

7.1.1　什么是疑问词移位？

疑问词移位是指在疑问词移位一类的语言中，比如在英语的特殊疑问句中，疑问词一般需要移动到句首的位置。

(368) a. Question: Which problem did you solve?

b. Answer: I solved the maths problem.

(369) a. Statement: I solved the maths problem.

b. Statement: You solved which problem!　[Ouhalla, 1999(2001): 68]

(368a)就是个疑问词疑问句(wh-question)，传统语言学称为特殊疑问句或者特指问，用来询问新信息。在(368b)中所需要的信息得到了回答。(369b)是回声问，用来对听到的信息表达惊奇等。由于它们一般不提供新信息，所以回声问是表达惊奇的陈述句或感叹句，但是它们又和特殊疑问句有类似的地方，就是句子中也包含疑问词组“which problem”。回声问可以帮助我们理解特殊疑问句是怎么样派生或者说推导而来的。在回声问里，疑问词组出现在宾语位置，这和它是动词的宾语相一致。但是在疑问词疑问句(wh-question)或者特殊疑问句(368a)中，疑问词组却出现在句子的最前面。如果在回声问里疑问词组出现的宾语位置就是在疑问词疑问句(wh-question)或者特殊疑问句(368a)中疑问词组在D结构出现的位置，那么就可以说(368a)中的疑问词组通过转换规则从动词的宾语位置移动到了句子的最前面。当然认为(368a)中的疑问词组通过转换规则从动词的宾语位置移动到了句子的最前面，还有另外的证据。动词"solve"是个及物动词，要求后面必须有一个宾语，它的次范畴框架是(370a)，从(370b、c)可以看出，动词"solve"后面没有宾语的话，句子就不成立。

(370) a.solve: [V; -NP]

b. I solved the problem.

c. * I solved.　[Ouhalla, 1999(2001): 69]

因此有理由相信在特殊疑问句(368a)中动词"solve"后面也必须有一个宾语，否则句子也不成立。(368a)中疑问词组应该基础生成于动词"solve"后面的宾语位置，然后再移动到句子的前面去。这种派生过程可以用(371)来表示。

(371) a. Which problem did you solve?

D-结构：$[_{S}$ you $[_{AUX}$ Tense] $[_{VP}$ solve $[_{NP}$ which problem]]]

S-结构：$[_{S'}[_{NP}$ which problem$]_{i}$ $[_{S}$ you $[_{AUX}$ Tense] $[_{VP}$ solve $[_{NP}$ t$]_{i}$]]]

这种把疑问词组移动到句首位置的转换就是疑问词移位。但是上述推导过程没有考虑到助动词did的移动。实际上，疑问词移位并不会影响到助动词，比如在(372)中，助动词移位在内嵌句即间接引语疑问句中并没有发生，疑问词组从动词的直接宾语位置移动到了内嵌句即从句的句首位置。

(372) a. I wonder which book John would read.

b. I wonder$[_{S'}[_{NP}$ which book$]_{i}$ $[_{S}$ John $[_{AUX}$would] $[_{VP}$ read $[_{NP}$ t$]_{i}$]]]

7.1.2 疑问词移位移到什么位置？

那么另外一个问题就是移动的疑问词组移动到什么地方去了。我们知道，话题化的范畴"this book"在(373)中往往被置于句子的左边，原因是话题往往出现在标句词"that"的右边和内嵌句即从句的左边。

(373) a. This book, I believe I can read.

b. $[_{NP}$ this book], I believe $[_{S'}$ that $[_{S}$ I can read $[_{NP}$ t]]]

疑问词组移动后往往位于主语的左边，但是没有证据证明它往往出现在标句词that的右边，原因是疑问词组和标句词that并不兼容。所以，疑问词组移位后的落脚点应该是标句词Comp位置，无论句子中有没有显性的标句词，生成语法学家认为每个句子都具有标句词 Comp 位置[Ouhalla, 1999(2001): 70]。

(374)

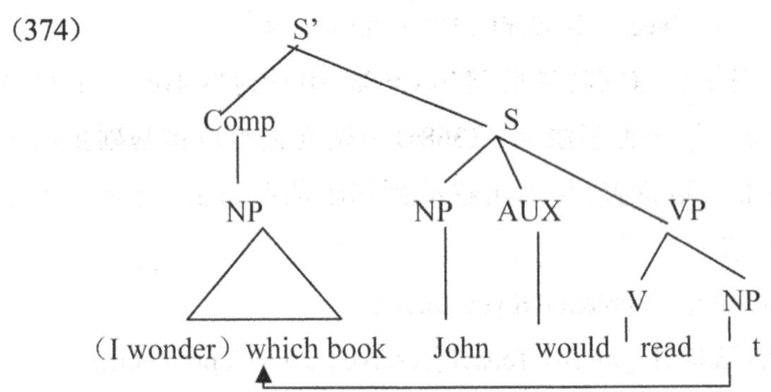

在例句(375)中，疑问名词词组“which book”和助动词“will”都在D结构内基础生成，但是都从句子S中移动了出来，移动到S'，分别遵守了疑问词移位规则和屈折移位规则(I Movement)。

(375) [$_{S'}$ which book will [$_S$ John read]]?

但是，和上述说法不一致的是，有证据证明疑问词组和标句词that可以兼容，可以证明疑问词移位后位于一个标句词(complementizer)前面的位置。例如，人们在说话的时候会自然不自然地把疑问词组放在标句词that的前面，例句(376)来自于BBC收音机和电视节目[Radford, 1988(2000): 500]，例句(377)来自于语言学会议的发言[Radford, 1988(2000): 500]。

(376) a. I'm not sure what kind of ban that FIFA has in mind (Bert Millichip, BBC radio 4)

b. We'll see what sort of pace that Daley Thompson's running at(Ron Pickering, BBC 1 TV)

c. It'll probably be evident from the field which of the players that are feeling the heat most(Jimmy Hill, BBC 1 TV)

d. ...no matter what choice that the committee makes（Bod Geldof, BBC 1 TV）

（377）We can look at our statistics and see what sort of pattern that we get （Bob Morris Jones）

同样的证据来自中古英语和古英语，中古英语和古英语中也存在着疑问词置于标句词 that 的前面的情况（Bresnan,1970: 312fn. 14）。

（378）...they stoden for to see who that ther com（Chaucer）.

另外在许多语言中，间接疑问句里的疑问词组普遍位于显性标句词的前面[Radford, 1988(2000): 500]，可以证明疑问词移位的落脚点是在标句词的前面。

（379）a. I woaβ ned wann daβ da Xavea kummt（Bavarian）

I know not when that the Xavier comes

"I don't know when Xavier will come"（Bayer, 1984:24）

b. Jeg forfalte Jan hvem som var kommet（Norwegian）

I asked Jan who that had come

"I asked Jan who had come"（Taraldsen, 1978: 631, fn.14）

c. Ik weten niet wien dat Jan gezeen heet（Flemish）

I know not whom that John seen has

"I don't know whom John has seen"（Haegeman, 1983: 83）

还有一些语言在疑问句中标句词可以显性置于主句里，而在间接疑问句中疑问词组也可以置于这些标句词的前面[Radford, 1988(2000): 501]。

（380）a. Où que tu vas?（French）

Where that you go?（=Where are you going?）

b. M°amn lli hdarti?（Colloquial Moroccan Arabic）

With-whom that you spoke（=Who did you speak to?）

c. Wat oft ik drinke woe?（Frisian）

What whether I drink would?（=What would I drink?）

（DeHaan & Weerman, 1986: 98）

d. Cén bheaan a phósfadh sé?（Irish）

Which woman that would-marry he?

"Which woman would he marry?"（McCloskey, 1979: 31）

在许多语言的关系从句(381)里，疑问代词可以直接置于显性标句词之前，甚至出现在古英语和中古英语(381)和非标准英语(382)中[Radford, 1988(2000): 486]。不仅如此，这种现象还出现在疑问词感叹句中[Radford, 1988(2000): 501]。

(381) a. la fille avec qui que je parle（Canadian French）

The girl with who that I speak

"The girl with whom I'm speaking"（Lefebvre, 1979: 80）

b. de jongen aan wie dat Jan het problem had voorgelegd（Dutch）

the boy to whom that Jan the problem had presented

"the boy that Jan had presented the problem to"（den Besten, 1978: 647）

(382) a. rod on thaere the Crist wolde throwian （Old English）

Cross on which that Christ would suffer （Bresnan, 1976b: 359）

b. this book of which that I make mencioun（Middle English）（同上：357）

c. He hathe seyd that he woold lyfte them whom tht hym plese（Middle English） （Traugott, 1972: 156）

d. a doghter which that called was Sophie.（Middle English）（同上）

(383) England put themselves in a position whereby that they took a lot of credit for tonight's game（Ron Greenwood, BBC radio 4）

(384) a. What a mine of useless information that I am!（Terry Wogan, BBC radio 2）

b. Che belle gambe che hai!（Italian）

What beautiful legs that you-have

所以说只有句首存在标句词的语言才能出现疑问词移位(Bresnan, 1970: 317),由于汉语的标句词出现在句末,这样,汉语的是非问句就是由句末疑问标句词“吗”来形成(383a)[Radford, 1988(2000): 502]。由于汉语的句首没有出现标句词,所以汉语中没有疑问词移位,不需要把疑问词组移到句首的位置,只能留在原位(383b)[Radford, 1988(2000): 502]。

(385) a. 张三常看电影吗?

b. 我们在哪儿吃野餐?(Li & Thompson, 1984: 51-54)

乔姆斯基(1980: 5; 1981d: 53)关于疑问词移位落脚点的早期分析采用了嫁接到标句词的方法,认为疑问词移位就是把疑问词嫁接到标句词的嫁接规则。根据嫁接规则,左向移位规则把移位的词组嫁接到被附加成分的左边;右向移位规则把移位的词组嫁接到被附加成分的右边。根据移位的上述普遍特征,疑问词移位遵守左向移位规则,疑问词组嫁接到标句词的左边。那么英语特殊疑问句中的疑问词嫁接操作如下:

(386) a. What will you do?

b.

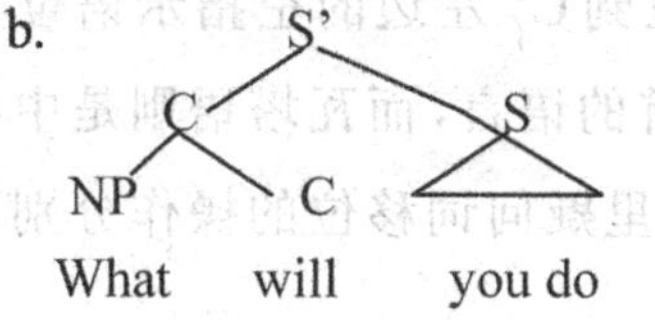

但是嫁接分析也有些问题。第一,嫁接分析在理论上遭到了批评,主要集中在为什么只有句首存在标句词的语言中才会存在疑问词组移位。第二,有的语言存在疑问词组移到句首位置的现象,但是在句子的前面却没有标句词。这些语言有沙拉那华语(Sharanahua)(见Frantz, 1973),奇楚亚语(Cuzco Quechua)(见Lefebvre and Muysken, 1979),纳伐鹤语(Navajo)(见 Kaufman, 1975)和卡麦犹拉语(Kamaiurá)(见 Brandon and Seki, 1981)。在象牙海岸的克鲁人说的瓦塔(Vata)语中,标句词 k â位于句子的末尾(见 387),但是疑问词 y î照样需要移位到句首位置(见 388)[Koopman, 1984:45; 转引自 Radford, 1988(2000): 503]。

(387) ń nÎkā [yÕ-Õ sàká nyÉ kã] mlÎ

I will [child rice give that] go

"I will go and [that] give rice to the child."

(388) yÎ ǹ nÙ lá?

What you do Particle

"What did you do?"

由于嫁接理论出现的问题，句法学家开始尝试新的解决方法。根据X杠标理论，标句词组应该是由中心语标句词(Chomsky, 1986b)加上前面的指示语和后面的补足语构成的。XP是标句词的空指示语，基础生成在标句词组的左下面，wh-XP是疑问词组，如果疑问词组的范畴和标句词指示语的范畴相匹配，疑问词组就可以移位到标句词的空指示语位置。在英语这样的语言中，疑问词组可以移位到C'左边的空指示语位置，在瓦塔语中，疑问词组也可以移位到C'左边的空指示语位置。这种解决方法的优点是，疑问词移位的普遍原则不再是把疑问词组嫁接到标句词的左边，而是把疑问词组移位到C'左边的空指示语位置。由于英语应该是中心语居首和指示语居首的语言，而瓦塔语则是中心语居后和指示语居首的语言，在这两种语言里疑问词移位的操作分别可以表示为(389)和(390)：

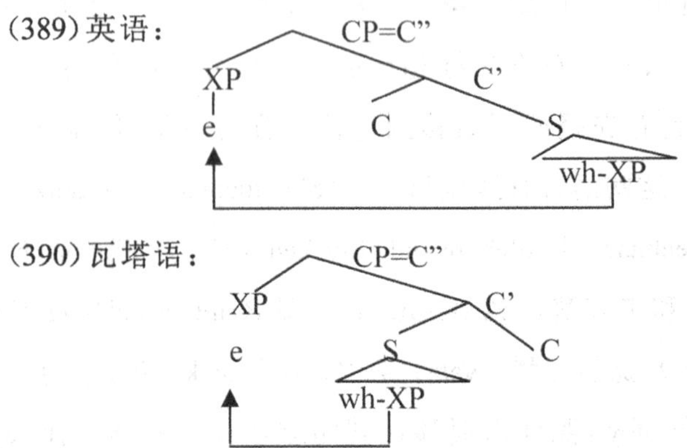

那么对于例句(386)的分析现在就可以认为这个句子是通过下面

(391)的派生而变来的。助动词移动到空标句词位置，疑问词移动到空指示语位置(见 392)。同样，在间接疑问句(393a)中，疑问词组“what kind of party”移动到标句词组的指示语位置变成了(393b)：

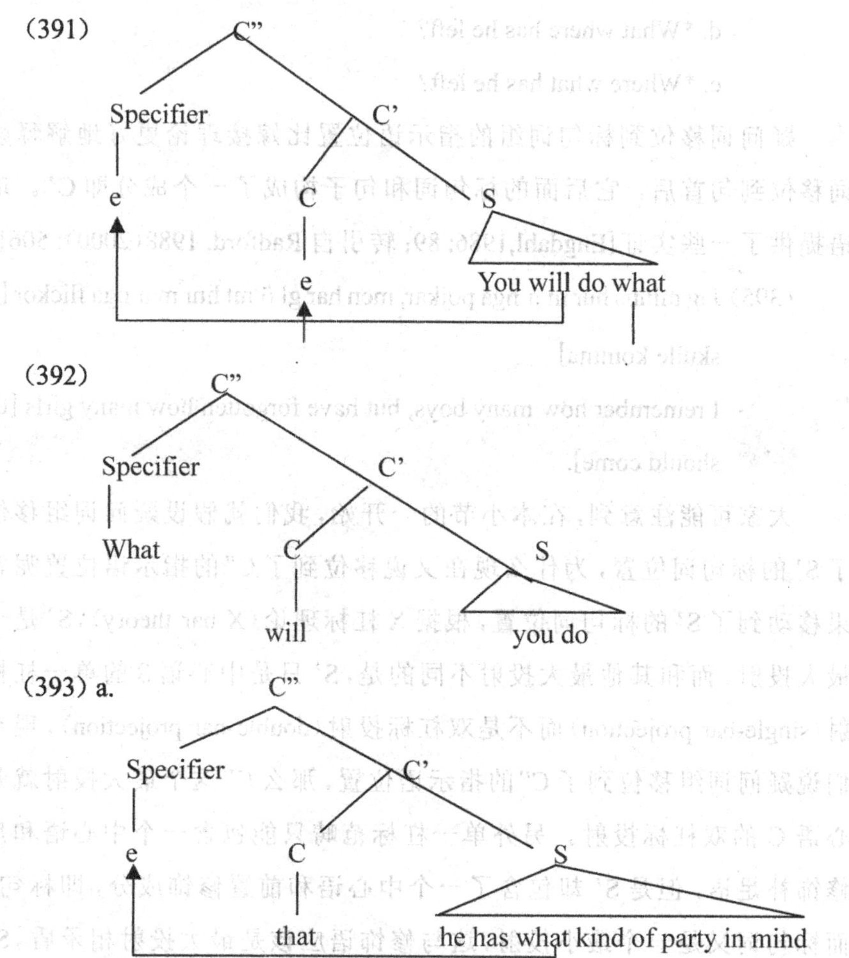

b. I wonder [what kind of party that he has in mind].

这种方法比嫁接理论好，首先在分析多项疑问词疑问句的时候就显得更加自然。例句(394)中(Baker, 1970: 207-208)只有一个疑问词可以移动到句首的位置，因为在英语中标句词只能允许一个指示语(Ma, 2000: 94; 马道山，2001, 2008 等)。

(394) a. He has left what where?

b. What has he left where?

c. Where has he left what?

d. *What where has he left?

e. *Where what has he left?

疑问词移位到标句词组的指示语位置比嫁接理论更好地解释疑问词移位到句首后，它后面的标句词和句子构成了一个成分即C'。瑞典语提供了一些实证[Engdahl,1986: 89; 转引自 Radford, 1988(2000): 506]。

(395) Jag minns hur m å nga pojkar, men har gl ö mt hur m å nga flickor [som skulle komma]

I remember how many boys, but have forgotten how many girls [that should come].

大家可能注意到，在本小节的一开始，我们就假设疑问词组移位到了S'的标句词位置，为什么现在又说移位到了C"的指示语位置呢？如果移动到了S'的标句词位置，根据X杠标理论(X-bar theory)，S'是一个最大投射，而和其他最大投射不同的是，S'只是中心语S的单一杠标投射(single-bar projection)而不是双杠标投射(double-bar projection)，现在我们说疑问词组移位到了C"的指示语位置，那么C"这个最大投射就是中心语C的双杠标投射。另外单一杠标范畴只能包含一个中心语和后置修饰补足语，但是S'却包含了一个中心语和前置修饰成分，即标句词，而标句词又是一个最小投射，这与修饰语应该是最大投射相矛盾。S'的分析使得标句词C变成一个异常范畴，因为标句词C不像现在的分析一样有单一杠标投射和双杠标投射。S'的分析使得句子S成为中心语，这与中心语只能是一个词汇范畴相矛盾。总而言之，现在的C"(即CP)分析比以前的S'分析更有力。

现在我们可以把疑问词移位描写为(396)：

(396)疑问词移位：

移动疑问词词组wh-XP至标句词组的指示语位置。

疑问词移位既可以是形容词词组(397)又可以是副词词组(398)。介词词组也可以进行疑问词移位(399)，移动的词组是整个介词词组，介词伴随着疑问词一起移动，真正的疑问词是介词的名词宾语，这种现象在英语中叫伴随移位(pied-piping)，而在(400)中介词留在后面没有移位，这种现象叫介词搁置(preposition stranding)。

(397) a. I wonder how difficult the book is.

b. I wonder $[_{CP}[_{AP}$ how difficult$]_i$ $[_S$ the book is $[_{AP}$ t$]_i]]$

(398) a. I wonder when Mary read the book.

b. I wonder I wonder $[_{CP}$ $[_{ADV}$ when$]_i$ $[_S$ Mary read the book $[_{ADV}$ t$]_i]]$

(399) a. I wonder to whom Mary gave the book.

b. I wonder $[_{CP}$ $[_{PP}$ to whom$]_i$ $[_S$ Mary gave the book$[_{PP}$ t$]_i]]$

(400) a. I wonder whom Mary gave the book to.

b. I wonder $[_{CP}$ $[_{NP}$ whom$]_i$ $[_S$ Mary gave the book$[_{PP}$ to$[_{NP}$ t$]_i]]$

7.1.3 疑问词组的内部构成

疑问名词词组一般是由一个疑问词和一个名词构成的，如“which book”，在句法结构中“which”占有限定词的位置(见401)，而如果疑问名词只有一个疑问词如“what”、“who”的话，那么这个疑问词就位于名词节点下面。

(401)

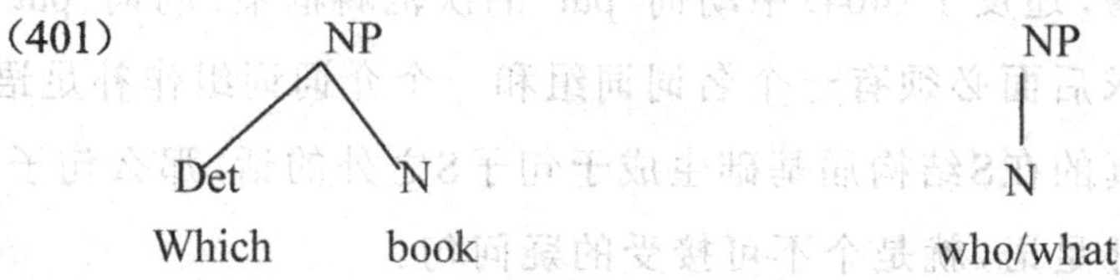

如果疑问词组是一个疑问形容词词组如how beautiful的话，那么在句法结构中how占有指示语的位置，而beautiful是这个词组的中心语位于形容词节点下面。如果疑问词组是一个疑问副词词组如how fast的话，那么在句法结构中how占有指示语的位置，而fast是这个词组的中

心语位于副词节点下面。如果疑问词组是一个疑问介词词组如in which car的话，那么在句法结构中in是这个词组的中心语位于介词节点下面，而which car位于名词词组节点下面，which位于限定词节点下面，car位于名词节点下面。这样我们可以用 wh-XP 来指代上面提到的各类疑问词组，那么疑问词组移位的操作规则就可以描写为(402)：

(402) D-structure [S' …… [S ……wh-XP……]]
Wh-Movement
S-structure [S' wh-XP… [S ………………]]

[Radford, 1988(2000): 466]

这一节我们简要地论述了疑问词移位的定义、句法特征、移位规则和内部结构，下一节我们来找一下疑问词移位的证据。

7.2 疑问词移位论证

7.2.1 句法证据

疑问词组移位的句法证据来自于动词的次范畴化(subcatergorisation)。在例句(403)中动词"put"的词范畴化可以描写成(404)，从中可以看出动词"put"只能插入V'中后面紧跟着一个名词词组和一个介词词组。假如句首的疑问词组基础生成于最左边的CP中，那么句子(405)就不合乎语法，原因是动词"put"后面只有一个补足语介词词组[PP on the shelf]，而没有名词补足语，违反了(404)中动词"put"的次范畴框架，动词"put"的次范畴框架要求后面必须有一个名词词组和一个介词词组作补足语。如果疑问词组真的在S结构届基础生成于句子S之外的话，那么句子(405)就没有名词补足语，就是个不可接受的疑问句。

(403) a. John put [NP the book][PP on the shelf]

b. *John put [NP the book]

c. *John put[PP on the shelf]

d. *John put

(404) put: 语类特征：[+V, -N]

次范畴框架：[NP PP]

(405) [$_{CP}$ which book will [$_{S}$ John [$_{V'}$ put on the shelf]]]?

因此我们说虽然表面上疑问词组“which book”位于CP的最左边，由于次范畴的原因它应该位于动词的后面，作动词的宾语。假如疑问词组“which book”位于动词的后面作直接宾语的话，那么在(405)中遇到的所谓的次范畴问题本来就不会发生。

另外一个句法证据来自于回声问，我们看一下例句(406—407)，动词“put”的后面作直接宾语的名词词组确实是疑问词组“which book”，这样就证明了疑问词组应该基础生成于V’位置。

(406) — John will put All Men Are Brothers on the shelf.

—John will put which book on the shelf?

(407) — Will John put All Men Are Brothers on the shelf?

—Will John put which book on the shelf?

动词的次范畴化证明像例句(405)这样的疑问词疑问句实际上是通过疑问词移位规则(406)和屈折移位规则(I Movement)把疑问词从宾语位置移动到句首位置而派生出来的。

习语也能提供一些证明。在有些习语中，名次词组只能和固定的动词一起搭配使用，如pay heed to，take advantage of等。但是在例句(408)中为什么作为习语语块的名词词组出现在句首而不是紧跟在固定的动词后面了呢？显而易见的是，这些名词词组本来生成于动词的后面，然后通过疑问词移位移动到句首的位置了，否则的话这些句子就不会合乎语法了。

(408) a. How much heed does John pay to the earthquake?

b. How much advantage will John take of this interview?

第三个句法证据来自于语缺(gap)的存在。疑问词组从句子中移动到CP之后在原来的位置就留下了一个空缺，生成语法学家称之为语缺。在例句(409)中，动词“put”后面存在一个名词词组，这个句子就不合乎语法，说明在动词“put”的后面不应该再跟一个名词词组了，因为疑问词组移位后在动词put的后面留下来一个语缺。

(409) a. *Which book will John put the pen on the shelf?

b.*John will put [$_{NP}$ which book][$_{NP}$ the pen] [$_{PP}$ on the shelf]

(409a) 是由 (409b) 派生而来的，显然，(409b) 中的动词“put”后面出现了两个名词词组，这样就违反了动词“put”的次范畴框架要求，所以句子就不可接受。

第四个句法方面的证据来自于量词all和副词ever的用法。量词all和副词ever在句子中可以位于动词be的后面或前面（见410），但是当动词be后面的形容词或者名词省略掉了时，量词all和副词ever只能位于动词be的前面，不能位于动词be的后面（见411），说明量词all和副词ever不能直接位于在句子里语缺的前面，这样就可以证明在例句（411）中存在着语缺。

(410) a. We are all students.

b. We all are students.

c. I don't know if we are ever happy.

d. I don't know if we ever are happy.

(411) a. Most of us are students and perhaps we all are.

b. *Most of us are students and perhaps we are all.

c. We may have been happy, though I don't know if we ever are.

d. *We may have been happy, though I don't know if we are ever.

量词all和副词ever在疑问词组移位之后留下来的语缺前面直接出现也是不可接受的，它们只能位于动词be的前面不能位于be的后面（见412），说明位于CP的疑问词组确实应该是在从句的最后面生成的，然后通过疑问词组移位提升到了CP的位置。

(412) a. I don't know [$_{CP}$ what we all are].

b. *I don't know [$_{CP}$ what we are all].

c. I don't know [$_{CP}$ how happy we all are].

d. * I don't know [$_{CP}$ how happy we are all].

7.2.2 语音证据

英语中的助动词在某些情况下可以缩略，is 和 has 可以缩略为's（如413），had 和 would 可以缩略为'd，have 可以缩略为've，will 可以缩略为'll，am 可以缩略为'm，are 可以缩略为're。但是如果在助动词的后面紧跟的一个词缺失了，那么这种缩略形式就不能使用（如 414b）。

(413) a. John is good at syntax, and Bill is good at pragmatics.

b. John is good at syntax, and Bill's good at pragmatics.

(414) a. John is good at syntax, and Bill is at pragmatics.

b. * John is good at syntax, and Bill's at pragmatics.

在(415)中，助动词的缩略也不允许，因为位于句首的疑问词词组从助动词"is"后面移走了之后留下来一个语缺，所以"is"不能缩略。

(415) a. How good do you know John is at syntax?

b. * How good do you know John's at syntax?

另外一个来自语音方面的证据是 wanna 缩略。在口语中，want to 可以缩略为 wanna，比如，我们在非正式场合下想说"I want to go home."时往往说成"I wanna go home."。在标准英语中，这种缩略出现在特殊疑问句(416)中，但是在(417)中却不能出现这种缩略，因为动词"want"后面的疑问词移动到句首之后在后面留下来一个语缺，这个语缺阻止了动词"want"和不定式标志"to"进行缩略。

(416) a. Where do you want to go?

b. Where do you wanna go?

(417) a. Who do you want to go home?

b. * Who do you wanna go home?

7.2.3 形态证据

来自形态的证据主要是基于格标记。英语中的人称代词在形态上有主格和宾格之分，一般来说，主格是定式I赋予给名词词组的，而宾格是及物动词和介词赋予紧跟在后面的名词词组的。疑问词 who 在口语里面可以用作主格也可以用作宾格，但是在正式英语里 who 是主格，而 whom 是宾格。在例(418)中，在对主语"John"进行提问的回声问中我们只能用主格"who"，不能用宾格"whom"；但是在对宾语"Mary"进行提问的回声问中我们既能用主格"who"又能用宾格"whom"。我们把(418)中的回声问变成特殊疑问句，就分别得到了(419a)和(419b)，这就说明在(419a)中疑问词"Who"是从从句中主语位置移到主句的句首位置的，在(419b)中疑问词"who"是从从句中宾语移到主句的句首位置的。在(419a)中疑问词"Whom"位于主句句首的话疑问句不合格，这证明疑问词不是从从句中的宾语位置移动过来的。

(418) a. I think John falls in love with Mary.

b. You think who/*whom falls in love with Mary?

c. You think John falls in love with who/whom?

(419) a. Who/*Whom do you think falls in love with Mary?

b. Who/Whom do you think John falls in love with?

第二个来自形态方面的证据是英语中的一致关系，英语句子中的主语和动词之间有人称和数的一致关系，这种情况在回声问(420)中我们可以看得很清楚。但是在(421)中，疑问词位于主句的句首，可是并不和主句的主语一致，而和从句中的主语一致，说明疑问词组本来生成于该位置后来在D结构中才移位到主句的句首位置。

(420) a. He is sure [$_{CP}$ which man [$_{I}$ doesn't/* don't]love Mary]?

b. He is sure [$_{CP}$ which men [$_{I}$ don't/* doesn't] love Mary]?

(421) a. Which man is he sure [$_{CP}$ [$_{I}$ doesn't/* don't]love Mary]?

b. Which men is he sure [$_{CP}$ [$_{I}$ don't/* doesn't] love Mary]?

7.2.4 语义证据

来自语义方面的证据主要看反身代词的使用。反身代词和它的先行语关系比较密切，一般为局部约束。在例句(422)中反身代词显然指的是"Which man"，但是反身代词出现在句子的最后面，而疑问词组却出现在句子的最前面，是否违反了局部约束的条件呢？不是。因为疑问词组本来生成于句子最后面的动词"loved"前面，所以疑问词组应该和反身代词处于局部约束中，然后在D结构中移位到主句的句首位置。

(422) Which man did you say you thought loved himself?

第二个语义证据来自于结构歧义。例(423)中的疑问词组 wh-NP[to whom]可以看成是"say"的补足语，也可以看作是动词"talk"的补足语，这个句子有歧义是因为和它相对应的回声问有两个(见424)。

(423) To whom did you say that Mary is talking?

(424) a. You said to whom that Mary was talking?

b. You said that Mary was talking to whom?

例(423)之所以有歧义是因为它是从两个不同的D结构中派生出来的，从(425)两个不同的D结构中可以明显地看出(423)有歧义。

(425) a. You did say to whom that Mary was talking?

b. You did say that Mary was talking to whom?

第三个语义证据来自于动词的题元关系。在(426)中，动词"wear"包含着题元网(theta-grid)要求它的前面必须有个施事主语而后面必须跟一个受事宾语。

(426) a. wear: theta-grid: [施事]——[受事]

b. Bill wears a T-shirt.

[施事]　[受事]

c. *[Bill] wears.

d. *[A new dress] wears.

(427) Which dress do you think Bill wears?

在(427)中，虽然动词前面有一个施事但是动词的后面缺少一个受事，这样就违反了题元准则(题元准则要求每一个论元都必须有一个题元角色，而每一个题元角色只能分配给一个论元）。所以我们只能认为，疑问词组“Which dress”是从动词“wears”后面在D结构中移位到主句的句首位置的。

以上我们从四个方面证明了疑问词移位的发生，下面我们来看一下疑问词移位有什么条件限制。

7.3 疑问词移位的前提条件

7.3.1 疑问词移位的句法限制

在7.2小节里面我们谈到了疑问词移位的规则（见426），现在我们看一下几个例句，例句(428)满足了(396)的移位规则要求，但是(429)却没有。(429)中的动词“believe”后面不能跟一个疑问句，我们可以看出并不是所有的疑问词组都可以移到任何一个标句词的指示语位置的。显然，前面的疑问词移位规则（见396）应该得到修改。

(428) a. I wonder which book John read.

b. I wonder [$_{CP}$ [$_{Spec}$ which book]$_i$ [$_S$ John [$_{VP}$ read [$_{NP}$ t]$_i$]]]

(429) a. *I believe which book John read.

b. *I believe [$_{CP}$ [$_{Spec}$ which book]$_i$ [$_S$ John [$_{VP}$ read [$_{NP}$ t]$_i$]]]

那么，我们首先看一下这两个例句之间的区别，正如我们上面所说的，(429)中的动词“believe”后面不能跟一个疑问句作从句，而(428)中的动词“wonder”后面可以跟一个疑问句作从句。这两个动词的区别在于它们的词范畴特征不同，要求有关的标句词具有[±Q]特征，疑问句作从句时标句词应该具有[+Q]特征，陈述句作从句时标句词应该具有[－Q]特征。动词“wonder”的词范畴特征要求从句的标句词具有[+Q]特征，而动词“believe”的词范畴特征要求从句的标句词具有[－Q]特征。那么，大家可以发现，(428)中的动词“wonder”后面的标句词具有[+Q]特征，(429)中的动词“believe”后面的标句词具有[－Q]特征。所以(428)中的动词“wonder”后面的从句可以是疑问句，疑问词组可以移动到从句的标句词位置，因为这个标句词具有[+Q]特征，而(429)中的动词“believe”后面的从句不是疑问句，疑问词组不可以移动到从句的标句词位置，因为这个标句词具有[－Q]特征。疑问词移位的这种条件限制称之为疑问性[+Q]标句词条件，又鉴于在7.1.2小节中的论证，疑问词组移位的落脚点应该是标句词组的指示语位置，所以，我们现在把(396)修改为(430)：

(430) 疑问词移位：

如果标句词具有疑问性[+Q]，疑问词组才可以移位到标句词组的指示语位置。

上述疑问词组移位必须满足疑问性标句词条件的规则也适用于主句是特殊疑问句的句子。比如，“Which book did John read?”这句话的标句词也具有[+Q]特征，而陈述句“John read this book.”中的标句词也具有[－Q]特征。在(431)中，主句的标句词具有[+Q]特征，而从句的标句词具有[－Q]特征，所以疑问词组移位到主句的标句词位置而不是从句的标句词位置。同样，回声问和特殊疑问句的区别就在于回声问中的标句词不具有[+Q]特征，而特殊疑问句的标句词具有[+Q]特征，所以回声问中的疑问词组不能移位到标句词的位置。因此，疑问词移位要遵守疑问词准则(Wh-Criterion)(Rizzi,1991)，在(432)中[+Wh]和[+Q]都是疑问性特征的不同表示方法，只不过[+Wh]表示特殊疑问性。

(431) a. Which book do you think that John read?

b. [$_{CP}$ [$_{Spec}$ which book]$_i$ do [$_{IP}$ you think [$_{CP}$ that [$_S$ John [$_{VP}$ read [$_{NP}$ t]$_i$]]]]]

(432)疑问性准则(Wh-Criterion)：

所有疑问性([+Wh])标句词都必须包含一个疑问性([+Wh])成分。

在下面的句子中，例(433)的疑问词就可以越过所在从句的标句词位置而移到主句的标句词位置，而例（434）中的疑问词则不可以越过所在从句的标句词位置而移到主句的标句词位置，原因是例（433）中的从句标句词不具有疑问特征，而例（434）中从句的疑问词组具有疑问特征。

（433）a. How do you think that John read the book?

b. [$_{CP}$ [$_{Spec}$ how]$_i$ do [$_{IP}$ you think [$_{CP}$ that [$_{IP}$ John [$_{VP}$ read the book [t]$_i$]]]]]

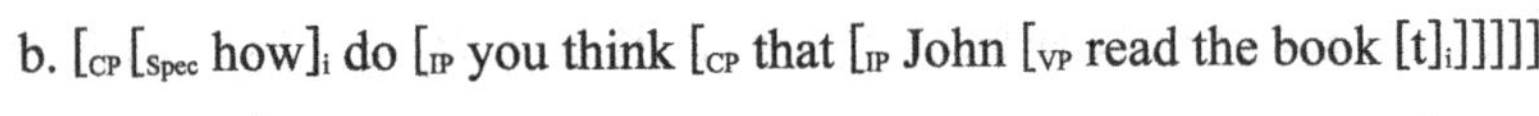

（434）a. *How do you wonder whether John read the book?

b. * [$_{CP}$ [$_{Spec}$ how]$_i$ do [$_{IP}$ you think [$_{CP}$ that [$_{IP}$ John [$_{VP}$ read the book [t]$_i$]]]]]

这种现象说明把疑问词组从它所在的从句中提取出来时，如果从句中的标句词位置已经有一个疑问词组的话，那么疑问词组就不能移动到主句的标句词位置。从句中的标句词位置已经有一个疑问词组而使得从句的另外一个疑问词组不能提取出来，这就是疑问词移位的限制条件，叫作疑问岛限制条件（wh-island condition）（见 435），这些从句就是疑问岛（wh-islands）。

（435）疑问岛限制（wh-island condition）：

疑问词组不能从疑问岛中提取出来。

（436）a. Which book do you think that John read?

b. [$_{CP}$ [$_{Spec}$ which book]$_i$ do [$_{IP}$ you think [$_{CP}$ that [$_{IP}$ John [$_{VP}$ read [t]$_i$]]]]]

（437）a. * Which book do you wonder why John read?

b. * [$_{CP}$ [$_{Spec}$ which book]$_i$ do [$_{IP}$ you wonder [$_{CP}$ why [$_{IP}$ John [$_{VP}$ read [t]$_i$]]]]]

同样，（436）中的从句没有疑问岛，从句的标句词“that”不具有疑问性，所以这个句子是个可以接受的好句子，而（437）中的从句就是一个疑问岛，从句中在标句词位置有一个疑问词“why”，所以疑问词组“which book”就不能从从句中提升出来，这个句子就不合乎语法。

这样，(430)中的疑问词移位就可以定义为(438)：

(438) 疑问词移位：

当标句词(A)具有疑问特征和(B)在疑问岛之外时，把疑问词组移位到句首标句词组的指示语位置。

例(439)和(440)中疑问词组的移位是从复杂名词词组中提取出来的，复杂名词词组"the claim that John read which book"和"the rumor that John read which book"是指这个名词词组中包含名词"the claim"以及"the rumor"和一个从句"that John read which book"，疑问词组"which book"不能从复杂名词词组中移位出来，这就是所谓的复杂名词词组限制。例(439)和(440)由于违反了复杂名词词组限制，所以这两个句子不合乎语法。

(439) a. *Which book do you hear the claim that John read?

b. *$[_{CP}$ $[_{Spec}$ which book$]_i$ do $[_{IP}$ you hear $[_{NP}$ the claim $[_{CP}$ that $[_{IP}$ John $[_{VP}$ read $[t]_i]]]]]]$

(440) a. *Which book did Bill spread the rumor that John read?

b. *$[_{CP}$ $[_{Spec}$which book$]_i$did$[_{IP}$Mary spread $[_{NP}$the rumor $[_{CP}$that $[_{IP}$John $[_{VP}$read $[t]_i]]]]]]$

这样，(438)就可以修改为(441)：

(441) 疑问词移位：

当标句词(A)具有疑问特征、(B)在疑问岛之外和(C)在复杂名词词组之外时，把疑问词组移位到句首标句词组的指示语位置。

假如疑问词组的移位(442)满足了上述定义的要求，似乎疑问词组就可以自由移位，但是情况并非如此。疑问词组的移位必须满足上述局部条件，疑问岛限制和复杂名词词组限制之所以被称为局部条件，是因为疑问词组的移位发生在局部辖域内(辖域的定义为：a的辖域指的是a所成分统治的节点集合；成分统治的定义为：α成分统治β当且仅当控制α的第一个节点同时控制β并且α不控制β)。但是(442)中疑问词的移位有没有违反了这些局部条件呢？这种表面的无界移位可能是通过一系列的局部移动而不是一次移动到句首的指示语位置的（见442b）。

（442）a. Which book do you think that Bill believes that Mary claims that John read?

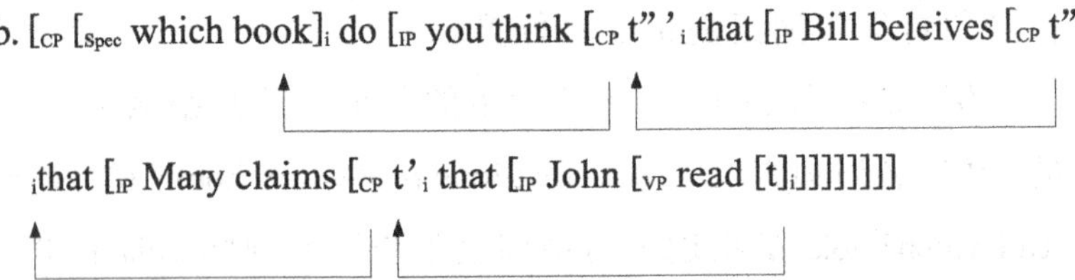

b. [$_{CP}$ [$_{Spec}$ which book]$_i$ do [$_{IP}$ you think [$_{CP}$ t'''$_i$ that [$_{IP}$ Bill beleives [$_{CP}$ t''$_i$ that [$_{IP}$ Mary claims [$_{CP}$ t'$_i$ that [$_{IP}$ John [$_{VP}$ read [t]$_i$]]]]]]]]

疑问词组“which book”首先基础生成于动词“read”的后面，然后从该位置局部移动到t’的位置在原来的位置留下一个语迹t，再从t’的位置局部移动到t”的位置在原来的位置留下一个语迹t’，然后再从t”的位置局部移动到t”’的位置在原来的位置留下一个语迹t”，最后从t”’位置局部移动到句首标句词组的指示语位置在原来的位置留下一个语迹t”’，这些语迹t’、语迹t”和语迹t”’都称为中间语迹，只有语迹t是原始语迹，位于动词“read”的后面。这么看来，疑问词组的移位必须首先移动到所在从句CP的标句词组的指示语位置，然后再往前移动到上一个从句CP的标句词组的指示语位置，直到最后移动到主句CP的标句词组的指示语位置，这种疑问词组的移位条件与转换循环有关。转换循环是转换无穷应用的辖域，比如说，CP就是一个疑问词组移位可以无穷应用的转换循环。如果说疑问词组移位本质上是循环性的，意思是说，疑问词组的移位只能在所位于的转换循环之内无穷应用，然后才能再到上面的下一个循环中应用。这种对疑问词组移位的限制条件就是循环条件。所以在（442）中疑问词组就是通过逐渐循环步骤移动的，就是说，疑问词组首先移动到最近的标句词组的指示语位置，然后再从所在的位置移动到最近的标句词组的指示语位置，直到移动到具有疑问特征[+Q]的靶标指示语位置。那么我们可以把疑问词组移位的定义从（441）修改为（443）：

（443）疑问词移位：

当标句词（A）具有疑问特征、（B）在疑问岛之外、（C）在复杂名词词组之外和(D)距离该疑问词组最近时，把疑问词组移位到句首标句词组的指示语位置。

我们下面看一下疑问词在关系从句中移位的情况。

7.3.2 关系从句中的疑问词移位

英语中关系从句结构有三种：限制性关系从句（见444)，这类从句往往由一个疑问词[如(444a)which]、一个标句词[如(444b)that]或者没有疑问词和标句词［如（444c)］来引导，后一种被称为零关系从句（Zero Relatives)或接触关系从句(Contact Relative Clauses)。在限制性关系从句中，关系从句往往有一个先行语，限制了后面的从句。同位语关系从句(见445)，往往用来表示注解性的评论或者事后的思考，用逗号、连字符或者空格把从句和句子的其他部分隔开，读起来用不同的语调。与限制性关系从句不同的是，这种从句可以修饰专有名词，总是由显性疑问词来引导，不能用标句词来引导，也不能省略疑问词。自由(free)关系从句(见446)的特点是它们没有先行语，疑问词不能回指句子中的任何其他成分，而且和同位语关系从句一样，它们只能由显性疑问词来引导，不能用标句词来引导，也不能省略疑问词。

(444) a. I like the book which John read.

b. The book that John lent me was interesting.

c. I like the book John lent me.

(445) a. John who was at Tianjin Polytechnic University is my friend.

b. I met John yesterday, who was a friend of mine.

c. John read the book-which must be very encouraging for his teacher.

(446) a. What John read is very interesting.

b. You may ask for whichever you like.

c. I will do whatever you do.

我们现在看一下由显性疑问词引导的限制性关系从句，这些关系从句的结构如下：

(447) a. the man [$_{CP}$ whom [$_{IP}$ John met]]

b. the book [$_{CP}$ which [$_{IP}$ John read]]

c. the time [$_{CP}$ when [$_{IP}$ John arrived]]

d. the place [$_{CP}$ where [$_{IP}$ John lived]]

e. the reason [$_{CP}$ why [$_{IP}$ John left]]

从上面的例句可以看出，限制性关系从句前面所修饰的名词是这个从句的先行语，这个关系从句一个标句词组CP，在这个标句词组CP中疑问词位于从句前面的指示语位置，疑问词的后面跟着屈折词组IP。很显然，疑问词最初生成在从句动词的后面，然后从屈折词组IP中移位到标句词组CP的指示语位置，在原来的位置留下了一个语迹t，这个语迹和疑问词共指，用下标i来表示。具体操作如下：

(448) a. the man [$_{CP}$ whom$_i$ [$_{IP}$ John met t_i]]

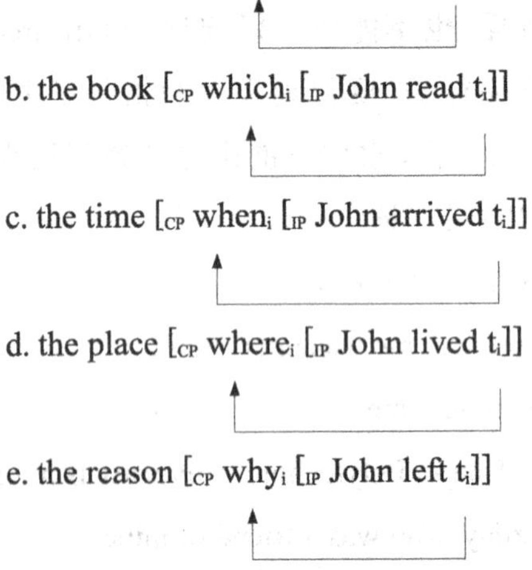

b. the book [$_{CP}$ which$_i$ [$_{IP}$ John read t_i]]

c. the time [$_{CP}$ when$_i$ [$_{IP}$ John arrived t_i]]

d. the place [$_{CP}$ where$_i$ [$_{IP}$ John lived t_i]]

e. the reason [$_{CP}$ why$_i$ [$_{IP}$ John left t_i]]

例句(447b)还可以有以下相对应的句子：

(449) a. the book [$_{CP}$ that [$_{IP}$ John read]]

b. the book [$_{CP}$ [$_{IP}$ John read]]

根据传统语法，关系从句中的that和疑问词一样是个关系代词（参见Quirk et al., 1985: 366）。如果这样，那么关系从句中的that应该和疑问词一样生成在IP中，然后通过移位提升到了标句词组中。但是，情况显然不是这样。这个that应该和宾语从句（450）中的“that”一样是个标句词，原因是代词可以直接跟在介词的补语后面（452），但是“that”却不行（见452）。

（450）[$_{CP}$ [$_{IP}$ I think [$_{CP}$ that [$_{IP}$ John read the book]]]].

（451）a. the book [$_{PP}$ about which] we are arguing

b. the man [$_{PP}$ to whom] they are talking

（452）a. *the book [$_{PP}$ about that] we are arguing

b. *the man [$_{PP}$ to that] they are talking

第二个原因是疑问词要携带句法语义特征而标句词没有。疑问词who和which应该是代词，因为前者表示它的先行语应该是人类，而后者表示它的先行语应该是非人类。而标句词没有句法特征，具有中性意义，只具有语法意义没有词汇意义，所以可以用于各类先行语。

（453）a. the man that/who/! which we met

b. the book that/which/! who we read

第三个原因是名词和代词都有所有格形式，如who和which的所有格形式是whose，而that没有所有格形式。

（454）a. the man whose/*that's mother dies

b. the book whose/*that's cover was torn

第四个原因是限制性关系从句可以由一个标句词来引导，在不定式关系句中，不定式由标句词for来引导，例如（455）（Quirk et al., 1985: 1266）：

（455）a.The man [for you to see]is Mr. Johnson

b. The thing [for you to be these days] is a system analyst

c. The time [for you to go] is July

d. The place [for you to stay] is the university guest house

这就说明在定式句中应该有一个显性标句词，由于非疑问性的定式关系句由标句词that引导，所以在定式句中的显性标句词应该是that。

第五点原因是疑问性名词和关系代词可以出现在定式句和非定式

句中(456)，但是同一个标句词却不能都出现在两类关系从句中。非疑问性的定式关系小句由标句词 that 引导，在不定式关系小句中，不定式由标句词 for 来引导(457)。这可以证明关系从句中的 that 是标句词。

(456) a. I don't know what I should say.

b. I don't know what to say.

c. She is not a person on whom we can rely.

d. She is not a person on whom to rely.

e. This is a good ruler with which we can measure clothes.

f. This is a good ruler with which to measure clothes.

(457) a. She is not a person that we can rely on.

b. She is not a person for us/*that to rely on.

c. This is a good ruler that we can measure clothes with.

d. This is a good ruler for us/*that to measure clothes with.

第六个原因是在疑问词引导的关系从句(458c)中，疑问词组移位会在原来的位置留下一个语缺，而在"that"引导的关系从句(458a)中，标句词并不是通过移位而来的，因为后面没有语缺。

(458) a. He is someone that you never know whether to trust him or not.

b. *He is someone that you never know whether to trust or not.

c. He is someone whom you never know whether to trust or not.

d. *He is someone whom you never know whether to trust him or not.

这样我们就可以解释例(459)(同 382)中的疑问词组移位的问题，由于"that"位于标句词的位置，那么疑问词就提升到标句词前面的位置即指示语位置(459a',b', c', d'))。

(459) a. rod on thaere the Crist wolde throwian (Old English)

Cross on which that Christ would suffer (Bresnan, 1976b: 359)

a'. Cross on [$_{CP}$ [$_{Spec}$ which [$_{C}$ that [$_{IP}$ Christ would suffer]]]]

b. this book of which that I make mencioun (Middle English) (同上:357)

b'. this book[$_{CP}$ [$_{Spec}$ of which[$_{C}$ that [$_{IP}$ I make mencioun]]]]

c. He hathe seyd that he woold lyfte them whom tht hym plese (Middle English) (Traugott, 1972: 156)

c'. He hathe seyd that he woold lyfte them [$_{CP}$ [Spec whom [$_{C}$ tht [$_{IP}$hym plese]]]]

d. a doghter which that called was Sophie. (Middle English) (同上)

d'. a doghter [$_{CP}$ [$_{Spec}$ which [$_{C}$ that [$_{IP}$ called was Sophie]]]].

在例(460a)中,“what”是从作为动词“read”宾语的名词词组中提取出来的,这个句子是合乎语法的;在例(460b)中,“what”是从动词“appeal”的主语中提取出来的,这个句子是不合乎语法的;在例(460c)中,“what”是从动词“collapse”的附加语即介词词组中提取出来的,这个句子也不合乎语法。

(460) a. What did John read [$_{NP}$ the book of]?

b. *What did [$_{NP}$ the book of] appeal the readers?

c. *What did John collapse [$_{PP}$ in the book of]?

疑问词组可以从补足语中提取出来,但是不能从主语和附加语中提取出来,这就是疑问孤岛限制(461)。

(461) 疑问孤岛限制:

主语和附加语是孤岛,而补足语不是。[Radford, 1988(2000): 487]

下面我们看一下关系从句中的疑问词组移位是否可以违反疑问孤岛限制,在例(462a)中,“which”是从作为动词“read”宾语的名词词组中提取出来的,这个句子是合乎语法的;在例(462b)中,“which”是从动词“appeal”的主语中提取出来的,违反了疑问孤岛限制,这个句子不合乎语法;在例(462c)中,“which”是从动词“collapse”的附加语即介词词组中提取出来的,违反了疑问孤岛限制,这个句子也不合乎语法。上述分析说明关系从句中的疑问词组移位也遵守疑问孤岛限制。

(462) a. the fairy tale which John read [$_{NP}$ the book of]?

b. * the fairy tale which [$_{NP}$ the book of] appeals the readers?

c. * the fairy tale which John collapsed [$_{PP}$ in the book of]?

问题是例(463)中的句子表现出和例(462)相对应的情况，这又如何解释呢？

(463) a. the fairy tale that John read [$_{NP}$ the book of]?

b. *the fairy tale that [$_{NP}$ the book of] appeals the readers?

c. *the fairy tale that John collapsed [$_{PP}$ in the book of]?

我们的解释是在例(463)中名词词组"the book of"中应该有一个空疑问算子(Operator，所以我们用单词的首字母O来表示)，标句词that的前面应该有一个指示语位置，由于这个位置是空的，所以从句中的空疑问算子就可以隐性移动过来满足有关疑问词组移位的要求。隐性移位和显性疑问词组移位一样要满足孤岛限制，所以在例(464a)中，隐性疑问算子是从作为动词"read"宾语的名词词组中提取出来的，这个句子是合乎语法的；在例(464b)中，隐性疑问算子是从动词"appeal"的主语中提取出来的，违反了疑问孤岛限制，这个句子不合乎语法；在例(464c)中，隐性疑问算子是从动词"collapse"的附加语即介词词组中提取出来的，违反了疑问孤岛限制，这个句子也不合乎语法。

(464) a. the fairy tale [$_{CP}$ [$_{Spec}$ [$_{C}$that John read [$_{NP}$ the book of O]?

b.* the fairy tale [$_{CP}$ [$_{Spec}$ [$_{C}$ that [$_{NP}$ the book of O] appeals the readers?

c.* the fairy tale [$_{CP}$ [$_{Spec}$ [$_{C}$ that John collapsed [$_{PP}$ in the book of O]?

空算子的说法可以在法语疑问句中得以证明。法语的一种句子类型叫文体倒装句，在含有疑问词组的句子中主语可以倒装，置于动词词组的前面(见465b)(Kayne, 1972, 1976)。这种文体倒装疑问句只能出现在疑问词组提前的句子中(见465b、c),如果句子中的疑问词不提前,那么主语就不能倒装(见465d、e),不能置于动词词组的前面(Kayne & Pollock, 1978: 597)。

(465) a. Je demande [$_{CP}$ quand [$_{IP}$ ton ami partira]]

b. Je demande [$_{CP}$ quand [$_{IP}$ partira ton ami]]

c. Quand partira ton ami?

d. *Partira ton ami quand?

e. *Partira quand ton ami?

而且只要出现了由标句词que引导的句子,这个句子中的主语就不能倒装(见466)。

(466) a. Je crois [$_{CP}$ que ton ami partira].

b. *Je crois [$_{CP}$ que partira ton ami].

法语的关系疑问句中的que不是关系代词,而是标句词(Kayne, 1976)。之所以(467a)可以说成(467b),是因为在动词词组"a vu"后面应该有一个空疑问算子O,这个疑问算子可以从动词词组"a vu"后面(467c)移动到CP位置(467d),这样就可以解释为什么(467a)可以进行文体倒装而变成(467b)。

(467) a. l'homme [$_{CP}$ que Jean a vu]

b. l'homme [$_{CP}$ qu'a vu Jean]

c. l'homme [$_{CP}$ [$_{C}$ que Jean a vu O]]

wh-movement

d. l'homme [$_{CP}$ O[$_{C}$ que Jean a vu]]

7.4 原则与参数

7.4.1 α移位

原则与参数(Principles and Parameters)理论属于管辖和约束理论(Government and Binding)中成果最为丰富的理论。在这一理论中，话题化、疑问词移位、限定词组移位、重量名词迁移、量词提升、外置(extraposition)、屈折下移、动词提升和屈折提升等转换都被统一称作α移位(Move α)。

(468) α移位(Move α)：

任何语类都可以移位到任何地方去。

为了避免α移位规则过度生成一些不合乎语法的句子，语言学家用一些条件限制α移位的生成能力。他们想到的第一条就是α移位要遵守结构保护假设(Strucure-Preserving Hypothesis)。

(469) 结构保护假设(Strucure-Preserving Hypothesis)：

转换要保护结构。

根据结构保护假设，在派生过程中，α移位时结构一定要与X杠标理论一致，例如在(470)中，中心语语类移位落脚点要在中心语位置，最大投射移位落脚点要在最大投射(即指示语)位置，句子才能合乎语法。在(471)中，由于屈折I提升到了标句词组的指示语位置，而疑问词组移位到了中心语位置C上，违反了结构保护假设，句子就不合乎语法。

(470) a. Which book will John read?

b. $[_{CP}$ $[_{DP}$ Which book$]_i$ $[_{C'}$ $[_{I'}$ will$]_i$ $[_{IP}$ John $[_{I'}$ t_j [VP read t_i]]]]]?

(471) a. *Will which book John read?

b.* $[_{CP'}$ $[_{I'}$ will$]_i$ $[_{C'}$ $[_{DP}$ Which book$]_i$ $[_{IP}$ John $[_{I'}$ t_j [VP read t_i]]]]]?

根据指示语中心语一致(Spec Head Agreement)的要求，中心语X和它的指示语(Spec-XP)必须在相关特征上达到一致。疑问词作为中心语，疑问词移位就必须移到具有疑问特征的标句词组指示语位置上，在(472)中，从句的标句词具有疑问特征，所以疑问词组移动到这个指示语位置达到了指示语中心语一致的要求，句子合乎语法，而在(473)中，从句的标句词不具有疑问特征，所以疑问词组移动到这个指示语位置没有达到指示语中心语一致的要求，句子不合乎语法。

(472) a. Bill wonders what John read.

b. Bill wonders [$_{CP}$ what$_i$ [$_{C'}$[+Q] [$_{IP}$ John [$_{VP}$ read t_i]]]].

(473) a. *Bill beleives what John read.

b. *Bill beleives [$_{CP}$ whati [$_{C'}$[-Q] [$_{IP}$ John [$_{VP}$ read t_i]]]].

7.4.2 邻接原则和空语类原则

虽然上述α移位的限制条件都属于语法的不同模块，但是属于移位理论模块的限制条件也有一些，比如："邻接原则"(Subjacency)和"空语类原则"(Empty Category Principle)，"邻接原则"有时候也被划归为界限理论(Bounding Theory)模块。

我们在7.3.1小节中曾经谈到，例(474)中疑问词组"which book"的循环移位情况，在(475)中疑问词组"which book"不能从疑问孤岛中移出来，因为违反了疑问孤岛限制。由于(475)中疑问词组"which book"并不像(474)一样以循环移位的步骤而是直接移位到主句标句词组的指示语位置，因为另外一个疑问词when已经在从句中占据了标句词组的指示语位置，就违反了循环条件限制，所以这个句子就不合乎语法。这样我们可以把疑问孤岛限制归入循环条件中。

(474) a. Which book do you think John has read?

b. [$_{CP}$ Which book$_i$ [$_{C'}$do] [$_{IP}$ you think [$_{CP}$ t_i' [$_{IP}$ John has read t_i]]]]?

(475) a. *Which book do you wonder when John has read?

b. * [$_{CP}$ Which book$_i$ [$_{C'}$do] [$_{IP}$ you wonder [$_{CP}$ when [$_{IP}$ John has read t_i]]]]?

在(476)中，疑问词组"which book"移位时违反了复杂名词词组限制，疑问词组"which book"从名词"someone"的定语从句中提取出来，但是由于在定语从句中疑问词"who"已经占据了标句词组的指示语位置，所以疑问词组"which book"只能直接移位到主句标句词组的指示语位置，中间没有任何落脚点，这种疑问词组移位同样违反了循环条件，这样我们似乎也可以把复杂名词词组限制归入到循环条件中。

(476) a.?? Which book have you met someone who will read?

b.?? [$_{CP}$ Which book$_i$ [$_{C'}$ have] [$_{IP}$ you met [$_{DP}$ someone [$_{CP}$ who$_j$ [$_{IP}$ t$_j$ will read t$_i$]]]]]?

(477) a.? Which book have you heard the rumor that John will read?

b.? [$_{CP}$ Which book$_i$ [$_{C'}$ have] [$_{IP}$ you heard [$_{DP}$ the rumor [$_{CP}$ t$_i$' [$_C$ that [$_{IP}$ John will read t$_i$]]]]]]?

但是在(477)中，疑问词组"which book"可以从复杂名词词组"the rumor that John will read"中提取出来，由于名词"the rumor"后面的定语从句标句词组的指示语位置是空的，所以疑问词组"which book"可以先从从句标句词组的指示语位置落脚休息一下，然后再移位到主句标句词组的指示语位置，疑问词组"which book"的这种移位并不违反循环条件，但是却违反了复杂名词词组限制，所以句子不合格。由此看来我们不能完全把所有的复杂名词词组限制归入到循环条件中。

乔姆斯基(1973)认为上述三个限制条件都有相似之处，因此可以归并为一个限制条件，即邻接条件。

(478) 邻接条件：

移位只能一步跨越一个界限节点，界限节点是屈折词组IP和名词词组DP。

下面我们看一下如何才能把上述的三个限制条件归纳为邻接原则，上述例句如何违反了邻接原则的，为了方便起见，我们把这些例句重新编号为(479)。在(479a)中，疑问词组"which book"第一步跨越了一个IP界限节点移位到从句标句词组的指示语位置，再从这个位置跨越另外一个IP界限节点移位到句首标句词组的指示语位置，所以句子就合格。在(479b)中，疑问词组"which book"一步跨越了两个IP界限节点移位到句首标句词组的指示语位置，所以句子就不合格。在(479c、d)中，疑问词组"which book"一步跨越了一个IP界限节点和一个DP界限节点，共跨越了两个界限节点移位到句首标句词组的指示语位置，所以句子也不合格。

(479) a. [$_{CP}$ Which book$_i$ [$_{C'}$ do] [$_{IP}$ you think [$_{CP}$ t$_i$'[$_{IP}$ John has read t$_i$]]]]?

b. * [$_{CP}$ Which book$_i$ [$_{C'}$ do] [$_{IP}$ you wonder [$_{CP}$ when [$_{IP}$ John has read t$_i$]]]]?

c. ?? [$_{CP}$ Which book$_i$ [$_{C'}$ have] [$_{IP}$ you met [$_{DP}$ someone [$_{CP}$ who$_j$ [$_{IP}$ t$_j$ will read t$_i$]]]]]?

d. ? [$_{CP}$ Which book$_i$ [$_{C'}$ have] [$_{IP}$ you heard [$_{DP}$ the rumor [$_{CP}$ t$_{i'}$ [$_C$ that [$_{IP}$ John will read t$_i$]]]]]]?

在例(480)中，把定语从句中的宾语"who"移位到句首违反了邻接原则，因为疑问词"who"是从复杂名词词组孤岛中提取出来的。但是在(481)中，多项疑问句中定语从句中的宾语"who"在表层结构并没有移位，而是在逻辑式中移位到了句首，但是这个句子仍然合乎语法。在逻辑式中定语从句中的宾语"who"和(480)一样，在逻辑式中跨越了两个界限节点而移位到了句首标句词组指示语位置，但是和(480)不同的是，(481)并没有显现任何孤岛效益，说明邻接原则在逻辑式移位中并不起任何作用(Huang, 1982)。

(480) a. ?? Who did John read books that praised?

b. ?? [$_{CP}$ Who$_i$ [$_{C'}$ did] [$_{IP}$ John read [$_{DP}$ books [$_{CP}$ t$_i$'[$_C$ that [$_{IP}$ prased t$_i$]]]]]]?

(481) a. Who read books that praised who?

b. [$_{CP}$ Who$_i$ who$_j$ [$_{IP}$ t$_j$ read [$_{DP}$ books [$_{CP}$ t$_i$'[$_C$ that [$_{IP}$ prased t$_i$]]]]]]]?

邻接原则在逻辑式中没有任何作用的证据还来自下面的例句。(482)中宾语从句中作宾语的疑问词"what"移位到句首标句词组的指示语位置跨越了两个界限节点，违反了邻接原则，所以句子不合乎语法，而(483)中宾语从句中作宾语的疑问词"what"在表层结构并没有移位，而是在逻辑式中移位到了句首，但是这个句子仍然合乎语法。在逻辑式中定语从句中的宾语"what"在逻辑式中跨越了两个界限节点，然后移位到了句首标句词组指示语位置，但是并没有产生任何孤岛效应。

(482) a. ? What do you wonder when John read?

b. ? [$_{CP}$ What$_i$ [$_{C'}$do] [$_{IP}$ you wonder [$_{CP}$ when[$_{IP}$ John read t$_i$]]]]?

(483) a. Who wonders when John read what?

b. [$_{CP}$ What$_i$ Who$_j$ [$_{IP}$ t$_j$ wonders [$_{CP}$ when[$_{IP}$ John read t$_i$]]]]?

下面两个句子都违反了邻接原则，但是两个句子却表现出不同的接受度。(484) 中疑问词组"which book"是动词"read"的宾语，跨越两个界限节点移位到句首标句词组指示语位置，句子不太好。(485) 中疑问词在宾语从句中作主语，也跨越两个界限节点移位到句首标句词组指示语位置，句子却完全不可接受。在英语中似乎把疑问词组从从句的宾语位置提取出来比从主语位置更容易，这种主宾不对称现象是什么原因引起的呢？

(484) a. ? Which book do you wonder how to read?

b. ?[$_{CP}$ Which book$_i$ [$_{C'}$do] [$_{IP}$ you wonder [$_{CP}$ how [$_{IP}$ PRO to read t$_i$]]]]?

(485) a. *Who do you wonder how will read the book?

b. *[$_{CP}$ Who$_i$ [$_{C'}$do] [$_{IP}$ you wonder [$_{CP}$ how[$_{IP}$ t$_i$ will read the book]]]]?

更值得注意的是，上述现象不仅出现在从孤岛中提取疑问词组的结构中，而且还出现在疑问词组不是从孤岛中提取的结构中。当提取的疑问词组在从句中作宾语时，无论宾语从句中有没有标句词 that 的引导，句子都可以接受(见 486)。提取的疑问词组在从句中作主语时，如果宾语从句中有标句词 that 的引导，句子就不可接受(见 487c)；如果宾语从句中没有标句词 that 的引导，句子就可以接受(见 487b)。例句(487) 所反映的现象叫作标句词语迹效应 (that-trace effect)，这种效应说明引起(487c)不合格的原因并不是邻接原则，因为(487c)并不违反邻接原则，可能违反了其他原则。同样(485)中的主语提取也可能和(487c)违反了相同的原则才使得它比(484)更难以接受。

(486) a. Which book do you say (that)John will read?

b. [$_{CP}$ Which book$_i$ [$_{C'}$do] [$_{IP}$ you say [$_{CP}$ t$_i$'[$_{C}$ that[$_{IP}$ John will read t$_i$]]]]]?

(487) a. Who do you say (*that) will read the book?

b. [$_{CP}$ Who$_i$ [$_{C'}$do] [$_{IP}$ you say [$_{CP}$ t$_i$'[$_C$ [$_{IP}$ ti will read the book]]]]?

c. * [$_{CP}$ Who$_i$ [$_{C'}$do] [$_{IP}$ you say [$_{CP}$ t$_i$'[$_C$ that [$_{IP}$ ti will read the book]]]]?

主宾不对称现象让我们发现动词的宾语主要是由动词进行词汇管辖的，而定式句的主语通常是由非词汇进行管辖的。乔姆斯基对管辖的定义为："α管辖β如果α成分统治β而且没有语类γ阻止β受α管辖。"(1995：79)成分统治的定义为："α成分统治β当且仅当控制α的每一个γ都控制β而且α不控制β。"(Chomsky, 1995: 35)词汇管辖是更为适当的管辖，适当管辖(Proper Government)的定义如下：

(488) 适当管辖(Proper Government)：

α适当管辖β当且仅当α管辖β而且α是个词汇语类。

要解释主宾不对称现象，我们需要提及空语类原则(Empty Category Principle)。

(489) 空语类原则：

非指代性的空语类必须得到适当管辖。

非指代性的空语类在这儿指的是语迹。空语类原则和邻接原则不同的是，邻接原则是对α移位本身的限制，而空语类原则是对α移位所派生出来的语迹的限制。出现在宾语位置的语迹受动词的词汇管辖，所以总是满足空语类原则，而出现在主语位置的语迹不是词汇管辖，它的管辖者是非语类范畴，所以不能满足空语类原则。

现在我们回头看一下(484)和(485)，(484)中的疑问词组移位后留下的语迹位于动词的宾语位置，受到动词的词汇管辖，之所以句子存在着程度较弱的异常，是因为疑问词组移位违反了邻接原则。但是(485)中的疑问词组移位后留下的语迹位于主语位置，没有受到动词的词汇管辖，没有得到适当管辖，违反了空语类原则，由于它同时违反了邻接原则，所以句子不能接受。同样(486)中的疑问词组移位后留下的语迹位于动词的宾语位置，受到动词的词汇管辖，得到了适当管辖，所以句子可以接受。但是(487c)中的疑问词组移位后留下的语迹位于主语位置，没有受到动词的词汇管辖，没有得到适当管辖，违反了空语类原则，由于它同时违反了邻接原则，所以句子不能接受。而(487b)中的疑问词组移位后留下的语迹也位于主语位置，没有受到动词的词汇管辖，没有得到适当管辖，也违反了空语类原则，但是这个句子却完全可以接受。显然问题在于（487b）中的疑问词组移位时从句没有标句词that的引导，而在(487c)中的疑问词组移位时从句有标句词that的引导。(487b)可以接受，是因为语迹和先行语之间没有标句词that这个语障（定义见509），从句中主语位置的语迹受到了中间语迹的先行语管辖，因为中间语迹成分统治了语迹并和语迹共指而且它们之间没有标句词作为语障。而（487c）不可以接受，是因为语迹和先行语之间存在标句词that这个语障，从句中主语位置的语迹不能受到中间语迹的先行语管辖，因为中间语迹不能成分统治语迹而且它们之间存在标句词作为语障，所以中间语迹不能先行语管辖语迹，这个句子就不可接受。因此适当管辖不仅包括(488)中的中心语管辖还应该包括先行语管辖。先行语管辖（α受α先行语的管辖)和中心语管辖(α受中心语的管辖)都是适当管辖(Chomsky, 1995: 79)。

(490) 先行语管辖：

α先行语管辖β当且仅当：

a. α和β共指

b. α成分统治β

c. α和β之间没有被语障所分开。

(491) 适当管辖：

α适当管辖β当且仅当：

a. α管辖β并且α是一个词汇语类，或者

b. α先行语管辖β。

不仅主语不能受到词汇管辖，附加语也和主语一样不能受到词汇管辖，所以位于附加语位置的语迹和位于主语位置的语迹一样也只能得到

先行语管辖，这样才能满足空语类原则。

(492) a. *How do you wonder whether John read the book?

b. * [$_{CP}$ How$_i$ [$_{C'}$do] [$_{IP}$ you wonder [$_{CP}$ whether [$_{IP}$ John read the book t$_i$]]]]?

(493) a. *How have you met someone who could read the book?

b. *[$_{CP}$ How$_i$ [$_{C'}$have] [$_{IP}$ you met [$_{DP}$ someone [$_{CP}$ who [$_{IP}$ t$_i$ could read the book]]]]]?

在(492)中附加语疑问词“how”可以修饰主句，这个句子就是正确的，由于这种解读与我们讨论的问题无关，我们忽略这种解读。我们看一下在(492)中附加语疑问词“how”从间接宾语从句中移位出来移动到句首标句词组的指示语位置，句子违反了疑问孤岛限制；在(493)中附加语疑问词“how”从复杂名词词组即修饰名词的定语从句中提取出来，句子违反了复杂名词词组限制。但是上面两个句子都不可接受还由于它们都违反了空语类原则，两个句子中从句中的语迹都没有得到适当管辖，原因是从句的标句词的指示语位置已经有一个疑问词作为语障阻止了先行语“how”和自己的语迹进行共指，所以句子都不合乎语法。

根据(494)我们可以看出附加语“how”从宾语从句中移位到句首标句词组的指示语位置，附加语“how”修饰从句中的动词，但是无论从句中有没有标句词“that”的引导，句子都可以接受，就是说，附加语的移位不受语障的影响。这和疑问词从宾语从句的主语位置移出来不一样，(487c)和(495b)中语迹和先行语之间存在标句词“that”这个语障，从句中主语位置的语迹不能受到中间语迹的先行语管辖，因为中间语迹不能成分统治初始语迹而且它们之间存在标句词作为语障，所以中间语迹不能先行语管辖初始语迹，这个句子就不可接受。但是(494b)中语迹和先行语之间也存在标句词“that”这个语障，从句中主语位置的语迹不能受到中间语迹的先行语管辖，因为中间语迹不能成分统治初始语迹而且它们之间存在标句词作为语障，所以中间语迹不能先行语管辖初始语迹，而这个句子却可以接受，这就说明附加语的移位不会引起标句词语迹效应

(that-trace effect)。

(494) a. How do you think (that) John read the book?

b. [$_{CP}$ How$_i$ [$_{C'}$do] [$_{IP}$ you think [$_{CP}$ t_i' that [$_{IP}$ John read the book t_i]]]]?

c. [$_{CP}$ How$_i$ [$_{C'}$do] [$_{IP}$ you think [$_{CP}$ t_i' e [$_{IP}$ John read the book t_i]]]]?

(495) a. Who do you think (*that) will read the book?

b. *[$_{CP}$ Who$_i$ [$_{C'}$do] [$_{IP}$ you think [$_{CP}$ t_i' that [$_{IP}$ ti will read the book]]]]?

c. [$_{CP}$ Who$_i$ [$_{C'}$do] [$_{IP}$ you think [$_{CP}$ t_i' e [$_{IP}$ t_i will read the book]]]]?

为了解释上述现象，语言学家提出了赋予语迹[±γ]特征的允准机制(Lasnik & Saito, 1984)：如果一个语迹拥有[+γ]特征，那么这个语迹就满足了空语类原则；而如果一个语迹拥有[－γ]特征，那么这个语迹就不能满足空语类原则。主语和宾语都属于论元，它们的语迹必须在S结构得到允准，也就是必须满足空语类原则；而附加语的语迹不需要在S结构得到允准，可以在逻辑式中得到允准满足空语类原则。所有的语迹在逻辑式中都必须携带[+γ]特征，都必须满足空语类原则。在(495b)中，这个语迹属于论元语迹，所以必须在S结构得到允准，必须满足空语类原则，但是主语的语迹t_i由于标句词"that"中间作梗而没有得到中间语迹的先行语管辖，因此主语的语迹t_i在S结构只能被赋予[－γ]特征，那么这个语迹就不能满足空语类原则，句子就不合乎语法。而在(494)中这个语迹属于附加语的语迹，不需要在S结构得到允准，可以在逻辑式中得到允准从而满足空语类原则。在逻辑式里，我们先进行标句词"that"删除然后再进行γ标注，删除标句词是因为它语义上没有内容而且在解读中不起任何作用。一旦把标句词"that"删除，从句中的初始语迹就可以受到中间语迹的先行语管辖，这个初始语迹就可以被赋予[+γ]特征，那么这个语迹就满足了空语类原则，句子就可以接受。

不仅初始语迹应该遵守空语类原则，中间语迹也要遵守空语类原则。在下面两个句子中，(496)中提取的疑问词是附加语而在(497)中提取的疑问词是论元，而且初始语迹都得到了中间语迹的先行语管辖，但是为什么(496)比(497)接受度要差呢?首先,(496)违反了空语类原则,中间语迹没有得到先行语附加语“How”的管辖,同时又违反了邻接原则,而(497)仅违反了邻接原则,由于中间有一个疑问词“whether”。(497)中的初始语迹是论元,得到了中间语迹的先行语管辖,在S结构被赋予了[+γ]特征,然后中间语迹就可以在逻辑式得到删除,之所以删除中间语迹,是因为它在逻辑式没有变量的功能,对句子解读没有贡献,中间语迹删除之后就不会存在其他问题了,句子就可以接受了。但是在(496)的初始语迹是附加语,所以要进入到逻辑式中才能满足空语类原则,所以中间语迹不可以在逻辑式中删除,删除不掉就只能得到先行语管辖,而在它和先行语之间有一个语障“whether”,所以中间语迹不会得到适当管辖,这个句子就不合乎语法。

(496) a. *How do you wonder whether Bill said John read the book?

b. * [$_{CP}$ How$_i$ [$_{C'}$do] [$_{IP}$ you wonder [$_{CP}$ whether[$_{IP}$ Bill said[$_{CP}$ t$_i$' [$_{IP}$ John read the book t$_i$]]]]]]?

(497) a.?? Who do you wonder whether whether Bill said read the book?

b.?? [$_{CP}$ Who$_i$ [$_{C'}$do] [$_{IP}$ you wonder [$_{CP}$ whether[$_{IP}$ Bill said[$_{CP}$ t$_i$' [$_{IP}$ t$_i$ read the book]]]]]]?

但是在上面两个句子中为什么不说中间语迹得到了动词“说”的词汇管辖呢?要说明这个问题就需要用题元管辖(θ-government)来代替词汇管辖。

(498)题元管辖:

α题元管辖β当且仅当α是题元标记(θ-mark)β的中心语X^{o}语类。

(499)适当管辖:

α适当管辖β当且仅当:

a. α题元管辖β 或者

b. α先行语管辖β。

根据(499)对适当管辖的定义,一个词汇语类适当管辖另外一个词汇语类不仅需要管辖它还需要题元标记它，即给它赋予题元角色。动词"say"对后面的中间语迹虽然进行了管辖，但却没有能力赋予它题元角色，所以不能算适当管辖。

7.4.3 优先效应

下面我们看一下另外一种主宾不对称现象，在(500)中作主语的疑问词可以移位到句首标句词组的指示与位置，而在(501)中作宾语的疑问词则不可以移位到句首标句词组的指示与位置。这种主宾不对称现象说明，在逻辑式中，宾语疑问词可以移到句首标句词组的指示语位置，尽管该位置已经事先被另外一个主语疑问词所占有(500)；而主语疑问词，如果句首标句词组的指示语位置已经事先被另外一个宾语疑问词所占有，却不可以移到该位置(501)，上述现象叫作优先效应(Superiority Effect)。附加语和主语一样也表现出同样的优先效应。在逻辑式中，宾语疑问词可以移到句首标句词组的指示语位置，尽管该位置已经事先被另外一个附加语疑问词所占有(见502)；作附加语的疑问词，如果句首标句词组的指示语位置已经事先被另外一个宾语疑问词所占有，也不可以移到该位置(见503)。优先效应的出现是由于宾语可以通过题元管辖和先行语管辖来满足适当管辖的要求，而主语和附加语则只能通过先行语管辖来达到适当管辖的要求。

(500) a. Who says what?

b. [$_{CP}$ Who$_i$ [$_{IP}$ t$_i$ says what]]?

(501) a. *What does who say?

b. * [$_{CP}$ What$_i$ does [$_{IP}$who say t$_i$]]?

(502) a. Why do you say what?

b. [$_{CP}$ Why$_i$ do[$_{IP}$ you say what t$_i$]]?

(503) a. *What do you say why?

b. * [$_{CP}$ What$_i$ do[$_{IP}$ you say why t$_i$]]?

语言学家提出了标句词下标(Comp-indexing)规则来解释优先效应

现象(Aoun et al., 1981)。

(504) 标句词下标(Comp-indexing)规则:

[标句词……XP_i]——〉[标句词……XP_i]$_i$

当且仅当标句词只能控制i-下标成分。

这样在(505)中主语疑问词首先移位到句首标句词组的指示语位置,标句词组的指示语就获得了主语疑问词的下标,因此主语语迹就被标句词组的指示语所先行语管辖,满足了空语类原则。宾语疑问词在逻辑式移位到句首标句词组的指示语位置,标句词组的指示语已经获得了主语疑问词的下标,宾语语迹就不能被标句词组的指示语所先行语管辖,因此就不能满足空语类原则,但是宾语语迹在动词"说"后面可以被赋予一个受事的题元角色,而且动词也管辖了这个语迹,因此宾语语迹通过题元管辖满足了空语类原则(见505)。而在(501)中,宾语疑问词先移位到句首标句词组的指示语位置,标句词组的指示语就获得了宾语疑问词的下标,当主语在逻辑式中移位到句首标句词组的指示语位置,标句词组的指示语已经获得了宾语疑问词的下标,主语语迹就不能被标句词组的指示语所先行语管辖,因此就不能满足空语类原则(见506)。总而言之,问题还是在于主语语迹只能得到先行语管辖而宾语语迹既可以得到先行语管辖还可以得到题元管辖。同样的解释方法也适用于(502)和(503)中附加语和宾语的不对称现象,因为附加语和主语一样只能得到先行语管辖。

(505) $[_{CP}\ [_{Spec}[\text{what}]_j\ [\text{who}]_i\ ]_i\ [_{IP}\ t_i\ \text{says}\ t_j]]$?

(506) $[_{CP}\ [_{Spec}[\text{who}]_j\ [\text{what}]_i\ ]_i\ [_{IP}\ t_j\ \text{says}\ t_i]]$?

由于附加语和主语都只能通过先行语管辖来满足空语类原则,所以在多项疑问句中,不能同时出现主语疑问词和附加语疑问词,因为这两个疑问词的语迹都靠先行语管辖来满足空语类原则,而标句词组的指示语只能携带其中一个疑问词的下标,另外一个疑问词的语迹总是违反空语类原则,所以句子就不合乎语法(见507)。

（507）a.*Who read the book why?

a’.* $[_{CP} [_{Spec}[\text{why}]_j [\text{who}]_i]_i [_{IP} t_i \text{ read the book } t_j]]$?

b.*Why does who read the book?

b’. *$[_{CP} [_{Spec}[\text{who}]_j [\text{why}]_i]_i [_{IP} t_j \text{ says } t_i]]$?

现在我们再介绍和题元管辖相关的另外一个术语——词汇标记（L-marking）：

（508）词汇标记：

α词汇标记β如果α题元管辖β。（Chomsky, 1986b: 15）

7.4.4 语障

上面我们提到的邻接原则是关于移位的限制条件，而空语类原则则是关于语迹表达式的限制条件，为了统一用管辖来解释上述两个原则，乔姆斯基（1986b）提出了语障这个概念。语障的定义就可以描写为（509）：

（509）语障：

α是β的语障当且仅当：

a. α没有被词汇标记　　　或者

b. α直接控制屈折词组 IP　或者

c. α直接控制一个没有被词汇标记的语类。

标句词组和屈折词组单独不能构成一个语障，但是两个叠加在一起就构成了语障（见 510），在（510b）中从句的标句词组的指示语位置有一个中间语迹，中间语迹先行语管辖了初始语迹，而移位后的疑问词又先行语管辖了中间语迹，所以句子合乎语法。但在（510c）中从句的标句词组的指示语位置却没有一个中间语迹，疑问词移位直接移动到句首的标句词组的指示语位置，结果疑问词移动到句首的指示语位置后并不能先行语管辖初始语迹，因为从句中的标句词组和屈折词组位于它们中间，所以标句词组对于先行语管辖构成了语障，对于移位的邻接原则也是语障。

（510）a.How do you say（that）John read the book?

b. [$_{CP}$ How$_i$ [$_{C'}$ do] [$_{IP}$ you say [$_{CP}$ t_i' [$_{C'}$ (that)] [$_{IP}$ John read the book t_i]]]]?

c. * [$_{CP}$ How$_i$ [$_{C'}$ do] [$_{IP}$ you say [$_{CP}$ [$_{C'}$ (that)] [$_{IP}$ John read the book t_i]]]]?

屈折词组虽然是最大投射，但是它却受到了主句中动词的词汇标记，所以对于管辖不能构成语障，在(511)中附加语“how”先行语管辖了它的语迹，说明屈折词组不是语障。

(511) a. How does John read the book?

b. [$_{CP}$ How$_i$ [$_{C'}$ does] [$_{IP}$ John read the book t_i]]?

但是动词词组是内在语障，因为它的管辖者是屈折I，屈折I作为功能语类不能词汇标记动词词组。在(512)中，屈折词组直接控制了动词词组，所以从动词词组那儿继承了语障的特征，因此句子中先行语和语迹之间存在两个语障：一个是动词词组；另一个是屈折词组，但是句子仍然合乎语法。原因是疑问词的语迹位于宾语位置，受到了动词“read”的题元管辖，所以句子并没有违反空语类原则。但是为什么这个句子中疑问词移位跨越了两个语障仍然是完全可以接受的呢？这个疑问词在动词词组中首先嫁接到了动词词组上去，然后才移动到了动词词组的外面去(512c)，这样疑问词的中间语迹只是个嫁接成分，嫁接成分只是动词词组的辅助成员，所以动词词组对它就来说不是语障了，结果在中间语迹和初始语迹之间以及先行语和中间语迹之间就不存在任何语障了，句子就满足了空语类原则和邻接原则。

(512) a. What does John read?

b. [$_{CP}$ What$_i$ [$_{C'}$ does] [$_{IP}$ John [$_{VP}$ read t_i]]]?

c. [$_{CP}$ What$_i$ [$_{C'}$ does] [$_{IP}$ John [$_{VP}$ t_i' [$_{VP}$ read t_i]]]]?

那么(513)中疑问词的移位应该是先嫁接到从句的动词词组上，然后移位到从句标句词组的指示语位置，再嫁接到主句的动词词组上。

(513) a. What do you say (that) John read?

b. [$_{CP}$ What$_i$ [$_{C'}$ do] [$_{IP}$ you [$_{VP}$ t_i''' [$_{VP}$ say [$_{CP}$ t_i'' [$_{IP}$ John [$_{VP}$ t_i' [$_{VP}$ read t_i]]]]]?

但是疑问词移位不能嫁接到标句词组和屈折词组上面去，如果可以的话，句子(514)就应该合乎语法，因为可以通过把疑问词嫁接到标句词组和屈折词组上面去，来避开语障。(514)中疑问词的移位不能嫁接到从句的标句词组指示语位置，因为原来已经有一个疑问词占位在里面了，初始语迹被从句的标句词组和屈折词组所隔开，所以不能被先行语管辖，句子不合格。

(514) a. *How do you wonder whether John read the book?

b. *[$_{CP}$ How$_i$ [$_{C'}$ do] [$_{IP}$ you [$_{VP}$ t' [$_{VP}$ wonder [$_{CP}$ whether [$_{IP}$ John read the book t$_i$]]]]?

疑问词移位不仅不能嫁接到标句词组和屈折词组上面去，而且也不能嫁接到限定词组上面去。在(515)中，疑问词who嫁接到主句动词词组上面去后，在从句主语位置的初始语迹和在嫁接到主句动词词组上的中间语迹之间存在着两个语障。关系从句里的标句词组没有被词汇标记，这个标句词组是附加语所以不能被所修饰得名词所词汇标记，而且它还从屈折词组那里继承了语障的特征。限定词组从直接控制的标句词组那里继承了语障特征。如果允许疑问词移位嫁接到标句词组、屈折词组和限定词组这三个最大投射上面去，那么(515)中疑问词移位就不会遇到任何语障，句子的不可接受性就难以得到解释。

(515) a.*Who have you seen the book which was reading?

b.* [$_{CP}$ Who$_i$ [$_{C'}$ have] [$_{IP}$ you[$_{VP}$ t' [$_{VP}$ seen [DP the book [$_{CP}$ which$_j$ [$_{IP}$ t$_i$ was reading t$_j$]]]]]?

在(516)中疑问词组的移位违反了疑问孤岛限制和邻接原则，(517)中疑问词组移位违反了复杂名词词组限制和邻接原则，前者比后者在接受度方面要好一点，因为前者只有一个语障——从屈折词组继承语障特征的标句词组，而后者有两个语障——从句未被词汇标记的标句词组和从标句词组继承语障特征的限定词组。

(516) a.? Which book you know how to read?

b.? [$_{CP}$ Which book$_i$ [$_{C'}$ don't] [$_{IP}$ you[$_{VP}$ t$_i$" [$_{VP}$ know[$_{CP}$ how [$_{IP}$ PRO to

$[_{VP}$ t_i' $[_{VP}$ read t_i]]]]]]]]?

(517) a.?? Which book have you met someone who can read?

b.?? $[_{CP}$ Which book$_i$ $[_{C'}$ have] $[_{IP}$ you$[_{VP}$ t_i" $[_{VP}$met [DP someone$[_{CP}$ who$_j$ $[_{IP}$ t_j can$[_{VP}$ t_i' $[_{VP}$ read t_i]]]]]]]]]?

7.4.5　跨越(Crossover)和寄生语缺(parasitic gaps)

跨越现象指的是疑问词移位跨越了一个位于主语位置与之共指的代词。(518)中的语迹作为变量不能解读为和主语位置的代词共指，因而不能与疑问词共指，同样(519)中的语迹作为变量也不能解读为和主语位置的代词共指，因而不能与疑问词共指。由于变量受主语位置的代词所论元约束，前者的跨越现象是强跨越，而(519)中位于主语位置的代词并不成分统治变量，因而也不约束这个变量，但是疑问词非论元约束了代词，所以后者为弱跨越。

(518) a. Who does he love?

b. *$[_{CP}$ Who$_i$ $[_{C'}$does] $[_{IP}$ he$_i$ love t_i]]]?

(519) a. Who does his boss love?

b. *$[_{CP}$ Who$_i$ $[_{C'}$does] $[_{IP}$ [DP his$_i$ [D boss]] love t_i]]]?

跨越的定义如下：

(520) 跨越：

变量不能与它左边的代词共指。

从定义中可以看出，变量不能和它左边的代词共指，但是它可以和右边的代词共指(见521)。

(521) a. Who thinks that he is smart?

b. $[_{CP}$ Who$_i$ $[_{IP}$ t_i thinks $[_{CP}$ that $[_{IP}$ he$_i$ is smart]]]]?

(522)中存在两个变量，一个变量位于动词"read"的宾语位置而另一个位于动词"return"的宾语位置。一种分析方法是疑问词组"which book"基础生成在动词"return"的宾语位置，然后移位到动词"read"的宾语位置，最后移动到句首，这种假设存在着许多问题：第一，疑问词从动词"return"

的宾语位置移位到动词"read"的宾语位置，是从题元标记位置移到了另外一个题元标记位置，违犯了题元原则（题元原则：每一个论元必须被赋予一个题元角色，而每一个题元角色必须赋予一个论元）。第二，疑问词从动词"return"的宾语位置移位到动词"read"的宾语位置，是从格标记位置移到了另外一个格标记位置，违犯了语迹只有一个格位置的要求。第三，疑问词从动词"return"的宾语位置移位到动词"read"的宾语位置，是从附加语中提取出来的，而附加语是孤岛，不能从中提取任何疑问词（见523）。这样，(522)中疑问词组在只能是基础生成于动词"read"后面，然后从这个位置直接移位到句首（见522c），动词"return"后面的语缺e就是寄生语缺，因为它的解读依赖于在表层结构里前面的语迹 t_i。

(522) a. Which book did John read without returning?

b. [$_{CP}$ Which book$_i$ did[$_{IP}$ John [VP read t_i][$_{PP}$ without returning t_i]]]?

c. [$_{CP}$ Which book$_i$ did[$_{IP}$ John [VP read t_i][$_{PP}$ without returning]]]?

(523) a. *How did John disappear after reading the book?

b. * [$_{CP}$ How$_i$ [$_{C'}$did] [$_{IP}$ John[$_{VP}$ disappear [$_{PP}$ after reading the book t_i]]?

寄生语缺结构里面的两个语缺都具有相同的指代，这两个非论元语链可以合并为一个复杂语链，即复合语链（Chain Composition）(Chomsky, 1986b)来解释相同指代的现象，在(522)中疑问词组"which book"在表层结构里非论元约束了两个语缺。但是这个寄生语缺前面的语迹不能成分统治寄生语缺，这个条件叫作反成分统治条件（见524）。

(524) a. *Who left before they could treat?

b. * [$_{CP}$ Who$_i$ [$_{IP}$ t_i left [$_{CP}$ before [$_{IP}$ they could treat e]]]]?

我们把寄生语缺定义为：

(525) 寄生语缺：

在表层结构由一个不能成分统治它的变量来允准。

寄生语缺结构里面的附加语是个孤岛，疑问词组不能从里面提取出来(526)，(526)中疑问词移位遇到了两个语障——作为附加语的介词词组和直接控制它的屈折词组，这个句子不合乎语法。而疑问词组不能从中提取出来的第四个孤岛是主语(527)，例句里面的疑问词移位遇到了两个语障——从句主语的标句词组和直接控制它的关系从句的屈折词组，所以句子不合乎语法。

(526) a.?? Who did they leave without treating?

b.?? $[_{CP}$ Who$_i$ did$[_{IP}$ they leave $[_{PP}$ without $[_{CP}$ t_i” $[_{IP}$ PRO $[_{VP}$ ti’ $[_{VP}$ treating t_i]]]]]]]?

(527) a.?? This is the book which reading would be fun.

b.?? $[_{IP}$ This is the book$[_{CP}$ which$[_{IP}[_{CP}$ t_i” $[_{IP}$ PRO$[_{VP}$ ti’ $[_{VP}$ reading t_i]]]]]]].

7.4.6 中心语移位

在下面例(528a)中，中心语屈折I移位到中心语标句词的位置，句子可以接受；而在例(528b)中，动词移位越过了屈折I直接移位到了中心语标句词的位置，句子不能接受。为此，乔姆斯基(1986b)提出了中心语移位限制(529)：

(528) a. How will John read the book?

a.’ $[_{CP}$ How$_i$ $[_{C'}$will$]_j$ $[_{IP}$ John [I $t_j[_{VP}$ read the book t_i]]]]?

b. *How read John will the book?

b.’ *$[_{CP}$ How$_i$ $[_{C'}$ read$]_j$ $[_{IP}$ John [I will $[_{VP}$ t_j the book t_i]]]]?

(529) 中心语移位限制：

一个中心语语类α的移位局限于管辖α最大投射的中心语β的位置。

管辖动词最大投射的中心语语类是屈折I，而管辖屈折I最大投射的中心语语类是标句词C。根据中心语移位限制，动词移位局限于屈折I。如果动词没有经过屈折I就直接移位到标句词C，那么就违反了中心语移位限制。例(528b)动词没有经过屈折I就直接移位到标句词C违反了中心语移位限制，所以句子不合乎语法。乔姆斯基(1995：49)对中心语移位限制的解释是“移位的靶标必须为最近的潜在位置，中心语移位不能越过最近的成分统治它的中心语”。在例(528a)中，中心语屈折I移位到中心语标句词的位置，中心语屈折I移位的靶标是最近的潜在位置——中心语标句词的位置，中心语屈折I移位没有越过最近的成分统治它的中心语标句词C，所以句子合格。而在例(528b)中，动词移位越过了屈折I直接移位到了中心语标句词的位置，动词移位的靶标不是最近的潜在位置——中心语标句词的位置，动词移位越过了最近的成分统治它的中心语屈折I，所以句子不合格。

在(528b)中，中心语语类的动词和动词词组内的语迹之间存在一个相同语类"will"的干扰，所以句子不好。在(530a)中，移位的附加语和从句中的语迹之间存在一个相同语类"why"的干扰，所以句子不好。在(530b)中，移位的附加语和从句中的语迹之间没有存在一个相同语类"why"的干扰，所以句子合乎语法。这种现象表明存在着最简效应(Minimalisty effect)，先行语不能先行语管辖它的语迹是因为在两者中间存在一个和先行语相同的语类干扰着这种管辖关系。

(530) a. *How do you wonder why John read the book?

b. How do you think (that) John read the book?

(531) 最简条件：

在[XP…X…[YP…Y…ZP]…]结构中，X不能管辖ZP。

在(531)中，最简条件过于严格，因为没有说明作为最小干扰项的管辖者应该属于相同的语类，所以，相对最简条件就应运而生(Rizzi, 1990)。

(532) 相对最简：

α先行语管辖β只有当没有一个γ，以至于

a.γ是β的标准潜在先行语管辖者

b.γ成分统治β但不成分统治α。

在(530a)中，先行语"how"对于疑问词语迹的先行语管辖被疑问词"why"阻止了，疑问词"why"干扰了先行语和语迹的管辖，而且疑问词"why"和先行语属于相同的语类——都是非论元指示语，违反了相对最简条件。在(530b)中，先行语"how"和语迹之间没有出现非论元指示语的干扰，遵守了相对最简条件。

7.4.7 广义约束理论

下面的例句违反了名词性孤岛条件，句子都不合格。三个例句中在名词孤岛中都有变量语迹，表明变量和它的非论元先行语之间的分布和照应词的分布一样都受约束理论的支配。但是约束理论主要是针对论元约束的理论，所以应该把约束理论扩展开来以便把先行语管辖也包括在里面，这就是广义约束理论（Aoun, 1985; 1986）。

(533) a. *Who do you wonder how read the book?

b. *[$_{CP}$ Who$_i$ [$_{C'}$do] [$_{IP}$ you wonder [$_{CP}$ how [$_{IP}$ t$_i$ read the book]]]]?

(534) a. *Who do you think that read the book?

b. *[$_{CP}$ Who$_i$ [$_{C'}$do] [$_{IP}$ you think[$_{CP}$ that [$_{IP}$ t$_i$ read the book]]]]?

(535) a. *It is doubtful what who read.

b. *It is doubtful[$_{CP}$ who$_j$ What$_i$ [$_{IP}$ t$_j$ read t$_i$]].

(536) 广义约束理论：

A.照应语必须在管辖范畴之内得到X约束。

B.代词必须在管辖范畴之内得到X自由。

C. 姓名必须是论元自由。

（其中X等于论元或者非论元）

(537) 管辖范畴：

β是α的管辖范畴当且仅当β是包含α最小的最大投射，是α的管辖者，而且是α的可及性主语。

这儿的可及性主语既指作为屈折词组指示语的一般主语又指屈折I的一致成分。

(538)可及性：

β对于α是可及的当且仅当β位于α的成分统治辖域内，而且(α,β)共指不违反任何语法原则（比如，约束原则的C原则）。

根据广义约束理论，变量既要遵守约束原则的A原则又要遵守约束原则的C原则，遵守前者是因为变量具有照应语的特征需要一个非论元先行语，遵守后者是因为变量需要非论元约束。变量的管辖范畴不是屈折词组而是标句词组（见539），如果变量在管辖范畴内必须有一个先行语的话，那么这个管辖范畴在（539）中只能是标句词组。变量既要遵守约束原则的A原则又要遵守约束原则的C原则，结果是在从句非主语位置的变量把整个句子当作管辖范畴（见540），因为在管辖范畴内必须有一个可及性主语，主语和变量的共指不能违反任何条件，如果（539）中的变量和一致AGR共指，那么变量就会和主语“John”共指。结果是变量就被主语“John”论元约束了，违反了约束原则的C原则。由于从句不能成为变量的管辖范畴，在从句中变量就没有一个可及性主语，所以整个句子是变量的管辖范畴，变量被先行语疑问词“who”非论元管辖。

（539）a. Who left?

b. [$_{CP}$ Who$_i$ [$_{IP}$ t$_i$[$_{I'}$ Agr [$_{VP}$ left]]]]?

（540）a. Who did you say that John saw?

b. [$_{CP}$ Who$_i$ did [$_{IP}$ you say[$_{CP}$ that [$_{IP}$ John AGR saw t$_i$]]]]?

7.5 乔姆斯基疑问词移位观点的发展脉络

7.5.1 乔姆斯基早期的观点

早期的生成语法学家关于疑问词疑问句（即特殊疑问句或者特指问，英语中常使用wh-question这个术语）的论述并没有提出任何移位的规则体系，而是认为疑问词位移现象（wh-displacement）是通过置换（permutation）来形成的，就是说，例句（541）和例句（542）实际上是在句法结构X-a-Y中把X和a通过代换而派生出来的，a就是被位移到前面的成分（即疑问词），例句（542）是用“who”代替了“Mary”而从例句（541）中派生来的，之所以认为特指问（542）是从是非问（541）中派生而来的，是因为只有这样运作才能解释清楚特指问的疑问特征（Chomsky，选自Lisa Laishen

Cheng & Norbert Corver, 2006: iv)。

（541）Did John see Mary?

（542）Who did John see?

直到20世纪70年代，乔姆斯基（Chomsky, 1973, 1977b）才提出了疑问词移位必须研究的几个核心问题："什么成分要移动？""把这个成分移动到哪里去？""移位操作的局部性程度有多大？"以及"和其他句法操作相比，移位操作排在什么顺序上？"。为了解决这些问题，乔姆斯基（Chomsky, 1977b）发表了《论疑问词移位》一文，第一次用普遍语法的原则来指导语言现象的观察和描写。这篇文章是在乔姆斯基（1973）发表的《转换的限制条件》一文的基础上进行写作的，那时他就已经开始构建有关疑问词移位和名词移位的理论，指出了转换规则系统包括了移位规则，比如"疑问词组移位"和"名词词组移位"两个规则，但这些规则的应用当时还有点盲目。只有到了1977年乔姆斯基才正式形成了疑问词移位的规则，明确指出移位操作的目标是"把疑问词组移动到标句词Comp"（Chomsky, 1977b: 84）。根据乔姆斯基的看法，疑问词移位必须遵守三个限制条件：第一个条件就是循环限制条件（543a）："转换规则，即[疑问词组移位和名词词组移位]规则，必须满足（严格）循环限制条件"（Chomsky, 1977b: 73）；另外一个条件是邻接条件："邻接条件是循环条件的一个特征，即循环定义的一部分"（Chomsky, 1977b: 73），乔姆斯基把邻接条件具体描述为（543b）：

（543）a. 严格循环条件（Strict Cycle Condition）：

任何规则，假如影响了循环节点B占有的隶属于A的一个次辖域，那么就不能应用于节点A占有的辖域。

（Chomsky, 1977: 146）

b. 循环规则不能把词组从Y位置移动到X位置（或相反），即：

…X…[$_{\alpha}$…[$_{\beta}$…Y…]…]…X…，其中α和β为循环节点。

疑问词移位要遵守的第三个条件是命题孤岛条件（Propositional Island

Condition, PIC）和指定主语条件（Specified Subject Condition, SSC）。

在疑问句中要判断疑问词是否进行了移位，主要应该看以下几个特征（Chomsky, 1977b: 86）：

（544）a.疑问词移位后留下一个语缺（gap）。

b.哪里存在桥动词（bridge verbs），哪里就会违反邻接条件、命题孤岛条件和指定主语条件。

c.疑问词移位要遵守复杂名词词组限制条件（Complex NP Constraint, CNPC）。

d. 疑问词移位要遵守疑问孤岛限制条件（Wh-island Constraint）。

例句（545a）说明“who”的移位在动词“to see”后面的直接宾语位置留下了一个语缺。例句（545b、c）表明“who”可以从动词“visit”的补足语位置移动到最高层级的从句标句词位置，主要原因是由于动词“to promise”、“to persuade”和“to order”都具有桥特征，都是所谓的桥动词（bridge verbs）。例句（545d）说明疑问词移位必须遵守复杂名词词组限制条件。例句（545e）说明疑问词移位必须遵守孤岛限制条件。

（545）a. I wonder [who to see].

b. I wonder [who to order Mary [to promise [to visit]]].

c. I wonder [who to persuade Mary [that she should promise [to visit]]]].

d. *I wonder [who to insist on [$_{NP}$ the principle [$_{S'}$ that Bill should visit]]]].

e. *I wonder [what$_i$ to ask her [when$_j$ to buy t_i t_j]].

乔姆斯基（Chomsky, 1977b）指出，除了名词词组和句子（S’）之外，句子（S）也应该是循环节点，这样疑问词组不能从主语中提取出来的主语限制条件就可以通过邻接原则来解释了，在例句（546）中，“whom”由于跨越了名词词组和句子两个界限（即循环节点），所以这个句子就不合乎语法（Chomsky, 1977: 111）。乔姆斯基还指出，疑问词组移位不能从不是主语的名词词组中提取出来（见 547），但是有些疑问词组移位却可以从不是主语的名词词组中提取出来（见 548—549）（Chomsky, 1977b: 112）。

(546) *[Whom$_i$ did [$_S$ your interest in t$_i$ [seem to me rather strange]]?

(547) *Who$_i$ did [$_S$ John destroy[$_{NP}$ a book [about t$_i$]]]?

(548) Who did John write a book about?

(549) Who did you see a picture of?

乔姆斯基(Chomsky, 1977b)发现，在例句(548)中的介词词组“about who”在“D-结构”不是名词的一个构成成分，而是动词的构成成分，在例句(550)中，“a book”可以被“it”代名化(pronominalization)：

(550) —John wrote [a book] [about who]?

—John wrote it [about Nixon].

而在例句(551)中，“a picture”不能被被“it”代名化，因为我们不能说“*John saw it of Nixon”，所以乔姆斯基认为“of whom”首先进行了介词词组提取，然后才进行疑问词组移位，如(551)：

(551) Who$_k$ did you see [a picture t$_i$][$_{PP}$ of t$_k$]$_i$?

7.5.2 乔姆斯基的最简方案

早期的乔姆斯基认为疑问词组移位是可以任意选择的 (Chomsky, 1977; 转引自 Cheng & Corver, 2006: 9)，但在最简方案(Chomsky, 1995)中，为了满足派生的经济原则，乔姆斯基提出了移位是不得已而为之 (last resort) 的操作，不存在任何可以自由地任意选择的移位，移位是为了满足界面(interface)要求。为了取消掉疑问词的不可解释特征和移位靶标(target)(即功能中心语C)的不可解释特征，移位操作才能被触发。

(552) 不得已原则(Last Resort)：

只有当特征核查的要求驱使形态运作时才能允许把α移动到靶标K上。(Chomsky, 1995: 256)

乔姆斯基在早期(Chomsky, 1973, 1977b)提出，疑问词组移位之后在原来的位置留下了一个语迹 (trace)，这个语迹和前移的疑问词组共指(coindexed)；而到后来的最简方案，根据包含原则(Inclusiveness Condition)：计算系统中在推导过程中不引入任何新特征(Chomsky, 2000: 113)，一个

“完美”的语言，应该满足包含原则，任何通过运算而形成的句法结构（特别是Π和λ）都是由词汇选择中现有的成分构成的，除了词汇特征的重新排列之外，在运算过程中不能加入任何新成分（特别是，不能加入X杠标理论中的任何标志和任何杠标层次）(Chomsky, 1995: 228)。就是说，移动一个词组就是把这个词组拷贝到更高层次的位置中。

根据最简方案中的拷贝理论，两个词组成的语链是一个词语对$\langle\alpha, \beta\rangle$，其中$\alpha=\beta$，由于我们必须从词库中区别选择一个词条，可以确信这样的词语对只有通过移位才能得到(Chomsky, 1995: 251)。比如说，在例句(553)中，β是中心语，我们可以从(553)中通过提升α到靶标β并投射β而派生出来(554)：

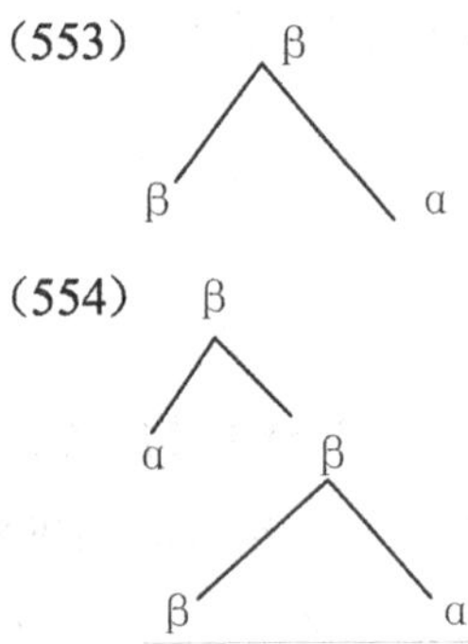

例句(555a)具有歧义，照应词“himself”和“each other”既可以把主句中的主语又可以把从句的主语当成先行语。但是(556b)却没有任何歧义，“himself”和“each other”只能把“who”的语迹当作唯一的先行语。这样根据拷贝理论，(555a)的真实形式应该是(556a、b)：

(555) a. i. John wondered [which picture of himself][Bill saw t]

ii. the students asked [what attitudes about each other] [the teachers had noticed t]

b. i. John wondered [who [t saw [which picture of himself]]]

ii. the students asked [who [t had noticed [what attitudes about each other]]] (Chomsky, 1995: 205)

（556）a. John wondered [$_{wh}$ which picture of himself][Bill saw [$_{wh}$ which picture of himself]]

b. the students asked [$_{wh}$ what attitudes about each other] [the teachers had noticed [$_{wh}$ what attitudes about each other]]

（Chomsky, 1995: 206）

根据对疑问词组分析的不同逻辑式原则可以把(556a)表示为(555a)或者(557b)：

（557）a. John wondered [which picture of himself] [$_{wh}$ t] [Bill saw [which picture of himself [$_{wh}$ t]]]

b. John wondered [which [$_{wh}$ t picture of himself]] [Bill saw [which [$_{wh}$t]picture of himself]]　（Chomsky, 1995: 206）

（557a）和（557b）的语义分别是（558a）和（558b），根据不同的解读，"himself"可以和"John"或者"Bill"照应：

（558）a. John wondered [which x, x a picture of himself] [Bill saw x]

b. John wondered [which x] [Bill saw [x a picture of himself]]

（Chomsky, 1995: 206）

同样的解释方法也可以适用于(556b)，得出和(558)相对应的语义式(559)，在(559a)中"each other"的先行语是"the students"，而在(559b)中"each other"的先行语是"the teachers"：

（559）a.the students asked [what x, x attitudes about each other] [the teachers had noticed x]

b. the students asked [what x,][the teachers had noticed [x attitudes about each other]]　（Chomsky, 1995: 206）

如果我们把例句(555a)中的"saw"用"took"来代替、"had noticed"用"had"来代替，那么句子就变成了(560)中的句子：

（560）a. John wondered [which picture of himself][Bill took t]

b. the students asked [what attitudes about each other] [the teachers had]

（Chomsky, 1995: 206）

首先看一下(560a)，照应词“himself”既可以把主句中的主语“John”又可以把从句的主语“Bill”当成先行语。但是出现了另外的歧义，词组“take...picture”既可以是一个习语表示“照相”又可以解释为“捡起来拿走”，而这种歧义和“himself”的先行语有关系：如果先行语是主句主语“John”，那么就不能解释为一个习语；如果先行语是从句主语Bill，那么就可以解释为一个习语。假如把Bill换成Mary，那么就不会存在习语的解释了。同样，(560b)也应该有同样的解读。但是(560b)中的“have...attitudes”没有习语和字面意义的歧义，所以唯一的解读是学生们问每一个老师对另外一个老师(或老师们)的态度。假如把“teachers”换成“Jones”，就不会有任何解读。为什么会有这种不同呢？(560a) 可以被解读为两个有意义的逻辑式(561a、b)：

(561) a. John wondered [which x, x a picture of himself] [Bill took x]

b. John wondered [which x] [Bill took [x a picture of himself]]

(Chomsky, 1995: 207)

(560b)也可以被解读为两个逻辑式(562a、b)，其中只有(560b)有意义，因为“have...attitudes”只有唯一的意义：

(562) a. the students asked [what x, x attitudes about each other] [the teachers had x]

b. the students asked [what x,][the teachers had [x attitudes about each other]]

(Chomsky, 1995: 207)

早期的乔姆斯基在局部条件的基础上提出了移位要短，就是说，移位操作只能局限在有限的结构中。这种短距离移位可以通过邻接条件来解释，被移动的疑问词组只能跨越最多一个循环节点。

短距离移位的局部限制过去是用来“限制对转换规则的记忆”(Chomsky, 1977b: 111，转引自 Cheng & Corvort, 2006: 10)，而现在这种操作可以用语段不可渗透条件[Phase Impenetrability Condition，被翻译为“层阶诠释性条件”（石定栩，2002）“语段不可渗透条件”（熊建国，2002）和“阶段不透性条件”（邓思颖，2009）]（Chomsky，2000: 108，2001，2004a）来解释。

（563）语段不可渗透条件：

在$[_{ZP}$ Z…$[_{HP}$ α$[_{H}$ H YP]]]中，HP是个语段且ZP是下一个语段（语段为vP和CP），H的辖域不能在ZP中操作。（Chomsky, 2001: 14）

语段不可渗透条件主要是说只有语短的边缘（edge）才能在句法结构中移动到更高的语段，这里语段指的是带完整论元结构的轻动词词组v*P和标句词词组CP等词组，而语段的边缘则指的是指示语（specifier）和中心语。根据语段不可渗透条件对局部条件的解释，显而易见的是，无界限的长距离移位只能是通过不同语段的边缘循环移动而形成的。乔姆斯基（1995）提出的最短语链条件（Minimal Link Condition）和后来提出的不完全干预限制条件（Defective Intervention Constraint）（Chomsky, 2000, 2004a）都属于局部条件。

（564）最短语链条件（Minimal Link Condition）：

只有当不存在一个β而且β比α更邻近K以至于吸引了β时，K吸引α。（Chomsky, 1995: 311）

如果探针α与γ相匹配，但是比γ更邻近α的无活性β与α相匹配时，局部条件就产生干预效应并且阻止（α, γ）的一致。（Chomsky, 2001: 4）

（565）不完全干预限制条件（Defective Intervention Constraint）：

*α＞β＞γ，其中“＞”表示成分统治，β和γ与探针α相匹配，但β无活性，所以匹配效应被阻止。（Chomsky, 2000: 123）

（566）成分统治（c-command）：

α成分统治β，当且仅当：

（i）α不控制β；

（ii）控制α的每一个γ都控制β。（Chomsky, 1995: 35）

根据（564）的语法原则的要求，移位形成的语链越短越好。根据（565）的语法原则的要求，探针（即移位的靶标）总是和最近的潜在匹配特征进入一致的匹配关系，就是说，必须在最小结构内满足依存的要求。如果探针α和一个无活性语类相匹配，这个语类β比相匹配的γ更靠近α，那么就会违反疑问孤岛限制，产生干预效应，α和β之间的一致关系就被阻止了。

早期的循环规则在最简方案（Chomsky, 1993, 1995）中得到了发展。乔姆斯基认为，句法结构的构建是由下而上进行的（bottom up），而这种由下而上的构建必须遵守扩展条件（Extension Condition）：简单说，与一个句法结构K进行外部合并（Merge）和内部合并即移位的操作，总是带来这个句法结构的扩展K*，在K*中包含了它的构成成分K。

（567）扩展条件：

广义转换（Gneralized Transformation）和α移位（Move α）将K扩展到包含构成成分K的K*。（Chomsky, 1993: 22）

在最简方案（Chomsky, 1993, 1995）中，乔姆斯基提出移位必须遵守不得已原则（Last Resort）：只有通过核查某些特征的要求在形态上驱动操作时才能把α移位到靶标K。（Chomsky, 1995: 256）

（568）a. Do you like what?

b. What do you like?

在例（568）中，由于英语特殊疑问句的靶标K即标句词C具有强疑问特征，在形态上驱动了疑问词what从宾语位置移位到标句词组的指示语位置[Spec, CP]，只有这样，标句词C的强疑问特征才能得到核查。换句话说，为了核查标句词C的强疑问特征，α即疑问词what才移位到靶标K即标句词C的指示语位置[Spec, CP]上成为（568b）。

但是，在例（569）中，我们可以把“John”移动到主语位置去核查主句I屈折的强限制词D特征，得出句子（569b）。同样，在例（570）中，我们把“a lot of people”隐性移位到前面去就可以满足主句I屈折的格和一致要求，也能满足“there”的特征要求。这样，根据不得已原则，（569b）和（570a）都应该是合乎语法的句子。

(569) a. seems [(that)John is intelligent]

b. *John seems [(that)t is intelligent]

c. It seems that John is intelligent.

(570) a. *there seem [(that)[$_A$ a lot of people] are intelligent]

b. It seems (that)a lot of people are intelligent.

[Chomsky, 1995(2008): 261]

乔姆斯基提出的自利原则可以解释上述现象。根据自利原则(571),"John"和"a lot of people"的所有特征不需要提升就可以得到满足,所以说(569b)和(570a)都不合乎语法。

(571)自利原则(The Principle of Greed):

只有当在推导过程中α的形态特征没有其他方法可以满足的情况下,移位原则才能提升α。 [Chomsky, 1995(2008): 261]

根据最简方案,疑问词移位时为什么不把疑问特征提升(Move F)到句子的标句词位置,这样不更符合最简方案的精神吗?特征移位的确更符合经济原则,但是乔姆斯基发现特征移位必须携带足够的成分才能聚敛(Converge),聚敛才能成为合乎语法的句子。

(572)经济原则(Economy Principle):

> 推导式和表达式……要求是最简的……推导式中不应有多余的步骤,表达式中不应有多余的符号。(Chomsky, 1998: 89)

由于语音构造的要求,移动一个特征的时候必须把这个单词一起移动,这样句子才能合格。疑问词who, what等有三个构成特征:疑问特征、不定指代词的抽象特征和[±人类]特征。由于英语疑问句中标句词C具有强疑问特征,疑问特征不能单独显性移动到标句词C的指示语位置去核查Q,这样推导就会在语音式中崩溃(Crash),崩溃就是指句子不合乎语法。因此,至少要整个疑问词都必须伴随(pie d-pipe)疑问特征一起显性提升句子,才能聚敛。

(573)

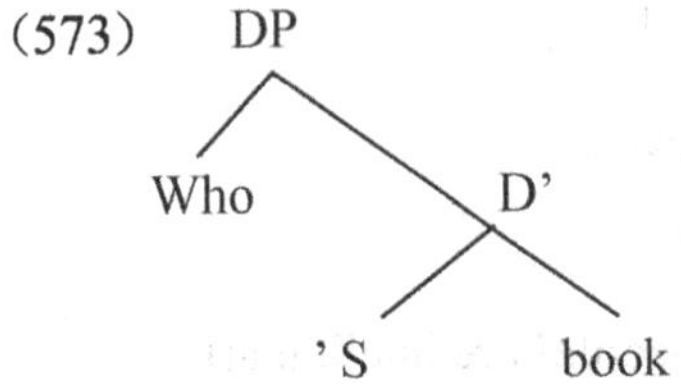

在(573)中，假如特征移位(Move F)仅仅移位疑问特征去核查标句词C的强疑问特征，并把who携带着一起移动，那么留下来的"'S book"至少在语音式就会崩溃，这样推导就不合乎语法。而"whose'不能单独移动，因为它不是一个句法实体，因此移位[wh-]操作的最小语类就是"whose book"这个疑问词组。虽然从计算程序上说只有疑问特征[wh-]移动了，但是其他成分是按照经济原则自动伴随着它一起移位的。

7.5.3 乔姆斯基的语段推导

语段推导是最简方案的最新发展，乔姆斯基提出的语段概念，英语是"phase"(Chomsky, 2000, 2001, 2004a, 2004b, 2005, 2007, 2008)，但是不同的学者采取了不同的翻译，石定栩(2002,2003)和熊仲儒(2002)等翻译为"层阶"，而为了区别翻译"discourse, segment"的术语"语段"和翻译"hierarchy, level"的术语"层阶"，邓思颖(2003,2009)把"phase"翻译为"阶段"。由于"阶段"和"层阶"应用范围似乎更广，我们还是采纳何晓伟(2000)、熊健国(2002)和戴曼纯(2002)等的翻译。

语段的中心语具有一致关系的特征，可以给其他成分赋格或者构成一致关系，还具有边缘(edge)特征(Chomsky, 2005, 2007, 2008)，以保证它的左边存在一个成分诱发移位。语段就是命题，命题就是完成的小句或者拥有完整论元结构的动词词组，前者在句法上就是标句词词组，而后者在句法上就是带有完整论元结构的轻动词词组v*P。轻动词词组有的没有完整的论元结构，乔姆斯基用没有星号的v来表示，这样的动词词组不是语段，而拥有完整论元结构的轻动词词组是语段，乔姆斯基用带有星号的v*来表示。语段在语音方面比较独立，可以进行移位而构成分裂句、假分裂句、前置和外置等语法结构。

乔姆斯基提出的语段不可渗透条件(Phase Impenetrability Condition)(Chomsky, 2000: 108; 2001: 14, 2004a)就是要解决句法推导中的局部(locality)问题。根据这个条件，只有位于边缘位置的成分才能进入下一个语段的推导，位于补足语位置的成分则不能。例如，在推导(574)时，从词库里先选择出来一些词汇，然后在词汇阵列里分出两个小类(575a)和(575b)，将词汇阵列(575a)里面的词汇和v*组成第一个语段——轻动词词组v*P(576)，然后再把(575b)中的时态T和标句词C加入到(576)，时态T吸引"张三"移位到时态词组TP上去而构成了(577)。

(574) 哪一个方向，张三最喜欢？

(575) a. 哪一个方向，喜欢，最，v*，张三

b. T, C

(576) [$_{v*P}$ 张三[$_{v*}$[$_{VP}$ 最喜欢哪一个方向]]]

(577) [$_{CP}$ C[$_{TP}$ 张三[T[$_{v*P}$ ~~张三~~[$_{v*}$[$_{VP}$ 最喜欢哪一个方向]]]]]]

由于汉语是话题优先语言(Li & Thompson, 1976, 1981)，我们可以假设汉语的标句词具有话题的边缘特征，就可以把"哪一个方向"吸引到标句词的前边作为话题。

(578)[$_{CP}$ 哪一个方向[$_{TP}$ 张三[T[$_{v*P}$ ~~张三~~[$_{v*}$[$_{VP}$ 最喜欢~~哪一个方向~~]]]]]]

但是由于"哪一个方向"并不位于边缘位置，所以不能进入下一个推导步骤，(578)的推导并不符合语段不可渗透条件。按照该条件，移位必须在每个语段形成的时候一步一步地移动形成短距离移位，这样"哪一个方向"应该在时态T和标句词C加入之前进行移位，先移位到轻动词v*的边缘位置。

(579) [$_{v*P}$ 哪一个方向 [张三[$_{v*}$[$_{VP}$ 最喜欢~~哪一个方向~~]]]]

然后再把(575b)中的时态T和标句词C加入到(579)，时态T吸引"张三"移位到时态词组TP上去，标句词C吸引"哪一个方向"移位到标

句词词组 CP 上面去，从而构成了（580），这种一步一步的短距离移位遵守了语段不可渗透条件。

（580）[$_{CP}$哪一个方向[$_{TP}$张三[T[$_{v*P}$~~哪一个方向~~[张三[$_{v*}$[$_{VP}$最喜欢~~哪一个方向~~]]]]

我们看一下英语疑问句的移位情况，语段标句词 C 具有边缘特征，而时态 T 没有内在的一致特征，只能从标句词 C 那儿继承过来一致关系特征，这两种特征分别触发非论元移位和论元移位，非论元移位和论元移位可以平行进行，以免产生阻塞（Chomsky, 2008）。由边缘特征触发的移位移动到语段的边缘位置属于非论元位置，而由一致关系特征触发的移位移动到其他位置属于论元移位。英语疑问句在加入标句词 C 和时态 T 之前，疑问词 who 位于轻动词词组 v*P 之内（581），加入标句词 C 和时态 T 之后，标句词 C 和时态 T 所具有的边缘特征和一致关系特征同时触发了疑问词“who”进行移位，疑问词“who”平行移位至标句词词组 CP 和时态词组 TP 上，得到了（582）。标句词 C 的边缘特征所触发的疑问词移位形成了一个算子，即“who$_i$”，而时态 T 所具有的一致关系特征触发的疑问词移位形成了论元语链（A-chain），即“who$_j$”和“who$_k$”构成了论元语链的关系，论元语链受到算子“who$_i$”的约束形成了算子变量的约束关系。论元语链“who$_j$”和“who$_k$”作为变量没有语音内容，在音韵上省略掉，只保留算子“who$_i$”。

（581）a. Who read the book?

b. [$_{v*P}$ who[$_{v*}$[$_{VP}$ read the book]]]?

（582）[$_{CP}$ who$_i$ [C[$_{TP}$ who$_j$ [$_{v*P}$ who$_k$ [$_{v*}$[$_{VP}$ read the book]]]]]]?

语段不可渗透条件还可以解释主宾不对称现象。在（583）中介词词组可以从宾语位置移位到句首，乔姆斯基（2008）认为，介词词组首先从宾语位置移位到轻动词词组 v*P 的边缘，然后再移到标句词词组 CP 的边缘，这样这个句子就合乎语法；但是由于（584）中的介词词组位于主与这个移位故道内所以不能从主语位置移到句首，名词词组“the driver of which car”原来位于轻动词词组v*P内，由时态T的一致关系触发了论元移位，首先移到时态T的指示语DP位置，由于介词词组“of which car”位于主语之内而不是直接位于轻动词词组v*P边缘位置，根据语段不可渗透条件，标句词C的边缘特征无法触发介词词组“of which car”进行非论元移位，所以这个句子不合乎语法。在(584c)中，介词词组“of which car”通过非论元移位移动到时态词组TP的边缘位置，然后再移到标句词词组CP的位置，为什么不可以呢？原因是时态T不是语段，不具有边缘特征，所以不能触发非论元移位。

(583) a. Of which car did they find the driver?

b. [$_{CP}$ PP [C[$_{TP}$ they[$_{v*P}$ PP [$_{v*}$[$_{VP}$ find the driver of which car]]]]]]]?

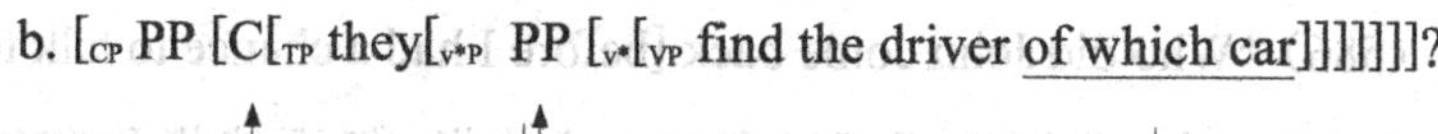

(584) a. *Of which car did the driver cause a scandal?

b. [$_{CP}$ [C [$_{TP}$ DP [T [$_{v*P}$ the driver of which car[$_{v*}$[$_{VP}$ cause a scandal]]]]]]]?

c.* [$_{CP}$ [C [$_{TP}$ PP [DP [T [$_{v*P}$ the driver of which car[$_{v*}$[$_{VP}$ cause a scandal]]]]]]]?

在(585)中为什么被动句中的疑问词移位没有出现疑问孤岛效应呢？介词词组“of which car”在(585)中可以从主语中移位到句首，原因是被动句中轻动词v不具有完整的论元结构(Chomsky, 2008: 147)。被动句中的主语原来位于宾语的位置，时态T的一致关系特征出发整个主语移动到时态的指示语位置，同时标句词C的边缘特征出发位于宾语位置的介词词组“of which car”移到句首。由于时态T和轻动词v都不是语段，标句词C的边缘特征可以触发介词词组“of which car”移位到句首而不违反语段不可渗透条件(585b)。介词词组“of which car”移位到句首之后，形成了(585b)，第一个介词词组“of which car”是算子不能省略，而位于名词词组“the driver of which car”内的介词词组“of which car”是变量，按照复制理论，变量重复的内容被删除，推导出(585a)。

(585) a. Of which car was the driver awarded a prize?

b. [$_{CP}$ PP [C[$_{TP}$ DP [T [$_{vP}$ v [$_{VP}$ V the driver of which car]]]]]]?

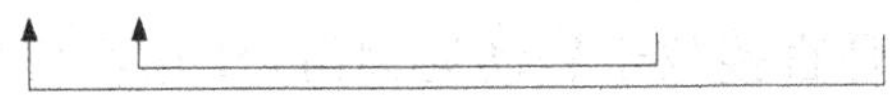

c. [of which] car was [the driver ~~of which car~~] awarded a prize?

乔姆斯基(2004a)认为,附加语有可能在把语段传送(transfer)到语音部分的时候才加入进来,不是在句法之内进行的。作为附加语"before I had a chance to talk to who"应该在完成一个语段之后在传送过程中才插入进来的,所以附加语中的疑问词who没有出现在句法中,也不受句法推导的影响,就不能进行疑问词移位的句法推导,所以(586)不合乎语法。

(586) *Who did John come back [before I had a chance to talk to t]?

在(587)中,代词"he"可以和"John"共指,但不能指称"Bill"。因为介词词组"of Bill"是名词"picture"的补足语,这个名词词组"picture of Bill"原本在句法中和动词"buy"合并,作动词"buy"的宾语,代词"he"和"Bill"共指违反了约束原则的C条件。但是作为附加语的关系从句"that John liked"在传送的时候才插入进来,直接跟移位后的疑问词词组"which picture of Bill"合并,所以代词"he"可以和"John"共指而不违反任何约束原则(Chomsky, 2004: 117)。

(587) Which picture of Bill$_i$ that John$_j$ liked did he$_{*i/j}$ buy?

7.6 算子移位

7.6.1 什么是算子移位?

Andrew Radford(1997: 130-135)做了有关英语算子移位的简要介绍:

(588) a.What languages can you speak?

b.No other colleague would I trust.

例(588)中,每个句子在标句词组的中心语位置都包含一个倒装助动词[(588a)中的"can"和(586b)中的"would"],中心语位置前面的词组

"What languages"和"No other colleague"都各含有一个算子:"What"是个疑问算子,而"No"是个否定算子。从例(589)中就可以看出,这两个算子所在的词组很显然应该分别用作动词的补语,处于有关动词的补语位置:

(589) a.You can speak what languages?

b.I would trust no other colleague.

在(589a)这个回声问中,由于疑问算子词组"what languages"没有提升,而是留在原位,因此例(589a)这样的结构叫作原位疑问句。从例(589)中我们看出在例(588)中的算子词组原本在动词的补语位置生成,后来才移动到整个句子的前面。由于倒装助动词占据了标句词组的中心语C位置,前移的算子词组就占据标句词组的指示语位置(spec-CP或[Spec, CP])(见590)。

(590) a. [$_{CP}$ What languages$_i$ can$_j$ [$_{IP}$ you t_j [$_{VP}$ speak t_i]]]

b. [$_{CP}$ No other colleague$_i$ would$_j$ [$_{IP}$ I t_j [$_{VP}$ trust t_i]]]

例(590)有两种不同的移位操作:中心语移位,即助动词"can"、"would"从屈折I位置移动到标句词组内的中心语位置;算子词组移位,即算子词组从动词的补语位置移动到句首标句词组的指示语位置,如果这个算子词组是以wh开始的[如例(590a)的"what languages"],就叫作疑问词移位。我们主要探讨疑问算子移位的句法问题。

7.6.2 为什么说算子要移位?

在例(590)中,算子移位操作在移出的位置(extraction site)留下了一个语迹,证据之一就是wanna缩略形式(wanna-contraction)。例(590a)中的"want to"可以缩略为例(591b)中的"wanna":

(591) a.I want to go home.

b.I wanna go home.

但是,例(592a)的"want to"为什么不能缩略为"wanna"呢?

(592) a.Who would you want to help you?

b. *Who would you wanna help you?

这是由于“Who”原本就是不定式“to help you”的主语，位于屈折词组IP的指示语位置（见593）。

（593）You'd want who to help you?

例（593）是例（592）的回声问，其中的疑问代词“who”是疑问算子，从原来的屈折词组指示语位置移动到句首标句词组的指示语位置，然后在原来位置就留下了一个语迹（见594）：

（594）Who_i would you want t_i to help you?

根据毗邻原则（adjacency condition），只有两个直接相毗邻的表达式才能发生操作。就是说，两个单词只有在中间没有任何其他障碍的情况下才能发生缩略操作。例（592）由于“want”和“to”之间有一个语迹t，因此不能缩略为wanna。

另外一个证据是have缩略。如果完成体助动词形式have紧紧跟在一个单词之后，而这个单词是以元音或双元音结尾的话，可以缩略为/v/。但是，在例（595）中，（595a）中的“say have”不能缩略为（595b）中的say've：

（595）a.Which students would you say have got most out of the course?

b.*Which students would you say've got most out of the course?

例（596）是例（595）的回声问，从中可以看出，之所以不能发生缩略操作，是由于在通过算子移位移到句首之前，算子词组“which students”是动词“have”的主语。

（596）You would say which students have got most out of the course?

词组“which students”移位后在它移出的位置留下了一个语迹t（见597）。根据毗邻原则，“say”和“have”之间由于存在一个语迹t，便不能发生缩略操作。

（597）Which studentsi would you say ti have got most out of the course?

7.6.3 汉语疑问词是算子吗?

例(588)在汉语中的对应句子是例(598):

(598) a.你会讲什么语言?

b. [$_{CP}$ C [$_{IP}$ 你 [$_{VP}$ 会讲什么语言]]]?

从例(598)中可以看出,在汉语标句词组中,中心语标句词是空的,不包含倒装助动词,中心语前面的位置也没有任何显性成分。所以汉语的疑问词是原位疑问句(我们不讨论疑问词用作话题时的情况,因为话题是与语境等因素有关的),标句词组的指示语位置因此也是空的。英语中存在的两种形式的移位即中心语移位和算子移位在汉语疑问句如例(598)中并不存在。英语中的两点算子移位的证据能不能说明汉语中确实不存在算子移位呢?

汉语中同例(591)相对应的句子是例(599)。

(599) 我想回家。

例(599)中,"想"和"回"不能缩略成一个动词"想回","回"和"家"合并,然后"想"和"回家"合并,才构成了(599),不存在例(592)中的"wanna"缩略。关键是英语的例(592)在汉语中的对应句子实际上很像(592)的回声问(593)(见600),而不是例(600b):

(600) a.你想让谁帮你?

b.*谁你想让帮你?

例(595)在汉语中对应的句子是例(601):

(601) a.你说哪个学生得分最高?

b.* 哪个学生你说得分最高?

(601a)是个常规疑问句,(601b)则是一个话题句,"哪个学生"用作话题,与疑问句算子移位不能等同。从例(601)中我们看出,汉语疑问词并不存在移位,也没有留下一个语迹,不能构成一种算子变量约束关系,我们可以认为汉语疑问句中的疑问词并不是一个算子(马道山,2001:23-37)。这一点和(Aoun & Li, 1993: 213-216)的观点一致。

在例(602)中,Aoun & Li(1993: 213-216)认为汉语中所谓的疑问成分和英语疑问成分不同，既可以用作疑问词又可以用作非疑问性的不定指成分。

(602) a. 他以为我喜欢什么？

b. 他以为我喜欢什么。

在(602b)中“什么”是不定指代词，相当于“某些东西”或“任何东西”，这就表明汉语中的疑问成分并不是内在的疑问算子。汉语的疑问成分必须与最近的允准语相联系。在(602b)中，“什么”的不定指用法是由动词“以为”允准的。而在(602a)中，“什么”的疑问用法是由一个允准语所允准的，这个疑问允准语是一个真正的算子，必须与疑问词相联系。他们认为汉语的疑问词不是一个真正的算子。

既然汉语的疑问词不是一个疑问算子，那么我们是否可以认为在汉语中最简方案对疑问词移位的解释并不符合汉语的语言事实呢？为了更好地说明问题，我们将从疑问特征核查、算子主语和隐性空算子三个方面对英汉语疑问句进行详细的观察。

7.6.4 疑问特征核查

7.6.4.1 英语疑问句

为什么疑问算子必须移动到句首的指示语位置呢？根据最简方案，疑问算子移位是由启发式的自身利益(enlightened self-interest)所引起的，是为了核查其他成分的特征而触发疑问算子移位，因此，疑问算子移位的动机是利他主义(altruism)的行为。标句词组的中心成分标句词具有疑问[+wh]指示语特征，疑问算子如例(603)的“what”具有疑问[+wh]中心语特征。为了核查标句词的疑问指示语特征，疑问算子“what”移动到句首的指示语位置，这样标句词的疑问指示语特征便得到了核查。由于指示语特征是不可解释的，也就是说，这个特征不能进入逻辑式中去，标句词的疑问[+wh]指示语特征一旦得到了核查，就被取消。(见603)

(603) a.What was he doing?

b.He was doing what?

在例(603a)中倒装助动词“was”原本位于INFL屈折位置，疑问算子

"what"原本位于动词"doing"的补语位置。由于疑问句的标句词是强中心语，具有强疑问中心语特征，因此，助动词"was"从屈折位置移动到标句词位置。由于疑问标句词携带疑问指示语特征，要求指示语具有疑问中心语特征，这样在例(604)中"what"移动到了标句词组的指示语位置。

(604) [$_{CP}$ What$_i$ was$_j$ [$_{IP}$ he t$_j$ [$_{VP}$ doing t$_i$]]]

在(603a)中，由于疑问句的标句词是强中心语，助动词"was"必须从屈折形式INFL位置移动到标句词位置。疑问句的标句词具有疑问指示语特征，疑问算子"what"移动到句首的指示语位置，这样标句词的疑问指示语特征就可以通过指示语"what"的中心语特征得到了核查。核查是一种疑问句的标句词和疑问指示语之间的局部中心语指示语关系，核查之后，标句词不可解释的指示语特征[+wh]就被取消了(见604)。由于疑问句中的"what"是疑问算子，在句子的语义解释中起着决定性的作用，可以进入到逻辑式，因此"what"的中心语特征在逻辑式中是可以解释的，所以不能被取消。

7.6.4.2 汉语有关问题

在汉语中，疑问词并不发生任何形式的移动，那么应该怎样解释最简方案中有关算子移位的问题呢？汉语与(603)相对应的句子应该是(605)[3]。

(605) 他在做什么？

有趣的是，例(605)在结构上和例(603a)不相同，在英语的句子中疑问词发生了移动，而在汉语中没有；而例(605)在结构上和例(603b)却相同，英语的回声问和汉语的特殊疑问句在结构上相同，都没有发生疑问词移位。根据以上观察，我们可以把(605)的结构用图式表示如下：

(606) [$_{CP}$ C [$_{IP}$ 他在 [$_{VP}$ 做什么]]]

从(606)我们可以发现，由于汉语的疑问语序和陈述语序是一样的，

[3] 本节的汉语例句作者参考了Radford, Andrew (1997)的有关英语例句。

而且我们在判断它是一个疑问句还是一个陈述句时，往往不是在句子的前面，而是在句子的疑问焦点上。由于汉语的标句词组指示语位置是空的，标句词位置也是空的，就不需要通过疑问词的向前移动来核查（马道山，2001）。

由于（605）是一个特殊疑问句，如果生成语法的普遍原则是正确的话，特殊疑问句的标句词组指示语应该具有疑问特征；而且标句词的中心语特征也应该具有疑问特征，这样，如何才能运用生成语法的有关理论解释汉语特殊疑问句呢？我们是否可以假设在汉语特殊疑问句中，标句词的中心语特征具有很弱的疑问特征，因此疑问词并不需要移位而使这一弱疑问特征得到核查。我们还可以借鉴最简方案关于是非问句的解释，假设标句词组指示语位置有一个空算子Op，它和疑问词"什么"构成了算子变量约束关系，这个空疑问算子通过约束疑问词"什么"而指派给该疑问词的逻辑辖域（马道山，2001）。在例（603）中，疑问词"什么"的宽辖域只有通过这个空算子才能得到合理的解释。如果这一假设是正确的话，那么汉语的特殊疑问句研究就可以更好地纳入最简方案下进行。

7.6.5 算子主语

但是，像（607a）这样的疑问句中疑问词是主语时，是不是也可以这样解释呢？如果我们认为所有的特殊疑问句中都包含着一个疑问算子，而这个疑问算子又必须移动到指示语位置的话，那么例（607b）中的疑问算子"who"就必须移动到指示语位置（如607所示）。

（607）a.Who helped him?

b.$[_{CP}$ Who$_i$$[_{IP}$ t_i $[_{VP}$ helped him]]]

7.6.5.1 算子主语不必移位

由于英语疑问句中标句词的疑问特征是强的，能够触发助动词倒装。也就是说，我们可以假设（607a）中疑问算子"who"后面跟一个弱读的助动词"did"，而成为例（608）。

（608）*Who'd help him?

例(609)是一个不合语法的句子。这说明把疑问算子"who"移动到指示语位置是错误的。如果"who"不移动到指示语位置而留在原位，那么这个句子的结构应该是(609)而不是(607b)。

(609) [$_{IP}$ Who [$_{VP}$ helped him]]

这说明英语疑问句主语是疑问词时，这类疑问句的结构应该是屈折词组IP。为什么会出现(607)和(608)这样的不对称现象呢？根据经济原则，为了保证一个词组能够在逻辑式层面上得到恰当的解释，我们只把一个结构做最简单的投射。由于例(607)中主语是疑问词，在屈折词组IP的指示语位置已经有一个疑问算子"who"的存在，所以通过只把句子投射到屈折词组上来，就可以满足对疑问指示语特征的要求。这样，在逻辑式层面上屈折词组就可以解释成一个疑问句。如果再费周折把疑问算子"who"移动到标句词组的指示语位置，就显得多余，违背了经济原则。但是在多项疑问句或者宾语是疑问词的其他疑问句中，疑问算子必须移动到标句词组的指示语位置，标句词的中心语特征才能得到核查。由于核查之后，有关特征便被取消，只能有一个疑问算子被允准移动到标句词组的指示语位置。

7.6.5.2 汉语有关问题

当汉语的疑问词作主语时，位于IP指示语位置的"谁"不是一个算子，因此在逻辑式不能解释为疑问句。那么应该怎样解释例(610)呢？

(610) 谁帮过你？

例(610)前面可以加一个"是"，这个动词"是"位于中心语标句词位置，说明汉语的疑问句(610)IP结构前还有一个标句词组(马道山，2001)，那么标句词组的指示语位置就应该有一个算子(见609)。

(611) [$_{CP}$ Op$_i$ 是[$_{IP}$ 谁$_i$[$_{VP}$ 帮过你]]]

(611)中标句词组的指示语位置基础生成一个空算子，与"谁"构成算子变量约束关系(见612)，这样(608)就得到了合理的解释。

(612) [$_{CP}$ Op$_i$ [$_{IP}$ 谁$_i$[$_{VP}$ 帮过你]]]

7.6.6 空算子

马道山(2001:23-37)认为汉语疑问句在标句词组指示语位置基础生成一个空算子,主要是借鉴最简方案关于英语一般疑问句(yes-no question)中存在一个隐性空算子的论断。

7.6.6.1 英语一般疑问句

前面我们认为只有句子含有一个疑问算子,这个句子在逻辑式才能解释为疑问句。那么,是非问的句法结构中也有一个疑问算子吗?

(613) Is it raining?

如果所有的疑问句都包含一个疑问指示语,那么是非问中包含什么样的指示语呢? Andrew Radford(1997: 145)认为,在标句词组的指示语位置直接生成了某种抽象的疑问算子。这样,例(614)就是例(613)的推导式。

(614) [$_{CP}$ Op$_i$ is [$_{IP}$ it[$_{VP}$ raining]]]?

在例(614)中Op是个空算子,是基础生成的,与标句词is it raining合并(merge)构成了标句词组:Op is it raining? 如果空算子的假设是正确的,那么最简方案关于疑问句只有包含一个疑问算子才能在逻辑式中得到解释的说法就更加合情合理了。

7.6.6.2 汉语有关问题

以上我们分析了汉语特殊疑问句中,标句词组指示语位置基础生成一个空算子(马道山,2001),在像(615)这样的是非问句中这个空算子也存在吗?

(615) 天下雨了吗?

Aoun & Li(1993)认为汉语中存在着疑问标志词"呢"和"吗",位于句末指示语位置,可以用作算子,然后提升到恰当位置上并成分统领整个句子。Cheng(1991)认为像"呢"和"吗"这样的小品词出现在S-结构的标句词位置,即句末位置。"呢"用来确定特殊疑问句或A-非-A问句,"吗"用来确定是非问句类型,"呀"用与感叹句,"吧"用于祈使句。Cheng(1991)认为,这样的小品词不出现时,应该有一个相应的隐性算子来确定疑问句的性质(伍雅清,2000:388)。

问题是汉语里有四种主要疑问表达手段“特殊疑问词”、“析取连词”、“谓语反复形”和“句末语气词”(张伯江,1999:106),如果句末语气词“呢”和“吗”能作为算子,那么其他三个为什么不能用作算子呢?“呢”和“吗”作为疑问标记可以用作疑问算子,那么其他疑问标记“疑问语调”、“特指疑问词语”和“疑问句法结构”(李宇明,1997:97)是否也可以用作算子呢?如果能,和上面我们所观察的汉语疑问词不是真正意义的算子相矛盾。在我们没有更好地解决上述问题之前,我们是否可以假设汉语的“吗”和“呢”确实是疑问算子,那么(615)的结构应该是(616):

(616) [$_{IP}$ 天 [$_{VP}$ 下雨了[$_{C}$ 吗]]]

(616)的问题是如果汉语标句词组的指示语位置位于句末,那么我们上面的观察就应该重新进行。说明汉语的 标句词组CP节点低于VP,更低于IP,这就违背了普遍语法原则。看来(615)的结构应该是(617):

(617) [$_{CP}$ 吗$_{i}$ [$_{IP}$ 天[$_{VP}$ 下雨了 t_{i}]]]

在(617)中,“吗”的移位显然不如(618)更符合经济原则。

(618) [$_{CP}$ Op[$_{IP}$ 天[$_{VP}$ 下雨了[$_{C}$ 吗]]]]

这样,我们认为汉语的一般疑问句与英语的一般疑问句一样,在句首指示语位置,都基础生成了一个空算子,这就使我们的研究更加符合最简方案普遍语法原则(马道山,2001)。

但是空算子的说法是否解释力太强,如果是基础生成的话,是否存在着循环论证的嫌疑。为什么有空算子是因为这个句子是疑问句,为什么是疑问句是由于这个句子有空算子。绕来绕去,总是对的。感兴趣的读者可以把这种解释方法同Hu(2002)的纯粹句子分类假设(PCTH)进行比较:①在疑问词移位的语言中,当切仅当一个疑问词通过在不违反强疑问岛的情况下显性递次移动到[Spec, CP]位置时,该句子才能被确定为wh-疑问句;②在疑问小品词语言中,当切仅当一个疑问词通过一致操作或者通过选择函数与最近的C[+Q]解读时，该句子才能被确定为wh-疑问句。这应该是一个很有趣的课题。

7.6.7 特征移位

根据最简方案，疑问词移位时为什么不把疑问特征提升(Move F)到句子的标句词位置，这样不更符合最简方案的精神吗？特征移位的确更符合经济原则，但是乔姆斯基发现特征移位必须携带足够的成分才能聚敛(Converge)，聚敛才能成为合乎语法的句子。

(619) 经济原则 Economy Principle：

推导式和表达式……要求是最简的……推导式中不应有多余的步骤，表达式中不应有多余的符号。(Chomsky, 1989: 89)

由于语音方面的限制，特征不能移位。"是音系成分的特征要求整个单词和特征一起伴随移位。"(Chomsky, 1995: 262)

由于语音构造的要求，移动一个特征的时候必须把这个单词一起移动，这样句子才能合格。疑问词who，what等有三个构成特征：疑问特征、不定指代词的抽象特征和［±人类］特征。由于英语疑问句中标句词C具有强疑问特征，疑问特征不能单独显性移动到标句词C的指示语位置去核查Q，这样推导就会在语音式中崩溃(Crash)，崩溃就是指句子不合乎语法。因此，至少要整个疑问词都必须伴随(pie d-pipe)疑问特征一起显性提升，句子才能聚敛。

如果乔姆斯基的上述说法是正确的话，特征移位的最小单位应该是词组，那么疑问词移位的词组特征就会引起自由推导。这种观点无论理论上还是实证上都有问题，在理论上和乔姆斯基的语段推导相矛盾，在事实上会引起意想不到的结果。

Caterina Donati(2006: 23)指出，这种方案的理论根据是错误的。依据上述理论，中心语移位就违反了句法要求，特别是中心语移位并不能扩展靶标。(620)的树形图说明这种情况是存在的。在中心语嫁接情况下，动词移位到屈折或者动词移位到标句词时，两个中心语合并后形似一个成分，构成了一个派生词汇。

(620)

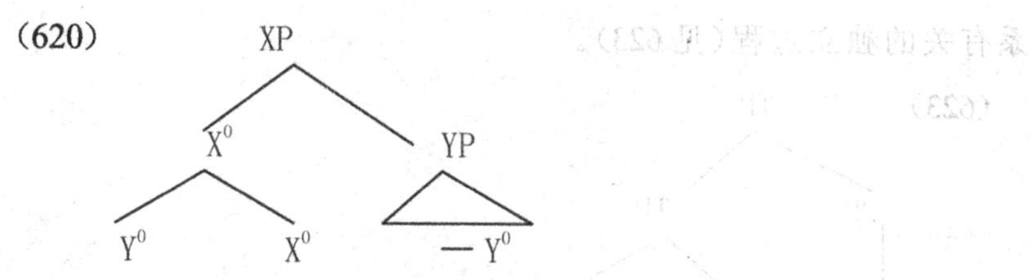

但是中心语移位不仅可以产生上面的树形图结构，它还可以生成其他类型的中心语移位树形图。假设中心语X具有不可解释性特征α，需要在推导过程中删除掉，如果中心语Y具有可匹配特征β，那么这个中心语Y就可以和该结构树形图的树根合并（见621），合并之后根据拷贝理论，原来的中心语Y可以删除。

(621)

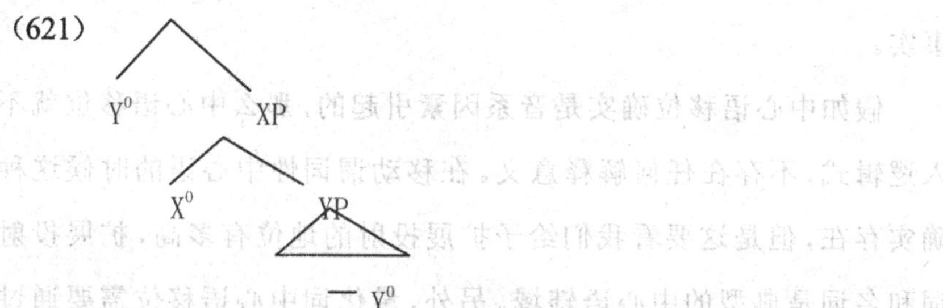

根据扩展投射原则（Extended Projection Principle）(620)，把一个特征匹配的新成分合并到树形图上的根部，就构成了(621)。这种中心语的合并可能是由于语音方面的要求而实现的，有时候这两个中心语的邻接和句法无关，而只不过是音系上的词缀化。

(622) 扩展投射原则：

词汇要求（语类，次范畴和题元特征）和结构要求（句子要有主语）在各个句法层次都必须得到统一的满足。

这种词缀化的情况确实出现在意大利语中。关于罗曼语中的附着词分析，存在的问题是它们生成在最大投射位置，但是却附加在屈折中心语上。如果要把附着词看作词组的话，那么在派生过程中由于移位嫁接到中心语上就改变了这种词组身份。下面的派生过程可以保留附着词的词组身份而把它当作词组进行移位，这种限定词至时态的合并是和音系有关的独立过程（见623）。

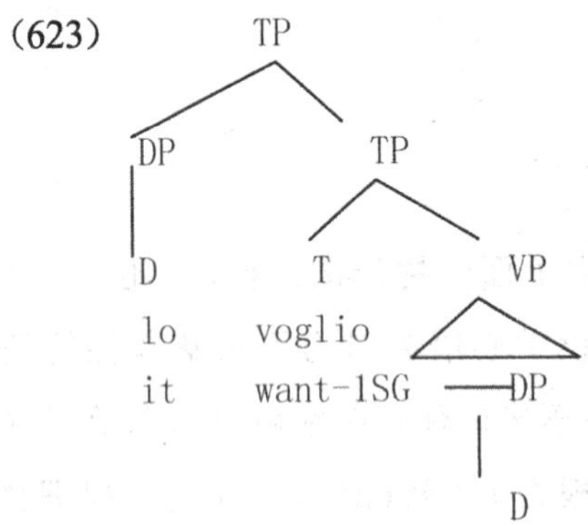

总而言之，中心语可以进行循环移位，中心语的循环移位符合语言事实。

假如中心语移位确实是音系因素引起的，那么中心语移位就不能进入逻辑式，不存在任何解释意义。在移动谓词性中心语的时候这种情况确实存在，但是这要看我们给予扩展投射的地位有多高，扩展投射的动词和名词是典型的中心语辖域。另外，量化词中心语移位需要通过逻辑式机制来获得辖域，说明存在中心语移位的逻辑式效应。

假如中心语移位确实是音系因素引起的，那么这种观点和语段推导的相关运算相违背。假如动词中心语必须移位到时态去核查有关的不可解释性特征，在轻动词词组第一语段，动词词组作为轻动词的姐妹被送到大拼读进入音系，但是这个语段的边缘轻动词还不能进入音系。这就意味着中心语移位的起始地和落脚地在同一个语段中不能同时进入音系中，解决的方法就是等下一个语段被传送到语音式的时候进行动词至时态的移位，但是这时候推导必须在两个语段内进行，带来了运算的负担，不符合语段理论的精神（Matushansky, 2006）。

（624）
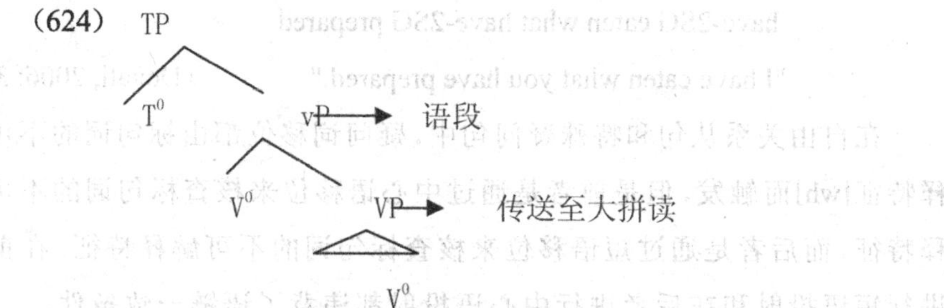

假如同乔姆斯基(2001)所认为的一样，把中心语移位放入语音部门去解决，那么就意味着在语音式中还有句法操作，这样就带来两种问题：词组移位如外置现象发生在语音式里（乔姆斯基，2000)，那么词组移位同样也发生在语段在被发送到语音式之前，这种矛盾无法解决；词组移位和中心语移位都是由特征所触发的，为什么中心语移位发生在语音式，而大多数词组移位发生在在语段在被发送到语音式之前。这说明乔姆斯基有关特征移位的观点有问题。

在关系从句中，疑问词移位是中心语移位，而在疑问句中疑问词移位是短语移位（即词组移位)，关系从句是复杂名词结构，而疑问句是简单句，在自由关系从句中疑问词不能是短语(625a)和(626a)，只能是光杆词(625c)和(626c)，这种现象可以在英语和意大利语中得到证明。

（625）a. *I shall visit [what town] you will visit [t].

b. I wonder [what town] you will visit [t].

c. I shall visit [what] you will visit [t].

（626）a. *Ho mangiato quanti biscotti hai preparato [t]

have-1SG eaten how-many cookies have-2SG prepared

"*I hav eaten what cookies you have prepared."

b. Mi chiedo quanti biscotti hai preparato [t].

me wonder how-many cookies have-2SG prepared

"I wonder how many cookies you have prepared."

c. Ho mangiato quanto hai preparato [t]

have-2SG eaten what have-2SG prepared

"I have eaten what you have prepared."（Donati, 2006: 32）

在自由关系从句和特殊疑问句中，疑问词移位都由标句词的不可解释特征[wh]而触发，但是前者是通过中心语移位来核查标句词的不可解释特征，而后者是通过短语移位来核查标句词的不可解释特征。在前者进行短语投射和在后者进行中心语投射都违背了语链一致条件。

（627）语链一致条件：

语链在短语结构地位上要一致。（Chomsky, 1995: 253）

在比较状语从句中，疑问词移位呈现出孤岛效应。在(628)中，来自英语和意大利语的两个例句都违反了复杂名词词组限制，在(629)中两个分别来自英语和意大利语的例句违反了疑问孤岛限制。

（628）a. *I ate more cookies than I met a man who ate [t].

b.*Ho mangiato più biscotti di quanti ho incontrato un uomo che ha mangiato [t]

have-1SG eaten more cookies of WH have-2SG met a man who has eaten

（629）a. *I ate more cookies than I wonder who ate [t].

b. *Ho mangiato più biscotti di quanti mi chiedo chi ne abbia mangiati [t].

have-1SG eaten more cookies of WH me wonder who of-them has eaten（Donati, 2006: 34）

比较状语从句具有名词性特征，所以移位词移位属于中心语移位，在罗马尼亚语(630)和保加利亚语(631)中，疑问词作为中心语在比较状语从句中(a、b)移位，而在疑问句(c)中则作为短语进行移位。

（630）a. *Maria e cu mul mai desteat? dec? t de frumoas ã e Zamfira [t]

Maria is with much more clever of-WH of beautiful is Zamfira

"*Maria is much more clever than beautiful Zamfira is."

b. Maria e cu mul mai desteat ã dec î t e Zamfira [t]de frumoas ã

Maria is with much more clever of-WH of beautiful is Zamfira

"Maria is much more clever than Zamfira is beautiful."

c. C î t de frumoas ã e Zamfira [t]?

WH of beautiful is Zamfira

"How beautiful is Zamfira! "（Grosu, 1994; from Donati, 2006: 35）

（631）a. *Ivan izpi povece vino ot-kolkoto bira Maria izpi [t]

Ivan drank more wine of-how-much beer Maria drank

"*Ivan drank more wine than beer Maria drank."

b. Ivan izpi povece vino ot-kolkoto Maria izpi [t] bira.

Ivan drank more wine of-how-much beer Maria drank

"Ivan drank more wine than Maria drank beer."

c. Kolko bira izpi Maria [t]?

how-much beer drank Maria

"How much beer did Maria drink?"

d. * Kolko izpi Maria [t] bira?

how-much drank Maria beer

"*How much did Maria drink beer?"

（Izvorsky, 1995; form Donati, 2006: 35）

由此可见，乔姆斯基根据特征移位的特点，试图将中心语移位排除在句法之外的做法欠妥。

乔姆斯基认为，由于语音构造的要求，移动一个特征的时候必须把这个单词一起移动，这样句子才能合格。疑问词who，what等有三个构成特征：疑问特征、不定指代词的抽象特征和[±人类]特征。由于英语疑问句中标句词C具有强疑问特征，疑问特征不能单独显性移动到标句词C的指示语位置去核查Q，这样推导就会在语音式中崩溃（Crash），崩溃就是指句子不合乎语法。因此，至少要整个疑问词都必须伴随（pie d-pipe)疑问特征一起显性提升，句子才能聚敛。但是在英语特殊疑问句中如果主语是疑问词的话，疑问词是否必须移位？

(632) Who left?

(633) a.[$_{CP}$ who$_i$ [$_{IP}$ t$_i$ left]]

b.[$_{CP}$ [$_{IP}$ who left]]

根据George(1980)提出的、后来Chomsky(1986)采纳的空移位假设(Vacuous Movement Hypothesis)，(633b)表面上似乎可以印证这一分析。

(634)空移位假设：

作主语的疑问词不需要局部移位到标句词组的指示语位置。

在主语是疑问词的疑问句中(635c)没有清晰的证据来表明疑问词移位过而且也没有清晰的证据来表明句子发生过倒装，并且主语是疑问词的疑问句(635d)不需要助动词do的支持，这和其他特殊疑问句(635a、b)不同。

(635) a. [$_{CP}$ what$_i$ has$_j$[$_{IP}$ John t$_j$ bought t$_i$]]?

b. [$_{CP}$ how$_i$ has$_j$[$_{IP}$ John t$_j$ boughtthe book t$_i$]]?

c. [$_{CP}$ [$_{IP}$ who has bought the book]]?

d. [$_{CP}$ [$_{IP}$ who bought the book]]?

根据经济原则的要求，Agbayani(2000; 2006: 82)重新对空移位假设进行了定义：

(636) 空移位假设：

应用特征移位；阻止伴随移位(pied-pipe)。

特征移位在大拼读之前进行应用，就会产生树形图(637)。在(637)中，标句词C没有语音内容，标句词C具有疑问特征，吸引疑问词who的疑问特征移位到该位置，箭头仅代表疑问特征的移动。伴随移位被经济原则所阻止：避免多余步骤。疑问词who和它的疑问特征邻接，中间没有任何语音成分干扰它们。所以不需要进行伴随移位操作就可以满足疑问词who和它的疑问特征邻接的要求，只移动疑问特征就可以使得句子聚敛。

(637)

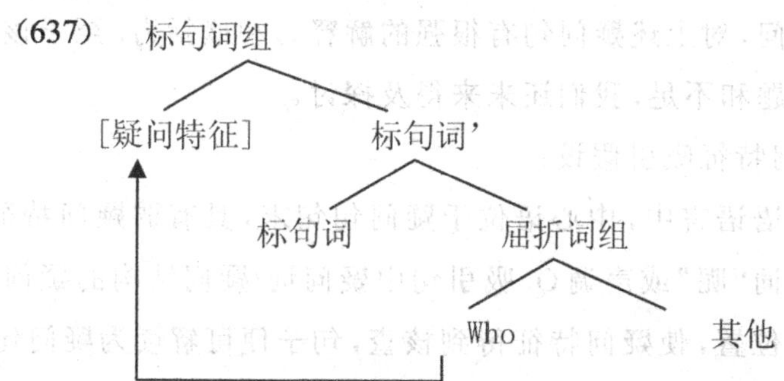

这种对于疑问词为主语的疑问特征分析确实有它的优点，但是问题是为什么在这类疑问句中标句词C不具有很强的疑问特征，吸引整个疑问词 who 移位到标句词组的指示语位置？或者说为什么在其他主语不是疑问词的疑问句（635a、b）中疑问词移位不采取疑问特征移位来满足句子的要求呢？如果仅仅进行疑问特征移位不是更符合经济原则吗？

在德语的部分疑问词移位结构中，主句的标句词组的指示语位置总是被一个疑问辖域标记所占有，而真正的疑问词占据了从句的指示语位置。Cheng（2000）把这种结构解释为疑问特征移位到主句的标句词组，然后疑问词组部分伴随移位到从句的标句词组。主句中的疑问特征总是用 was 来表示，而后面的疑问词组 mit wem 通过提升的疑问特征而占有宽域，虽然疑问词组本身没有移位到句首位置。根据上述分析，疑问特征首先移位到从句的标句词组位置，这就触发了疑问词组的伴随移位。然后疑问特征又移位到主句的标句词组位置，而这一次却把疑问词组留在了从句才的标句词组位置。

(638) Was glaubt Hans [$_{CP}$ [$_{PP}$ mit wem]$_i$ [$_{IP}$ Jakob jetzt t_i spricht]]?

WH thinks Hans　　with whom　Jakob now talks

"With whom does Hans think that Jakob is now talking?"

(McDaniel, 1989:569)

根据经济原则，马道山（2004；2008：108；2015）提出了疑问特征吸引假设，该假设主要强调疑问特征移位说，可以解释现代汉语特殊疑问句、选择问和正反问，对上述疑问句有很强的解释力和概括力。至于该假设可能存在的问题和不足，我们还未来得及探讨。

(639) 疑问特征吸引假设：

在空指示语语言中，中心语位于疑问句句末，具有弱疑问特征，可以体现为语气词“呢”或声调Q，吸引句中疑问词/疑问结构的疑问特征移动至指示语位置，使疑问特征得到核查，句子便可解读为疑问句。

我们的问题是为什么在德语主语不是疑问词的疑问句中，疑问词组“mit wem”可以进行部分移位，并且在这类句子中确实存在疑问特征移位呢？如果疑问特征吸引假设是正确的话，为什么在汉语中特殊疑问句、选择问和正反问中的疑问词/疑问结构的疑问特征可以移动至指示语位置？为什么在英语的句子“With whom does Hans think that Jakob is now talking?”中作宾语的疑问词组必须伴随移位到句首标句词组指示语位置呢？为什么在英语的句子中不进行疑问特征移位而更好地满足经济原则呢？

7.7 疑问词移位观点的再探讨

7.7.1 标句词和屈折词组

英语中为什么说存在标句词？在英语句子中，主语的前面经常存在一个小品词that，for，if，这些小品词主要用来引导作为动词、名词或者形容词的补足语的从句，所以称为标句词(complementizer，一般缩写为Comp，或者C)。标句词是用来表达语法特征的功能词，可以表示从句是有定还是无定。比如，标句词that和if表示引导的从句为定式句，而标句词for引导不定式但是不能引导时态句。

标句词有三种语法功能[Radford，1997(2002)：54-58]：第一，它们引导的从句是其他词汇的补足语。第二，它们可以用来表明所引导的小句是定式句还是不定式。第三，它们表达行事语力的语用和语义功能。我们为什么需要一个新的语类叫标句词？比如说，把标句词that分析为一般的限定词不可以吗？首先在语音上，标句词that中间的元音一般要弱读，而限定词的中间元音一般重读。作为限定词的 that 可以被其他限定词this 和 the 替换并且可以用作代词，而作为标句词的 that 却不能。标句词if 能不能分析为一般的疑问词呢？标句词 if 和一般疑问词 where, when, whether 不仅在形式上不同，而且在分布上也不同。一般疑问词 where, when, whether 可以用于定式句和不定式中，而标句词 if 只能局限于引导定式句。标句词 if 和一般疑问词另外一个不同之处是它不能引导一个作介词补足语的从句。第三点不同是一般疑问词可以和另外相同疑问副词并列使用而标句词 if 只能单独使用。标句词 for 能不能分析为一般的介词呢？标句词 for 是没有语义内容的功能词，而介词 for 具有语义内容，它的前面可以用副词 straight, right 来修饰。标句词 for 引导的小句可以是句子的主语，而介词 for 引导的小句不能作主语。标句词 for 可以引导一个不定式补足语，而介词 for 不能。如果把介词 for 后面的名词用疑问词提问时，疑问词必须置于句子的最前面，而如果把标句词 for 后面的名词用疑问词提问时，疑问词不能置于句子的最前面。标句词 for 后面引导的小句可以用另外一个标句词引导的从句替换，介词 for 后面的小句则不可以。综上所述，英语中存在一个语类——标句词。那么在汉语中有没有标句词呢？这是一个值得探讨的问题，很多学者认为汉语的语气词可以看成是标句词（Cheng, 1991; B. Li, 2006; Li, 1992; Anoun & Li, 1993; Tsai, 1994; Tang, 1998; Lee,1986; 汤廷池，1989; 邓思颖，2002，2003，2010; 石定栩、胡建华，2006; 何元建，2007，2011 等），乔姆斯基（Chomsky, 1995: 289）认为标句词和语力有关，同意 Cheng（1991）的看法，承认标句词的功能就是决定句类。但是在汉语中，语气词不能引导补足语，不能决定句子是不定句式还是定式句，另外语气词和句子类型的关系也不是很确定的，我们可以说是句型决定了使用什么语气词，而不是语气词决定了句子的类型。下面我们看一下西方的有关文献对标句词的研究。

所以把语气词看作是标句词，是否欠妥，具体情况我们留待以后专门研究。

汉语里有一个内容宾语标句词是“说道”的“道”（刘丹青，2004）吗？汉语句子“张三说道：‘你的衣服很漂亮’”中的“说道”并不能引导一个间接宾语从句，只能放在一个直接宾语从句的前面。我们不能说：“张三说道我的衣服很漂亮”，在间接宾语从句前面用“道”是多余的。把“说道”的“道”看成是标句词是否恰当值得研究。

另外英语的标句词that和if只能局限于引导定式句，而标句词for引导不定式但是不能引导时态句，汉语中没有定式句和不定式句的区分（Hu, Pan & Xu, 2001），为什么会有必要存在时态和曲折？众所周知，英语句子标句词组下面的屈折词组在句法研究中也非常重要，但是汉语的词类没有屈折变化，汉语没有形态变化（高名凯，1955；刘正埮，1957；邢公畹，1992；李临定，1992；陆俭明，1993等），为什么一定要把汉语的句子也分析为屈折词组呢？这样做有什么证据吗？汉语中没有时态标记（Hu, Pan & Xu, 2001），所以汉语中没有TP。当然汉语中到底有没有时态是一个有争议的问题，这同样使得汉语的句子能不能被看作有时态词组也成为一个未解决的问题。

在英语疑问句中，疑问词移位到句首标句词组的指示语位置时，助动词也要移位，由于助动词移位到标句词和主语的中间，所以语言学家认为助动词在特殊疑问句中要移位到标句词位置，理由有两个：第一个证据，在句子“John wondered whether he would get a degree”中，当疑问词whether位于标句词位置时助动词would就不能移位到这一个位置去了，我们不能说“John wondered whether would he get a degree”，这就证明倒装句中的助动词位于标句词的位置；第二个证据，在古英语中，我们可以说：“One must be vigilant, whether it be home or abroad”，但是我们不能说：“One must be vigilant, whether be it home or abroad"，原因是标句词 whether 不能和助动词be同时位于主语it前面的位置，这同样可以证明倒装句中的助动词位于标句词的位置。如果上述看法是正确的，那么是否可以认为倒装句中的助动词也是标句词了呢？陈述句中的助动词为什么不是标句词呢？倒装句中的助动词和陈述句中的助动词是不同范畴的词吗？如果倒装句中的助动词不是标句词，为什么要把助动词移位到标句词下面呢？在其他语言中，倒装句中的助动词也位于标句词的位置吗？这也需要解释。

7.7.2 桥现象

根据最简方案，由于英语特殊疑问句的靶标K即标句词C具有强疑问特征，在形态上驱动了疑问词 what 从宾语位置移位到标句词组的指示语位置[Spec, CP]（见 639—641），只有这样，标句词 C 的强疑问特征才能得到核查（见 639—641）。换句话说，为了核查标句词 C 的强疑问特征，α即疑问词"what"才移位到靶标K即标句词C的指示语位置[Spec, CP]（见 639—641）。或者在形态上驱动了话题"this book"由从句宾语位置移位到标句词组的指示语位置[Spec, CP]，标句词C的强话题特征才能得到核查（见 642）。但是在（639—643）中 a 句子都是合乎语法的，而 b 句子都不合乎语法，这种现象被称为桥现象（Erteschik-Shir,1973），指的是主句中的动词可以允准从从句中提取句子成分，a句子中的动词提供了桥，可以允准从从句中提取句子成分，b 句子中的动词不能提供桥，不能允准从从句中提取句子成分。

（640）a. What did she say (that) Fred had gone?

b. * What did she simper that Fred had gone?

（641）a. What did she make a claim that he had gone?

b. * What did she discuss a claim that he had gone?

（642）a. What did she see a picture of?

b.*What did she destroy a picture of?

(643) a. This book she knows who has written.

b.*This book she inquired who has written.

解决方法有两种截然不同的说法。一种认为(641)和(642)中的从句是孤岛(Ross, 1967),不能把孤岛里面的疑问词提取出来,这样a句子就得到了解释,但是b句子却不能得到合理的解释。而在(639)中从句不是孤岛,却还是存在桥现象,这就需要另外的方法去说明,在(641)中,名词词组中的疑问词在a句可以提取,但是在b句却不能提取出来,这也需要解释。另外一种解决方案是把上述所有时态从句都看作是孤岛,所以如果主句的动词不能提供桥,那么疑问词就都不能从从句中提取出来。

乔姆斯基(1977b: 85)观察到疑问词移出所在的从句受词汇的决定(644),但是他不太清楚到底是什么原因使得主句里面的动词成为桥动词,而是提出了桥条件作为解释规则:"哪里存在桥动词(bridge verbs),哪里就会违反邻接条件、命题孤岛条件和指定主语条件",桥现象被乔姆斯基当作是疑问词移位的辨别标准。

(644) a. *What did John complain that he had to do this evening?

b. *What did John quip that Mary wore?

c.? Who did he murmur that John saw?

乔姆斯基(1980a)提出疑问词移位是有界的,无界的疑问词移位是有标记的现象。疑问词移位必须遵守邻接原则,疑问词的提取不能跨越两个或两个以上的界限节点。在英语中,句子S是界限节点,而S'也是一个界限节点,所以英语中的疑问词移位总是局部性的,但是桥条件并不把S'也当作是一个界限节点,桥现象是有标记的特征。

由于乔姆斯基的解释并不完全令人满意,Stowell(1981, 1986)和Fukui (1986)提出了不同的意见,认为动词后面显性标句词的补足语应该是附加语,而附加语是孤岛,那些不是桥动词的动词要求后面带显性标句词,如果没有显性标句词，那么就不能提取疑问词，这样就可以解释桥现象。但是我们知道把动词后面带显性标句词的补足语看成是附加语显然是有问题的，为什么桥动词后面带显性标句词的补足语不是附加语呢？

(639—643)b句中的非桥动词都是派生动词，表明说话的方式，这些动词包含一个方式副词合并到带有说话意义的轻动词内，失去了内部的题元角色，属于不及物动词，所以不能给后面的补足语赋予题元角色（Depiante, 1993），而桥动词可以给后面的补足语赋予题元角色，这种解释方法把句法问题放到词汇里面去解决了。但是，在主句存在非桥动词的句子里面把疑问词从从句中提取出来，句子的接受度是不同的（见645），而把名词从事实性动词引导的从句中提取出来也存在着不同的接受度（见646）（Erteschik-Shir, 1973: 51-53），按照词汇解决方案是没有办法解释清楚的。

(645) a.? What dod she mumble that he had done?

b.?? What did the paper editorialize that McGovern had done?

c. *What did she simper that home economics was?

(646) a. This is the girl that I regret that Peter likes.

b.? This is the girl that I resent that Peter likes.

c. *? This is the girl that I rejoice that Peter likes.

在最简方案下要解释事实性动词中的弱孤岛现象，可以把补足语看成为话题，话题只有在句法投射的焦点位置才能得到允准（Manzini, 1998），在（647）中由于焦点的投射阻止了Q吸引疑问词“why”移位到句首位置，但是这种解决方案解释不了（646）中的句子（Erteschik-Shir, 2006: 289-291）。

(647) a.*Why do you regret [that they fired him t]?

b. [do-Q] [you [F regret [that they fired him why]]]

7.7.3 特征核查

在最简方案（Chomsky, 1993, 1995）中，乔姆斯基提出移位必须遵守不得已原则（Last Resort）：只有通过核查某些特征的要求在形态上驱动操作时才能把α移位到靶标K。(Chomsky, 1995: 256)。

由于有些自然语言没有屈折形态变化，汉语词类没有形态标记（高名凯，1955；刘正埮，1957；邢公畹，1992；李临定，1992；陆俭明，1993等），所以按照这种观点，形态核查在汉语中无法进行。至于有些学者认为汉语具有狭义形态（俞敏，1954；王力，1954；赵元任，1979等），由于狭义形态主要重视语音的重叠和词形的变化，如何与英语等语言一样进行所谓的特征核查就是一个值得思考的问题；也有人认为汉语具有广义的形态（方光焘，1954；胡附、文炼，1990，徐思益，1994；卢英顺，2005等），广义的形态指的是语序和虚词，是否和特征核查有关值得研究。

汉语有没有形态我们留待以后去研究，但是汉语中没有印欧语系里主谓一致是清楚的。比如说，在句子“他喜欢句法学”和“我们喜欢句法学”之间，由于汉语主语和动词不需要形态上的一致，便不需要一致核查，不需要特征核查。由于在形态上没有得到驱动，所以汉语疑问句不应该有移位现象，但是汉语存在着大量的移位现象，如何解释这些现象就成为一个问题。

在(648—649)中，汉语疑问词移位是话题移位，移位是为了核查话题特征，汉语的话题特征比较强，所以必须在大拼读(Spell-out)之前进行核查(Wu, 1999: 83)。

(648) a.什么，张三买了？

b.[$_{话题词组}$ 什么$_i$ [$_{屈折词组}$ 张三 [$_{动词词组}$ 买了 t_i]]]？

(649) a.什么，张三没有买？

b.[$_{话题词组}$ 什么$_i$ [$_{屈折词组}$ 张三 [动词词组 买了 t_i]]]？

现在我们面临的问题是我们必须解释清楚为什么会存在有些句子需要特征核查，而有些句子则不需要特征核查。我们需要思考核查理论在汉语中到底有什么作用？汉语特殊疑问句中疑问词是否需要核查？如果是的话，到底需要怎么核查？相关问题我们留待以后去讨论。

第八章　论元移位

论元移位主要讨论的是主语的句法问题，我们上面讨论过，句子结构应该是时态词组，主语占据的位置是时态词组的指示语位置，一般不移位。本章中我们看一下另外一种句法操作，假设主语本来生成在动词词组内，后来为了满足特征核查要求才移位到时态词组的指示语位置，这种假设叫动词词组内部主语假设。

语言理论的终极目标就是要解释语言现象，一个重要的问题就是要问为什么存在论元移位？对这个问题的回答，和前面很多句法现象一样，论元移位主要是由普遍语法原则所决定的。论元移位主要是从一个较低的位置移位到一个较高的位置，这就遵守了语迹理论，该理论要求移位后留下来的语迹必须要受到先行词的约束；也遵守了约束理论，该理论要求受约束的成分必须被先行词成分统制。论元移位为什么要移位到更高的指示语位置而不是移位到补足语位置呢？补足语位置只能通过和中心语合并而产生，而指示语位置既可以通过合并也可以通过移位产生。另外一个问题就是为什么论元移位要进行循环移位？答案还是因为普遍语法原则。最短移位原则要求每一次论元移位操作都要把相关句法成分移位到其紧邻的最高的主语位置。另外，根据谓词原则(Rothstein, 1995)（转引自 Radford, 2002: 346)，句法谓词在结构中要有主语，如果我们假设动词杠标和时态杠标都是句法谓词，那么循环移位就必须进行。

论元移位还要遵守题元准则。题元准则不仅在移位中起作用，在被动化中也有作用。在被动结构中为什么被动化动词的补足语可以被动化而主动动词的补足语不可以？这是因为被动化动词的补足语最初生成的位置是动词的补足语，首先移位到动词的主语位置，然后通过循环移位再移位到抽象时态的主语位置。

8.1 论元结构

什么是论元结构？论元结构是谓词逻辑领域中的传统术语，谓词逻辑学认为，命题是由谓词和一系列论元构成的，命题从语义上讲其实相当于小句，谓词表达的是动作或事件，论元表达的是参与相关动作或事件的词语。比如，在(650)和(651)的句子中，动词“arrive”/“来”，“hit”/“打”都是谓词，代词或名词“Everyone”/“每个人”，“John”/“张三”，“Bill”/“李四”都是论元。在(650)中，像“arrive”/“来”这样的动词只有一个论元，所以被称为一元谓词，而在(651)中，像“hit”/“打”这样的动词可以有两个论元，所以被称为二元谓词。

(650) a. Everyone arrived.

b. 每个人都来了。

(651) a. John hit Bill.

b. 张三打了李四。

从上面可以看出，论元实际上就是动词的主语和它的补足语。由于动词的补足语位于动词杠标内，所以叫作内部论元。动词的主语位于动词杠标外部，基础生成在动词词组的指示语位置，然后提升到时态词组的指示语位置，所以主语是外部论元。在(650)中，代词或名词“Everyone”/“每个人”是外部论元，而在(651)中，“John”/“张三”是外部论元，“Bill”/“李四”是内部论元。可以说，谓词“arrive”/“来”的论元结构表明这个一元谓词只携带一个限定词词组为自己的外部论元，而谓词“hit”/“打”的论元结构说明这个二元谓词可以携带一个限定词词组作为内部论元，还可以携带另外一个限定词词组作为外部论元。

一个句子中除了论元之外还有其他成分，比如：

（652）a. Everyone arrived yesterday.

b. 每个人昨天都来了。

（653）a. John hit Bill with minimum force.

b. 张三用最小的力气打了李四。

大家可以看到，上面的例句中，"eveyone"/"每个人"、"John"/"张三"和"Bill"/"李四"是动词动作的参与者，所以是动词的论元。但是，我们不能说"yesterday"/"昨天"和"with minimum force"/"用最小的力气"也是动词的论元。实际上，这些词语只是给动词动作或者事件提供了补充信息。"yesterday"/"昨天"和"with minimum force"/"用最小的力气"这些给动词动作或者事件提供多余信息的词语就叫附加语。

简单地说，例句(650)中"John"/"张三"和"Bill"/"李四"是动词"hit"/"打"的论元还不能说明这两个论元之间的语义区别，实际上，这两个论元具有不同的语义角色，"John"/"张三"是动词"hit"/"打"这个行为的施事，而"Bill"/"李四"是动词"hit"/"打"的受事。所以要充分研究论元结构就必须要准确描写每个论元在结构中所扮演的语义角色。

在过去的二十年间人们习惯把语义角色称为题元角色，由于希腊字母θ的读音和题元角色的第一个音相同，所以总是把题元角色缩略为θ-角色。

语义角色/题元角色/θ-角色的研究开拓性的工作是由Gruber(1965)，Fillmore(1968)和Jackendoff(1972)开始的，近年来语言学家试图找到论元在和谓词关系中所扮演的语义角色的普遍类型。下面是大家经常列举的论元的语义角色。

（654）施事（动作的发起者）（如：*John* hit Bill. *张*三打了李四。）

受事（受动作影响的个体）（如：*John* fell down. *张*三摔倒了。）

经历者（经历某种心理状态的个体）（如：*John* felt sad. *张*三感到伤心。）

接受者/拥有者(接受或拥有某个实体的个体)(如:John mailed Mary a present. 张三寄给玛丽一份礼物。)

目标(某个东西朝着移动的个体)(如:John arrives home.张三到家了。)

我们看一下上面提到的语义角色在下面例句中的作用,在(655a)中"the professor"/"教授"是谓词"praised"/"表扬"的施事论元,而"the students"/"学生们"则是谓词"praised"/"表扬"的受事论元。

(655) a. The professor praised the students.

教授　　表扬了　　学生们。

[施事]　　　　　　[受事]

b.The professor received a gift.

教授　　收到了　一份礼物。

[接受者]　　　　[受事]

c. The professor enjoyed his lectures.

教授　　喜欢　　讲课。

[经历者]　　　　[受事]

d.The professor went to the library.

教授　　去了　图书馆。

[施事]　　　　[目标]

下面的例句(Lakoff, 1971: 332)表明,具体某个论元和谓词相关的题元角色决定了其实现相关论元功能的范围(?和!代表了语用异常不断增加的程度)。(657)是(656)相应的汉语句子,可以看出在汉语的句子中也存在类似程度不断增加的语用异常。谓词的语义特征和论元的题元角色决定了句子的语用异常程度。(656)和(657)说明,认知谓词"realizes/认识到"的经历者论元必须是能够表达理智个体的词语。

(656) a.My uncle realizes that I'm a lousy cook.

b.? My cat realizes that I'm a lousy cook.

c.?? My goldfish realizes that I'm a lousy cook.

d.?! My pet amoeba realizes that I'm a lousy cook.

e. ! My frying-pan realizes that I'm a lousy cook.

(657) a.我的叔叔认识到我是一名糟糕的厨师。

b.?我的猫认识到我是一名糟糕的厨师。

c.?? 我的金鱼认识到我是一名糟糕的厨师。

d.?! 我的宠物变形虫认识到我是一名糟糕的厨师。

e.! 我的平底锅认识到我是一名糟糕的厨师。

那么，题元角色是怎么赋予给论元的呢？例句说明，动词加补足语构成的动词杠标结构内，补足语的题元角色是由动词的语义特征所决定的，限定词词组为补足语，其典型的题元角色就是受事。不过，主语所被赋予的题元角色比较复杂，虽然动词直接给内部论元赋予题元角色，但不是动词而是动词杠标成分决定了应该赋予外部论元（主语）什么样的题元角色（Marantz, 1984: 23ff; Chomsky，1986a: 59-60）。下面的例句可以证明上述论点（转引自 Radford, 2002: 327）：

(658) a. John threw a ball.

b. John threw a fit.

(659) a. John broke the window.

b. John broke his arm.

在(658)中，主语“John”在两个句子中起着不同的题元角色：在第一句中，主语“John”是动词词组“threw a ball”的施事；而在第二句中，主语“John”是动词词组“threw a fit”的经历者。同样，在(659)中，主语“John”在两个句子中也起着不同的题元角色：在第一句中主语“John”是动词词组“broke the window”的施事；而在第二句中，主语“John”是动词词组“broke his arm”的经历者。从类似上面的例句中，Marantz 和 Chomsky 认为，主语的题元角色不是单独由动词来决定的，而是由整个动词词组即动词加补足语构成的动词杠标所决定的。(660)和(661)分别是(658)和(659)的汉语相对应的句子：

(660) a. 张三扔了一只球。

b. 张三发了一通脾气。

(661) a. 张三打碎了玻璃。

b. 张三摔断了胳膊。

和英语的例句相似，在(660)中，主语"张三"在两个句子中起着不同的题元角色，在第一句中主语"张三"是动词词组"扔了一只球"的施事，而在第二句中，主语"张三"是动词词组"发了一通脾气"的经历者。同样，在(661)中，主语"张三"在两个句子中也起着不同的题元角色，在第一句中主语"张三"是动词词组"打碎了玻璃"的施事，而在第二句中，主语"张三"是动词词组"摔断了胳膊"的经历者。从上述两个例句中可以看出，汉语和英语一样，主语的题元角色不是单独由动词来决定的，而是由整个动词词组即动词加补足语构成的动词杠标所决定的。

从英语和汉语的例句来看，动词直接赋予其内部论元题元角色，而只能间接赋予其外部论元题元角色。动词的内部论元是动词的宾语或补足语，动词的外部论元是动词的主语。句法上术语就是，动词直接θ-标记其补足语，但只能间接θ-标记其主语。

由于助动词的句法位置一般是在时态中心语位置，所以助动词应该不能决定给主语赋予什么题元角色。我们看一看下面的例句：

(662) a. John will throw a ball/fit.

b. John is throwing a ball/fit.

c. John had thrown a ball/fit.

d. John has thrown a ball/fit.

e. John could have thrown a ball/fit.

(663) a. 张三将要扔一只球/发一通脾气。

b. 张三正在扔一只球/发一通脾气。

c. 张三已经扔过一只球/发过一通脾气。

d. 张三已经扔了一只球/发了一通脾气。

e. 张三本来可能扔一只球/发一通脾气。

大家可以看出，在上面的例句中，主语"John"/"张三"的题元角色主要是由动词杠标赋予的，动词杠标不同，赋予的题元角色不同，和助动词没有任何关系。要解释这一点不难，因为助动词属于虚词/功能词，虚词/功能词在赋予题元角色方面无能为力。只有实词/词汇词才能赋予主语题元角色。论元通过和一个词汇词合并后才被赋予题元角色。在(658a)和(660a)中，动词"throw"/"扔"和限定词词组"a ball"/"一只球"合并构成了动词杠标"throw a ball"/"扔一只球"，动词"throw"/"扔"直接赋予限定词词组"a ball"/"一只球"受事题元角色。动词杠标"throw a ball"/"扔一只球"和主语"John"/"张三"合并，主语"John"/"张三"被动词杠标"throw a ball"/"扔一只球"赋予施事题元角色。这个过程可以用下面的树形图表示：

(664)

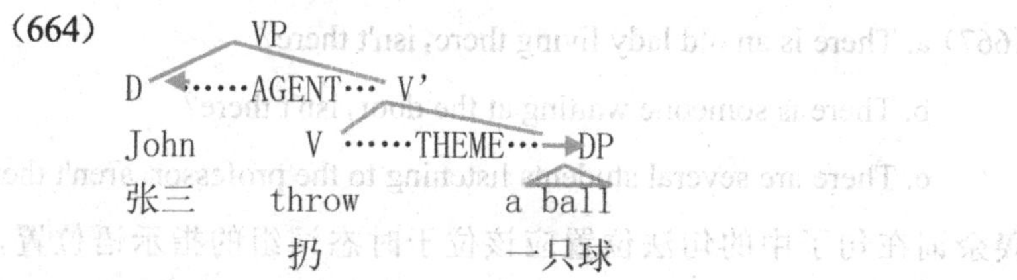

在(664)中的动词词组"throw a ball"/"扔一只球"再和包含助动词"will"/"将要"的时态成分合并构成时态杠标"will throw a ball"/"将要扔一只球"。正如(665)所示，这时候主语"John"/"张三"要通过主语到主语移位提升到时态词组的指示语位置：

(665)

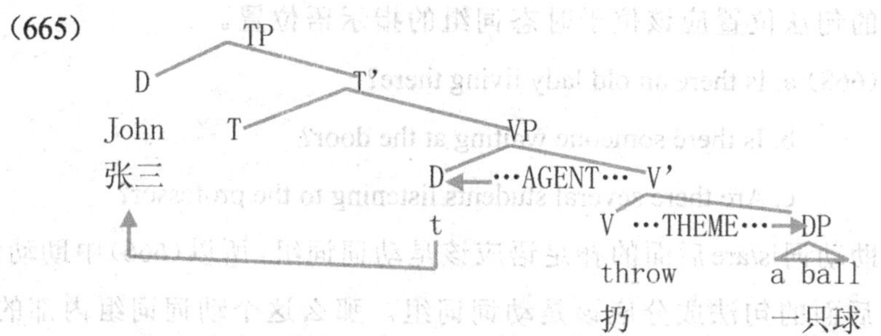

从(665)中可以看出，主语不是生成于时态词组的指示语位置，如果

不是这样，就很难说清楚主语的题元角色是由动词杠标决定的，而助动词和主语的θ-标记没有任何关系。根据题元角色赋予理论，主语应该是生成于动词词组内部。只有这样，才能用θ-标记理论统一解释语言现象。论元和词汇词语类合并被θ-标记，补足语和动词中心语合并被θ-标记，主语和动词杠标合并被θ-标记。下面我们看一下存在句中的羡余词：

（666）a. There is an old lady living there.

b. There is someone waiting at the door.

c. There are several students listening to the professor.

在例句（666）中，第一句有两个“there”，句子后面第二个“there”是有实际语义的，是地点代词，表示“在那个地方”，而第一个“there”是没有实际语义的羡余成分，不能表示地点意义，没有内在指称。羡余成分“there”可以看作是限定词，可以用于反意疑问句中：

（667）a. There is an old lady living there, isn't there?

b. There is someone waiting at the door, isn't there?

c. There are several students listening to the professor, aren't there?

羡余词在句子中的句法位置应该位于时态词组的指示语位置，这一点可以从（666）中的句子把助动词“is/are”提前就可以变成是非问句来得到证明。在（667）中助动词“is/are”基础生成于时态词组的时态中心语位置，在是非问中提前到标句词词组的中心语标句词位置。助动词倒装一般是助动词越过位于时态词组的指示语位置的主语，这么看来，羡余词there的句法位置应该位于时态词组的指示语位置。

（668）a. Is there an old lady living there?

b. Is there someone waiting at the door?

c. Are there several students listening to the professor?

助动词is/are后面的补足语应该是动词词组，所以（666）中助动词“is/are”后面的句法成分应该是动词词组。那么这个动词词组内部的结构是什么样子的？很显然，动词“living, waiting, listening”是这个动词词组的中心语，而“there, at the door, to the professor”则分别是这个动词中心语的补足语。但是，“an old lady, someone, several students”起什么作用呢？一般认为，“an old lady, someone, several students”是羡余词“there”的关联成分，人们很自然地会把“an old lady, someone, several students”是羡余词“there”看成是动词词组的主语，位于动词词组的指示语位置。

(669)
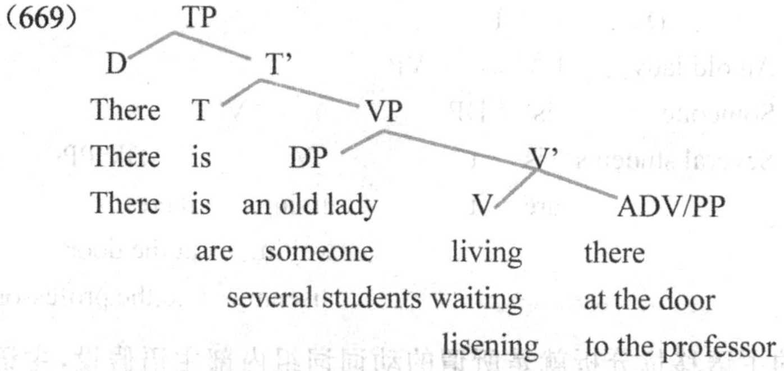

动词“living, waiting, listening”作为这个动词词组的中心语，分别和这个动词中心语的补足语“there, at the door, to the professor”合并构成动词杠标“living there, waiting at the door, listening to the professor”，然后动词杠标“living there, waiting at the door, listening to the professor”分别和位于指示语位置的主语“an old lady, someone, several students”合并构成动词词组。

和(666)的句子意义相同的句子可以分别是(670)中的句子：

(670) a. An old laday is living there.

b. Someone is waiting at the door.

c. Several studens are listening to the professor.

在(670)中，主语“an old lady, someone, several students”显然位于时态词组的指示语位置，而在(666)的句子中，主语“an old lady, someone, several students”位于动词词组的指示语位置。这是怎么回事？主语“an old lady, someone, several students”基础生成于动词词组的指示语位置，在(666)的句子中，由于羡余词“there”位于时态词组的指示语位置，在存在句中这些词留在原位没有发生任何形式的移位。而在(670)中，基础生成于动词词组指示语位置的主语"an old lady, someone, several students"提升到时态词组的指示语位置。这种把位于动词词组指示语位置的主语提升到时态词组的指示语位置的做法，在句法中称为主语到主语移位，简称为主语移位，或者更为简便地称之为提升。如(671)所示：

(671)

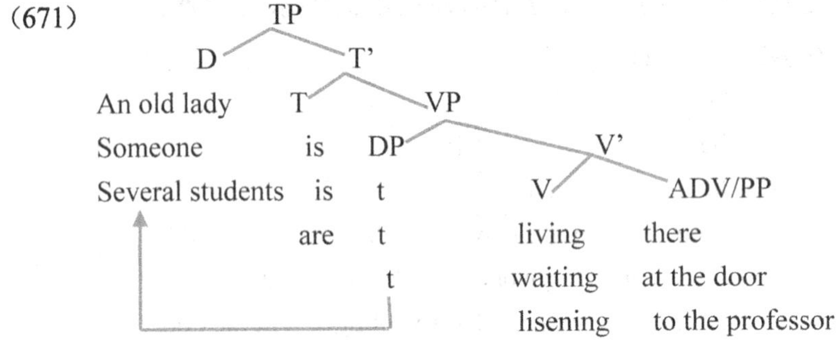

上面的主语移位分析就是所谓的动词词组内部主语假设，主语基础生成于动词词组指示语位置，然后提升到时态词组指示语位置。但是这种假设不是所有的句法结构都有效，比如，在上面提到的存在句中主语要留在原位，因为时态词组指示语位置已经由一个羡余词占据着，主语移位后没有落脚点。

提出动词词组内部主语假设还有什么其他证据呢？第一个证据来自于缩略形式或者黏着成分或者附缀化。我们在第四章和第五章学过，如果中间存在一个空语类干扰，缩略形式或者黏着成分或者附缀化就不会发生。但下面的句子中不定式小品词可以黏着在动词上：

(672) a. They want to help us.

b. They wanna help us.

在(672)中，不定式小品词"to"可以黏着在动词"want"上。但是我们知道不定式补足语拥有一个空主语PRO，如果主语PRO位于时态词组指示语位置，那么就会阻止不定式小品词"to"黏着在动词"want"上。如

(673)所示：

(673) TP
D T'
They T VP
V TP
want D T'
PRO T VP
to V DP
help us

但是在(673)中，空主语PRO干扰了不定式小品词"to"和动词"want"，阻止了不定式小品词"to"黏着在动词"want"上。实际上，动词词组内部主语假设可以解决上面存在的问题(Baltin, 1995: 224)。根据动词词组内部主语假设，空主语PRO基础生成于动词词组指示语位置，动词中心语"help"和限定词词组"us"合并构成动词杠标，动词杠标"help us"和空主语PRO合并构成动词词组，动词词组再和不定式小品词"to"合并构成屈折词词组，屈折词词组"to help us"再和动词"want"合并构成动词词组。具体树形图如(674)所示：

(674) TP
D T'
They T VP
V IP
want I VP
to D V'
PRO V DP
help us

从(674)中可以看出，空主语PRO基础生成于动词词组指示语位置，而不是基础生成于屈折词词组指示语位置或者时态词组指示语位置。

动词词组内部主语假设还可以从主语和量词的句法关系上得到证明(Sportiche, 1988)。在下面的例句中，量词"both/all/each"都和自己所量化的主语分开了，这些量词叫作漂浮量词或搁浅量词。

(675) a. They can both help us.

b. We are all learning well.

c. You must each work hard.

之所以把 both，all，each 叫作漂浮量词或搁浅量词，是因为这些量词所量化的主语本来和它们一起生成于动词词组指示语位置，然后主语提升到了时态词组指示语位置，所以量词 both，all，each 修饰提升后的主语留下来的语迹。

(676)

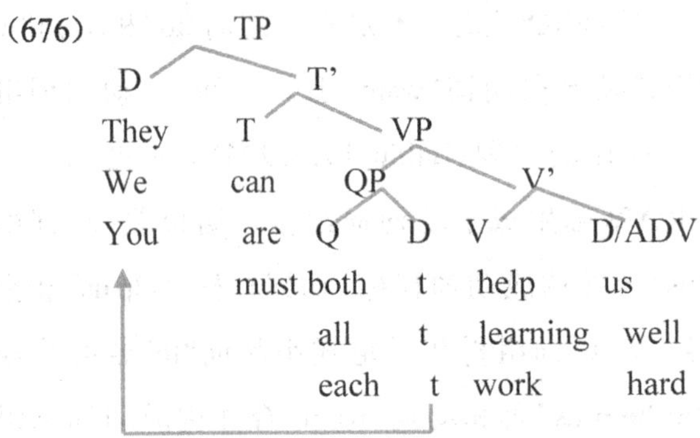

类似的证据还来自于习语的句法结构。下面的习语(Radford, 2002: 323)是由主语加动词加补足语构成的，习语的句法结构是固定的，如果把它们分开，就不会再有习语原本的意义，因为习语的意义和构成习语的个体单词意义无关。

(677) a. The cat got its tongue.

b. The shit hit the fan.

c. All hell broke loose.

但是，问题是上面的习语在主语和动词之间可以自由地插入助动词。

(678) a. The cat will get its tongue.

b. The cat has gotten its tongue.

c. The cat is getting its tongue.

d. The shit will hit the fan.

e. The shit has hit the fan.

f. The shit is hitting the fan.

g. All hell will break loose.

h. All hell has broken loose.

i. All hell is breaking loose.

出现(678)这样的句子并不偶然。(677)的习语本来是一个固定的动词词组，主语分别是“the cat, the shit, all hell”，主语基础生成于动词词组内部指示语位置。(677a)中的限定词组“its tongue”和动词“get”合并构成动词杠标，动词杠标“get its tongue”再和主语“the cat”合并构成动词词组。而在(678a)中的限定词组“its tongue”和动词“get”合并构成动词杠标，动词杠标“get its tongue”再和主语“the cat”合并构成动词词组，助动词“will”和动词词组构成了时态杠标，由于时态词组没有主语，根据扩展投射原则，主语“the cat”从动词词组内部指示语位置提升到时态词组指示语位置，这样就推导出了(678a)的句子。可以看出动词杠标“get its tongue”在(679)中应该是主语“the cat”的谓词，只有主语“the cat”基础生成于动词词组内部指示语位置，“the cat”才能成为动词杠标“get its tongue”的主语。这个主语“the cat”如何和自己的谓词“get its tongue”分开的呢？就是因为根据扩展投射原则，主语“the cat”从动词词组内部指示语位置必须提升到时态词组指示语位置，才能满足句子必须有主语的要求。

(679)

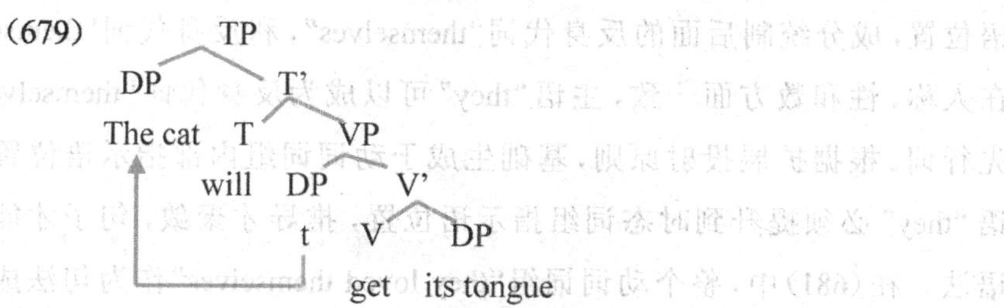

我们看一看下面例句中的反身代词在动词词组内的句法约束，反身代词的句法特征及其约束机制也证明了主语基础生成于动词词组内部假设。反身代词属于回指词的一种，要求在自己的约束辖域内找到先行

词，这个先行词必须成分统制反身代词。

(680) a. They certainly have loved themselves/*himself.

b. [$_{TP}$They certainly [$_{T}$have [$_{VP}$~~they~~ [$_{V}$loved] themselves/*himself]]].

在(680)中，反身代词在动词词组内部必须找到成分统制自己的先行词。从(680b)中可以看出，主语“they”基础生成于动词词组内部指示语位置，成分统制后面的反身代词“themselves”，和反身代词“themselves”在人称、性和数方面一致，主语“they”可以成为反身代词“themselves”的先行词。根据扩展投射原则，基础生成于动词词组内部指示语位置的主语“they”必须提升到时态词组指示语位置，推导才聚敛，句子才能合乎语法。在(680)中，主语“they”基础生成于动词词组内部指示语位置，成分统制后面的反身代词“himself”，但和反身代词“himself”在人称、性和数方面不一致，主语“they”不能成为反身代词“himself”的先行词，句子不合乎语法。

(681) a. Loved themselves, they certainly have.

b.[$_{VP}$ they [$_{V}$ Loved themselves], [$_{TP}$ they certainly[$_{T}$ have [$_{VP}$ they [$_{V}$~~loved~~] ~~themselves~~]]].

在(681)中，反身代词在动词词组内部必须找到成分统制自己的先行词。从(681b)中可以看出，主语“they”基础生成于动词词组内部指示语位置，成分统制后面的反身代词“themselves”，和反身代词“themselves”在人称、性和数方面一致，主语“they”可以成为反身代词“themselves”的先行词。根据扩展投射原则，基础生成于动词词组内部指示语位置的主语“they”必须提升到时态词组指示语位置，推导才聚敛，句子才能合乎语法。在(681)中，整个动词词组“they loved themselves”作为句法成分提升到话题位置，在话题位置的反身代词“themselves”和已经移位到时态词组指示语位置后留下来的主语“they”的无声复制成分“they”共指，无声复制成分“they”和主语“they”具有相同的人称、性和数特征，只不过是，没有语音特征，不发音，所以无声复制成分“they”和反身代词“themselves”在人称、性和数方面一致，可以成为反身代词“themselves”的先行词。

主语基础生成于动词词组内部指示语位置假设，还可以在下面的例句中得到体现。只有假设主语基础生成于动词词组内部，下面的例句推导才能聚敛，句子才合乎语法。

（682）a. They surely have become millionaires/*a millionaire.

b. [$_{TP}$They surely [$_{T}$have [$_{VP}$~~they~~ [$_{V}$become] millionaires/*a millionaire]]].

（683）a. Become millionaires/*a millionaire, they surely have.

b. [$_{VP}$~~they~~ [$_{V}$ Become millionaires], [$_{TP}$ they surely[$_{T}$ have [$_{VP}$ ~~they~~ [$_{V}$~~become~~] ~~millionaires~~]]].

（684）a. He probably has damaged his/*your own car.

b. [$_{TP}$He probably [$_{T}$has [$_{VP}$~~he~~ [$_{V}$damaged] his/*your own car]]].

（685）a. Damaged his/*your own car, he probably has.

b.[$_{VP}$ ~~he~~ [$_{V}$ Damaged his own car],[$_{TP}$ he probably[$_{T}$ has [$_{VP}$ ~~he~~ [$_{V}$~~damaged~~] ~~his own car~~]]].

（686）a. You certainly shouldn't lose your/*his cool.

b. [$_{TP}$You certainly [$_{T}$shouldn't [$_{VP}$~~you~~ [$_{V}$lose] your/*his cool]]].

（687）a. Lose your/*his cool, you certainly shouldn't.

b. [$_{VP}$ ~~you~~ [$_{V}$ Lose your cool],[$_{TP}$ you certainly[$_{T}$ shouldn't [$_{VP}$ ~~you~~ [$_{V}$ ~~lose~~] ~~your cool~~]]].

（688）a.They/*He definitely wouldn't hurt each other.

b. [$_{TP}$They/*He definitely [$_{T}$wouldn't [$_{VP}$~~they/*he~~ [$_{V}$hurt] each other]]].

(689) a. Hurt each other, they definitely wouldn't.

b. [VP they [V Hurt each other], [TP they definitely[T wouldn't [VP they [V hurt] each other]]].

(690) a. We/*I really shouldn't work together.

b. [TP We/*I really [T shouldn't [VP we/*I [V work] together]]].

(691) a. Work together, we really shouldn't.

b. [VP we [V Work together],[TP we really[T shouldn't [VP we [V work together]]].

我们假设在动词词组指示语位置基础生成主语，然后这个主语提升到时态词组指示语位置，留下一个无声复制成分，和动词词组指示语位置基础生成的主语在性、数和人称等方面都一致，只不过没有语音内容，就可以解释上面的句子中移位后的语迹需要一个局部先行词问题。

8.2 格核查

我们假设主语生成于动词词组内部，然后提升到时态词组指示语位置，主要是满足自利原则，主语的提升是为了核查自身的强主格特征，只有当主语提升至时态词组指示语位置，才能和时态中心语合并，主语的强主格特征才得到时态中心语的核查。

乔姆斯基(1995)提出，格的核查需要三个机制：第一，可以通过指示语中心语进行格特征核查；第二，可以通过把一个中心语嫁接到另外一个中心语上面去得到核查；第三，通过吸引，即把格特征嫁接到中心语上面去得到核查。在8.1节中我们讲到的主语的主格特征大多是通过第一种核查方式得到核查的，即通过指示语中心语的关系得到核查。

我们下面看一看助动词缩略形式：

(692) a. We've read a book.

b. She'd gone home.

c. He's been to the library.

d. They'll work hard.

e. I'm going home.

f. You'd help him if you were there.

(692)例句中的主语主格是怎样得到核查的呢？人们一般是这样做的，把代词主语移位到时态词组指示语位置，然后出于音系考虑，在音系式中把缩略的助动词附着到代词上面。

(693)
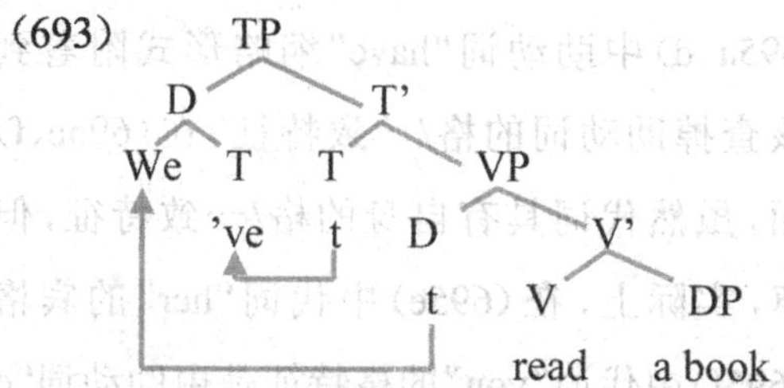

另外一种方法就是假设缩略助动词是附缀中心语，只有当另外一个中心语嫁接上去才会成为合法的音系对象(Radford, 2002: 331)。如果是这样，我们可以假设，代词主语为了核查自己的强主格特征直接嫁接到时态中心语上，这就意味着，代词主语从动词词组指示语位置提升出来直接嫁接到位于中心语位置的缩略助动词上，树形图如(694)所示：

(694)
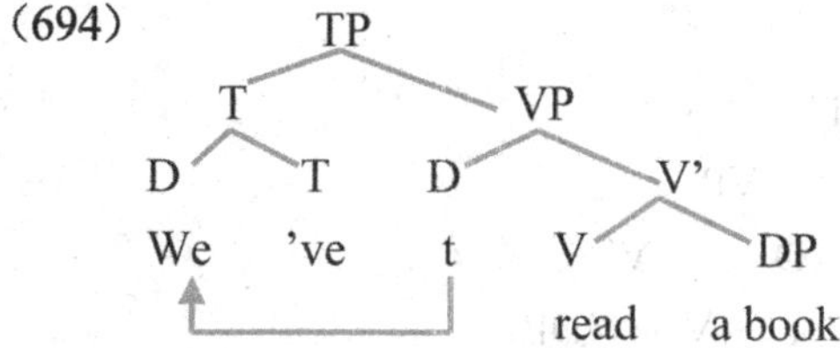

(694)中的分析说明，助动词缩略已经成为格核查的不可分割的一部分，而不仅仅是音系附着操作的结果。我们再看一看(695)面的例句：

(695) a. *We may've read a book.

b. *It is necessary for you to' ve worked hard.

c. *How many students do you think've failed syntax?

d. *We now've been to the library.

e. *They wouldn't let her've gone home.

f. *Could you've helped them?

根据上面第一种方法，人们一般是这样做的，把主语移位到时态词组指示语位置，然后出于音系考虑，在音系式中把缩略的助动词附着到前面的词上面。这种方法不能解释上面的例句为什么是不合乎语法的。我们看能否用第二种方法来解释。

根据第二种方法，在(695a、d)中助动词"have"缩略形式附着到一个非名词性成分上面并不能核查掉助动词的格/一致特征，在(695e、f)中助动词缩略式附着在代词上面，虽然代词具有自身的格/一致特征，但是却不能被助动词"have"核查掉，实际上，在(695e)中代词"her"的宾格特征是由动词"let"核查的，而在(695f)中代词"you"的格特征是由助动词"could"核查的。所以说，(695)中的助动词缩略不是格核查的一个不可分割的部分，仅仅是音系附着操作的结果，因此这种助动词缩略形成了不合乎语法的句子。(695a)的句子可以这么说：

(696) a. We may have read a book.

b.

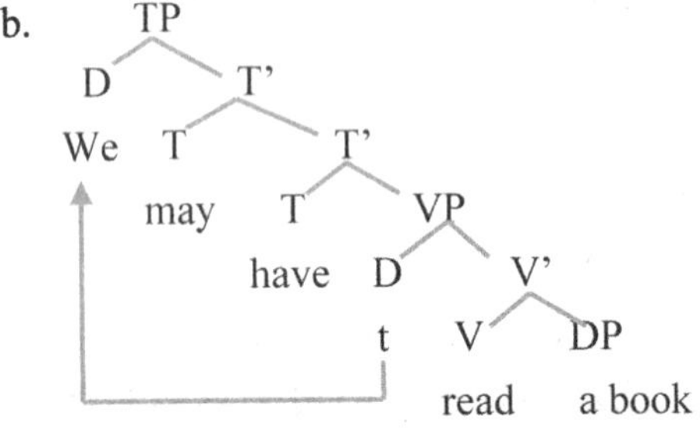

下面例句中的助动词缩略也不可接受，第一种方法即在音系式中助动词附着在主语上面是无法解释清楚的，但第二种方法可以解释明白。

(697) a. *John and I've learnt syntax.

b. *The Chinese people've worked very hard.

c. *Both of them've been to the library.

助动词缩略通过中心语嫁接来核查主格特征，为什么在(693)中核查被阻断了？(697)中的主语“John and I”、“The Chinese people”和“Both of them”都是词组，而不是中心语，因此不能嫁接到时态中心语上，而只能移位到时态词组指示语的词组位置上，见(698)。

(698) a. John and I have learnt syntax.

b.

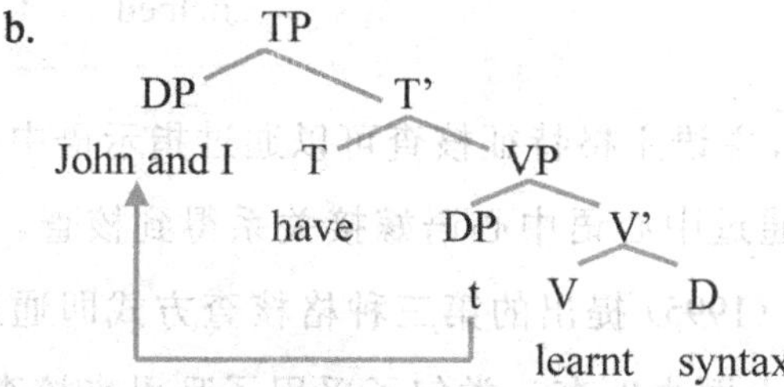

我们还可以用助动词缩略通过中心语嫁接来核查主格特征这个方法来检查下面两个句子的差异。在(699)中的疑问词实际上是嫁接到含有疑问小品词Q的标句词中心语位置，见(700)：

(699) a. Who've they helped?

b. *Which one of us've they helped?

(700)

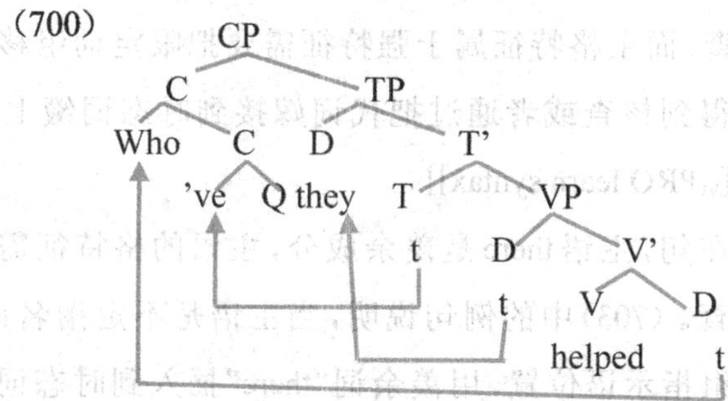

(699a) 中疑问词移位是由于疑问小品词Q的疑问特征需要得到核查才把疑问词移位并嫁接到标句词位置上。而(699b)中的疑问词组“Which one of us”是限定词词组，而不是中心语，因此不能嫁接到时态中

心语上，而只能移位到时态词组指示语位置上。

(701)

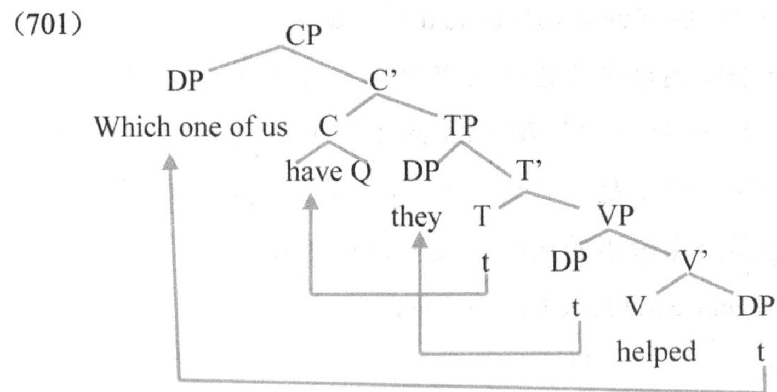

上面的分析说明，主语主格特征核查可以通过指示语中心语一致关系得到核查，也可以通过中心语中心语嫁接关系得到核查。那么，有没有句子采用乔姆斯基(1995)提出的第三种格核查方式即通过吸引操作把特征嫁接到中心语上面去？有三类句子采用了吸引来核查格特征：控制结构、存在句和特别格标记结构。

根据Baltin(1995: 244)控制结构中的主语PRO生成于动词词组指示语位置。在控制结构中，主语PRO并没有移位到时态词组指示语位置，而是通过特征吸引把动词词组指示语位置的主语PRO空格特征渗透到时态词组中心语不定式小品词to上。主语PRO携带的空格特征较弱，可以通过吸引得到核查，而主格特征属于强特征需要把限定词组移位到时态词组指示语位置得到核查或者通过把代词嫁接到时态词缀上。

(702) I want [$_{TP}$ to [$_{VP}$PRO learn syntax]]

第二种结构是存在句，主语there是羡余成分，主语的格特征需要通过吸引操作来得到核查。(703)中的例句说明，当主语是不定指名词时，主语可以位于动词词组指示语位置，用羡余词“there”插入到时态词组指示语位置，但是当主语是定指名词时，主语不能位于动词词组指示语位置，必须提升到时态词组指示语位置。

(703) a. There are students listening to the professor.

b. *Students are listening to the professor.

（704）a. The students are listening to the professor.

b.*There are the students listening to the professor.

根据Belletti（1988）和Lasnik（1992，1995）的观点，不定指名词和定指名词承载着不同的格。定指名词“The students”携带的是主格，所以必须提升到时态词组指示语位置得到格特征核查。不定指名词“students”携带的是部分格，部分格较弱，可以通过吸引得到核查。不定指名词“students”携带的一致特征以同样的方式渗透到时态中心语上面去，这样“are”就和羡余词的关联词“students”在数上得到一致。Groat（1995）认为，羡余词“there”携带着格特征但没有携带性、数和人称特征，属于有缺陷代词，在（703a）中羡余词“There”携带着主格特征，插入到时态词组指示语位置，满足了限定句时态节点携带的强主格指示语特征。但是下面的句子不合乎语法，是因为只有动词“be”才能够核查部分格。

（705）a.*There have students listened to the professor.

b. *There will students listen to the professor.

c. *There get students listen to the professor.

d. *There should students listen to the professor.

乔姆斯基（1995）指出，不定指名词“students”携带的是弱主格特征，通过吸引可以得到核查，羡余词“there”插入到时态词组指示语位置是为了满足时态中心语的强[限定词]指示语特征。

第三种结构中主语的格特征通过吸引来得到核查的是特别格标记结构。

(706) a. We expect [him to learn syntax].

b. We are eager for[him to learn syntax].

我们以前学过，在上述结构中，不定式短语中的主语“him”携带着宾格，这个主语“him”的宾格是通过前面的及物动词“expect”或者标句词“for”来核查的。我们也可以认为，不定式短语中的主语“him”的宾格是通过吸引来核查的，主语“him”的宾格中心语特征被吸引到前面及物动词“expect”或者标句词“for”上面去得到核查。

8.3 移位和控制

上面我们提到主语基础生成于动词词组内部题元标记的指示语位置，然后通过提升操作移位到时态词组赋格的指示语位置。在下面的例句中，主句动词后面既可以跟一个从句作补足语也可以跟一个不定式作补足语。但是在不定式作补足语的句子中，主句主语实际上是从句作补足语句子中从句的主语，而且在不定式作补足语的句子中，从句中似乎没有显性主语。

(707) a.It seems that they like syntax.

b. They seem to like syntax.

(708) a.It appears that they like syntax.

b. They appear to like syntax.

(709) a.It happens that they like syntax.

b. They happen to like syntax.

(710) a.It turns out that they like syntax.

b. They turn out to like syntax.

在上面例句中，主语“they”基础生成于动词词组指示语位置，在a句中，主语“They”的主格特征可以得到核查，所以不需要提升到时态词组指示语位置，在时态词组指示语位置插入一个羡余成分“it”作形式主语。在b句中，主语“They”基础生成于动词词组指示语位置，但是主格特征得不到适当的核查，所以要提升到时态词组指示语位置，其主格特征才得到适当核查。这种操作叫作主语到主语提升，主语提升到时态词组指示语位置后在其原来位置留下一个语迹，这个语迹受主句主语的约束。

我们看一下类似的汉语句子。

(711) a.好像他们喜欢句法学。

b.他们好像喜欢句法学。

在上面例句中，主语“他们”基础生成于动词词组指示语位置，在a句中，主语“他们”的主格特征可以得到核查，所以不需要提升到时态词组指示语位置，汉语句子在时态词组指示语位置不需要插入一个羡余成分作形式主语。在b句中，主语“他们”基础生成于动词词组指示语位置，由于动词“喜欢”前面有动词“好像”，动词“喜欢”应该是不定式成分，丧失了赋格能力，因此“他们”的主格特征得不到适当的核查，所以要提升到时态词组指示语位置，其主格特征才得到适当核查，主语提升到时态词组指示语位置后在其原来位置留下一个语迹，这个语迹受主句主语的约束。

我们再看一看下面的句子。

(712) a. They all seem to like syntax.

b.? They seem all to like syntax.

c.?? They seem to all like syntax.

d. * They seem to like all syntax.

上面例句说明，漂浮量词“all”可以修饰主语移位后留下的语迹，在(712a、c)中，漂浮量词“all”可以作“seem to like syntax, to like syntax”和“like syntax”的主语，主语“They”应该基础生成于动词词组指示语位置然后通过循环移位提升到了时态词组指示语位置。这一点，也可以通过(712d)里说明，这句话不合乎语法，原因是漂浮量词“all”不能修饰主语移位后留下的语迹，不可以作名词“syntax”的主语，证明主语“They”不是在漂浮量词“all”的位置基础生成的。

再看一看汉语句子。

(713) a. 他们都好像喜欢句法学。

b. 他们好像都喜欢句法学。

c. *他们好像喜欢都句法学。

上面例句说明，漂浮量词“都”可以修饰主语移位后留下的语迹，在

(713a、b)中，漂浮量词“都”可以作“好像喜欢句法学”和“喜欢句法学”的主语，主语“他们”应该基础生成于动词词组指示语位置，然后通过循环移位提升到了时态词组指示语位置。这一点，也可以通过(713c)里说明，这句话不合乎语法，原因是漂浮量词“都”不能修饰主语移位后留下的语迹，不可以作名词“句法学”的主语，证明主语“他们”不是在漂浮量词“都”的位置基础生成的。

上面例句的生成过程如下：

首先动词“like”/“喜欢”和其补足语限定词词组“syntax”/“句法学”合并构成动词杠标“like syntax”/“喜欢句法学”，动词杠标“like syntax”/“喜欢句法学”又和限定词词组“they”/“他们”合并成为动词词组。

(714)
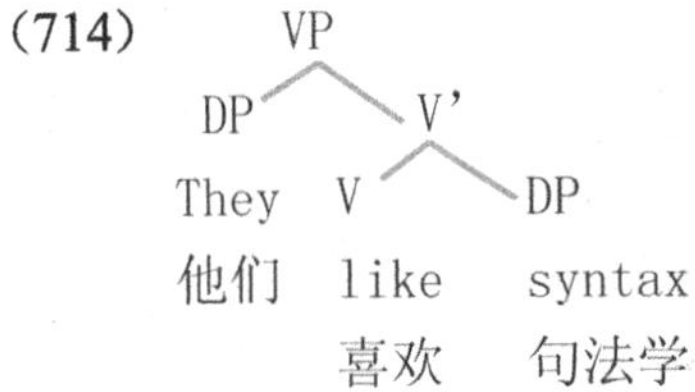

(714)中的动词词组再和不定式小品词(在汉语中不定式小品词为零Ø)合并构成时态杠标，然后限定词词组主语“They”/“他们”便提升到时态杠标指示语位置，见(715)：

(715)
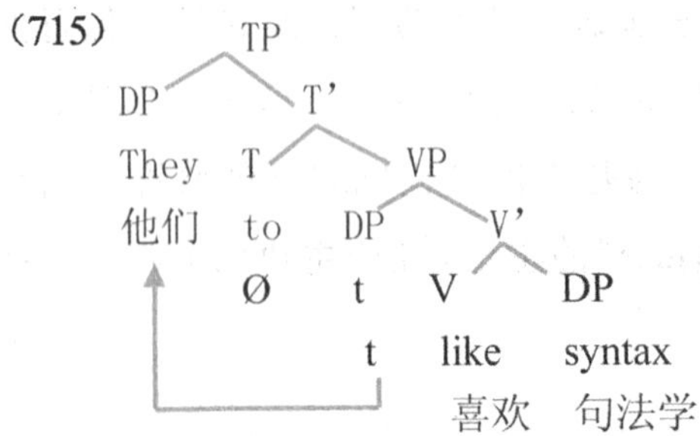

(715)中的时态杠标再和动词“seem”/“好像”合并构成动词杠标，然后限定词词组主语“they”/“他们”便提升到动词杠标指示语位置作主语，见(716)。

位于动词杠标指示语位置的主语为了得到格核查，必须提升到时态词组指示语位置和时态中心语的主格特征进行核查，见(717)。

(716)

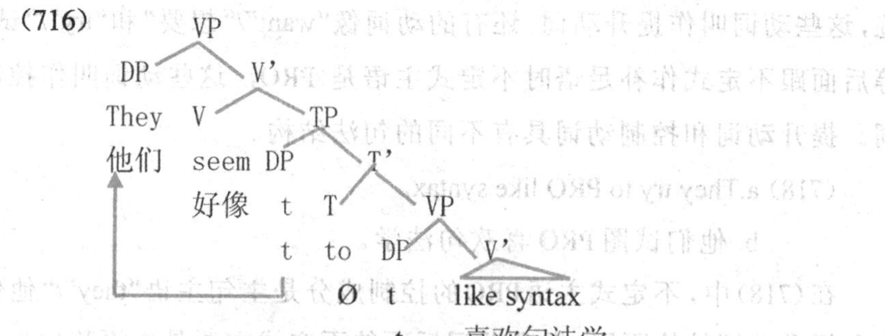

(717)

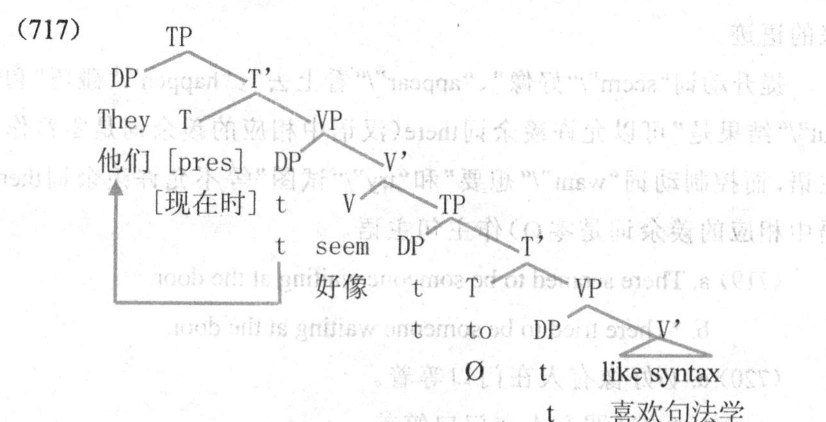

从(714)到(715)再到(716)再到(717)主语“they”/“他们”，每一步都进行了主语到主语的提升，共进行了三次提升。从(714)到(715)主语“they”/“他们”提升到了时态杠标指示语位置，从(715)再到(716)主语“They”/“他们”提升到了动词杠标指示语位置作主语，从(716)再到(717)主语“They”/“他们”提升到了时态词组指示语位置。如果说漂浮量词修饰主语的话，那么在(712a—c)和(713a、b)中，漂浮量词“all”/“都”分别修饰了主语“Tthey”/“他们”以及主语“They”/“他们”的中间语迹和最右边的语迹，实际上汉语的例句(713a、b)表现得更清楚，这两个句子都合乎语法，证明从(714)到(715)再到(716)再到(717)主语“They”/“他们”，每一步都进行了主语到主语的提升。

上面提到的动词“seem”/“好像”、“appear”/“看上去”、“happen”/“碰巧”

和“turn out”/“结果是”后面跟不定式作补足语时，后面的不定式主语是语迹，这些动词叫作提升动词。还有的动词像“want”/“想要”和“try”/“试图”等后面跟不定式作补足语时不定式主语是 PRO，这些动词叫作控制动词。提升动词和控制动词具有不同的句法结构。

（718）a.They try to PRO like syntax.

b. 他们试图 PRO 喜欢句法学。

在（718）中，不定式主语PRO的控制成分是主句主语“they”/“他们”，这和提升动词结构不同，提升动词后面的不定式主语是主语移位后留下来的语迹。

提升动词“seem”/“好像”、“appear”/“看上去”、“happen”/“碰巧”和“turn out”/“结果是”可以允许羡余词there（汉语中相应的羡余词是零?）作主句主语，而控制动词“want”/“想要”和“try”/“试图”等不允许羡余词there（汉语中相应的羡余词是零Ø）作主句主语。

（719）a. There seemed to be someone waiting at the door.

b. *There tried to be someone waiting at the door.

（720）a. Ø好像有人在门口等着。

b. * Ø试图有人在门口等着。

提升动词“seem”/“好像”、“appear”/“看上去”、“happen”/“碰巧”和“turn out”/“结果是”结构中羡余词there（汉语中相应的羡余词是零?）基础生成于动词“be”/“有”的主语，然后通过循环移位的方式，首先提升到不定式词组前面坐不定式主语，最后再提升到动词前面作抽象时态成分的主语，汉语中由于不存在不定式小品词，似乎不是循环移位（见 721b）。

（721）a. There seemed there to there be someone waiting at the door.

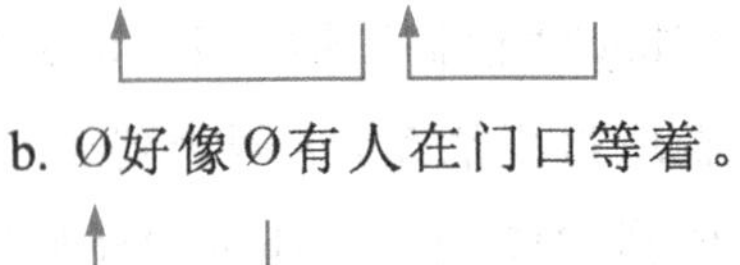

b. Ø好像Ø有人在门口等着。

而（719b）和（720b）中动词“be”/“有”的主语应该是PRO，不定式主语PRO的控制成分应该是指称性成分，而不应该是羡余词there（汉语中相应的羡余词是零Ø），因为羡余词there（汉语中相应的羡余词是零Ø）没有任何指称意义，所以羡余词there（汉语中相应的羡余词是零Ø）不能成为不定式主语PRO的控制成分。控制动词“want”/“想要”和“try”/“试图”等不允许羡余词there（汉语中相应的羡余词是零Ø）作主句主语，它们的主语必须是指称性成分。

（719b）和（720b）中控制动词“want”/“想要”和“try”/“试图”等具有赋予主语施事题元角色的题元特征，这就要求主语必须是表示理性个体的词语。而羡余词there（汉语中相应的羡余词是零Ø）没有任何指称意义，控制动词“want”/“想要”和“try”/“试图”等要求必须是表示理性个体的词语作主语，羡余词there（汉语中相应的羡余词是零Ø）无法满足上述要求。

而在（715a）和（720a）中提升动词“seem”/“好像”、“appear”/“看上去”、“happen”/“碰巧”和“turn out”/“结果是”并不能给主语赋格，其主语可以是无指称意义的羡余词there（汉语中相应的羡余词是零Ø）。

控制动词“want”/“想要”和“try”/“试图”等具有赋予主语施事题元角色的题元特征，而提升动词“seem”/“好像”、“appear”/“看上去”、“happen”/“碰巧”和“turn out”/“结果是”并不能给主语赋格，这种区别体现在（722）和（723）中句子的可接受程度存在着差异。在（718）中控制动词“try/试图”要求主语是表示理性个体的词语，句子存在着程度不断提高的语用异常性。

（722） a.John tried to learn syntax.

张三试图学句法学。

b.? My goldfish tried to learn syntax.

?我的金鱼试图学句法学。

c.?? My pet amoeba tried to learn syntax.

?? 我的宠物变形虫试图学句法学。

d.?! My frying-pan tried to learn syntax.

?! 我的平底锅试图学句法学。

e. ! My ideal tried to learn syntax.

!我的理想试图学句法学。

(723) a.John seemed to be foolproof.

张三好像是万无一失的。

b.My goldfish seemed to be foolproof.

我的金鱼好像是万无一失的。

c. My pet amoeba seemed to be foolproof.

我的宠物变形虫好像是万无一失的。

d. My frying-pan seemed to be foolproof.

我的平底锅好像是万无一失的。

e. My ideal seemed o b foolproof.

我的理想好像是万无一失的。

在(723)中提升动词“seem”/“好像”、“appear”/“看上去”、“happen”/“碰巧”和“turn out”/“结果是”并不能给主语赋格，和(722)不一样，提升动词对主语限制不大，(723)中的例句都合乎语法。控制动词对主语有限制性选择，而提升动词对主语没有限制性选择。这就说明为什么动词“seem”/“好像”、“appear”/“看上去”、“happen”/“碰巧”和“turn out”/“结果是”是提升动词而不是控制动词，而动词“want”/“想要”和“try”/“试图”等是控制动词而不是提升动词。

根据乔姆斯基(Chomsky, 1981: 36)题元角色的赋予要遵守题元准则。

(724)题元准则：

一个论元只能携载一个而且只能一个题元角色，而每个题元角色只能赋予给一个而且只能一个论元。(Chomsky, 1981: 36)

根据题元准则，在(721)中，动词“seem”/“好像”不能赋予主语题元角色，主语为什么可以提升？动词“try”/“试图”可以赋予主语题元角色，主句主语为什么可以控制PRO？

(725) a. They do seem to like syntax.

他们确实好像喜欢句法学。

b. They do try to like syntax.

他们确实试图喜欢句法学。

在(725)中，主语“They”/“他们”基础生成于动词词组指示语位置作“like syntax”/“喜欢句法学”的主语，可以被赋予恰当的题元角色即经历者。然后，主语“they”/“他们”通过循环移位的方式首先提升到不定式词组指示语位置，然后再提升到动词词组指示语位置作动词中心语“seem”的主语，最后提升到时态词组指示语位置作时态中心语“do”的主语，主语“They”/“他们”的主格特征便得到核查，推导聚敛，句子合乎语法。由于助动词、不定式小品词和提升动词“seem”都不能给主语“they”/“他们”赋格，所以主语“They”/“他们”只有“like syntax”/“喜欢句法学”赋予一个经历者的题元角色，满足了(724)题元准则的要求。主语“They”/“他们”出于为了核查自身主格特征的自利原则，提升到时态词组指示语位置作时态中心语“do”的主语，为了满足最短移位原则，主语“They”/“他们”的采取了循环移位的方式。见(726)：

(726) a.[$_{TP}$ They do[$_{VP}$ they seem [$_{TP}$ they to [$_{VP}$they like syntax]]]].

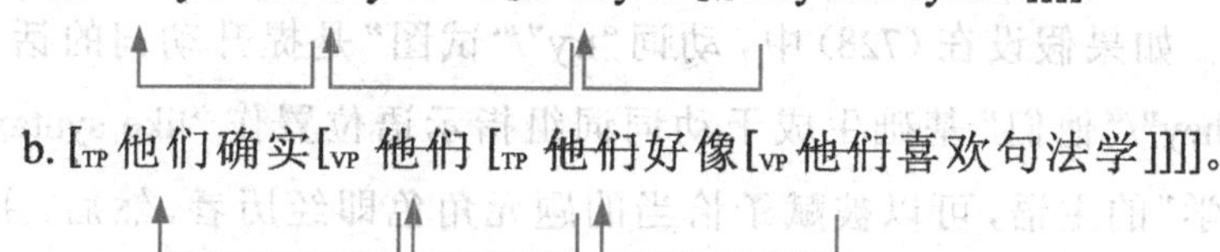

b. [$_{TP}$ 他们确实[$_{VP}$ 他们 [$_{TP}$ 他们好像[$_{VP}$ 他们喜欢句法学]]]]。

如果在(726)中不定式短语的主语是PRO的话，那么主语“They”/“他们”就基础生成于主句动词“seem”/“好像”前面的动词词组指示语位置作中心语动词“seem”/“好像”的主语，那么不定式短语的主语PRO就被动词词组“like syntax”/“喜欢句法学”赋予一个经历者的题元角色。但是，主语“They”/“他们”基础生成于动词词组指示语位置作中心语动词“seem”/“好像”的主语，动词“seem”没有赋格能力，不是赋格动词，所以结果是主语“They”/“他们”没有题元角色，违反了题元准则，推导崩溃，句子不合乎语法。见(727)：

(727) a. [$_{TP}$ They do[$_{VP}$ they seem [$_{IP}$ to [$_{VP}$ PRO like syntax]]]].

b. [$_{\text{TP}}$ 他们确实[$_{\text{VP}}$ ~~他们~~ 好像[$_{\text{IP}}$ Ø [$_{\text{VP}}$ PRO 喜欢句法学]]]]。

而在(728)中，动词“try”/“试图”是控制动词，可以赋予主语题元角色，主语“They”/“他们”就基础生成于主句动词，动词“try”/“试图”前面的动词词组指示语位置作中心语动词“try”/“试图”的主语，然后提升到时态词组指示语位置作主句主语，主句主语“They”/“他们”控制了不定式短语“like syntax”/“喜欢句法学”的主语PRO。

(728) a. [$_{\text{TP}}$ They do[$_{\text{VP}}$ ~~they~~ try [$_{\text{IP}}$ to [$_{\text{VP}}$ PRO like syntax]]]].

b. [$_{\text{TP}}$ 他们确实[$_{\text{VP}}$ ~~他们~~ 试图[$_{\text{IP}}$ Ø [$_{\text{VP}}$ PRO 喜欢句法学]]]]。

在(728)中，不定式短语“like syntax”/“喜欢句法学”的主语PRO被赋予了经历者的题元角色，而主语论元“They”/“他们”被动词try“试图”赋予施事的题元角色，满足了题元角色的要求。

如果假设在(728)中，动词“try”/“试图”是提升动词的话，那么主语“They”/“他们”基础生成于动词词组指示语位置作“like syntax”/“喜欢句法学”的主语，可以被赋予恰当的题元角色即经历者。然后，主语“They”/“他们”通过循环移位的方式首先提升到不定式词组指示语位置，然后再提升到动词词组指示语位置作动词中心语“try”的主语，动词“try”便赋予主语“They”/“他们”另外一个施事的题元角色。一个主语论元拥有了两个题元角色，违背了题元准则，推导崩溃，句子不合格，见(729)：

(729) a.[$_{\text{TP}}$ They do[$_{\text{VP}}$ ~~they~~ try [$_{\text{TP}}$ ~~they~~ to [$_{\text{VP}}$~~they~~ like syntax]]]].

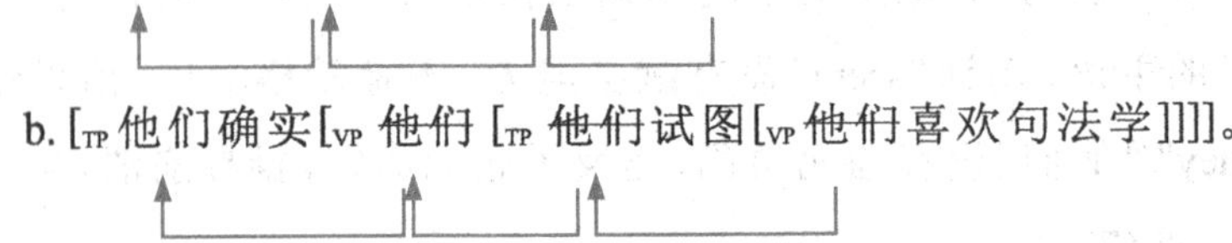

b. [$_{\text{TP}}$ 他们确实[$_{\text{VP}}$ ~~他们~~ [$_{\text{TP}}$ ~~他们~~试图[$_{\text{VP}}$ ~~他们~~喜欢句法学]]]]。

8.4 被动化

8.3小节我们讨论了提升谓词和控制谓词的句法表现，在这一节中我们讨论一下被动谓词的句法特征，下面的句子中a句是主动句，b句是被动句。被动句和主动句的区别主要有以下四点：第一，被动句中一般需要助动词be。第二，被动句中的动词一般是过去分词形式。第三，被动句中有时候会出现by词组作为by的补足语，和主动句中主语起着同样的题元角色。第四，主动句中动词的补足语在被动句中作主语。

(730) a. The students learn syntax.

b. Syntax is learnt by the students.

(731) a. The professor saw the students.

b. The students were seen by the professor.

(732) a. They stole the books.

b. The books were stolen.

(730—732)相对应的汉语句子如下：

(733) a. 学生们学句法学。

b. 句法学被学生们(所)学。

(734) a. 教授看见了学生们。

b. 学生们被教授看见了。

(735) a. 他们偷书。

b. 书被偷了。

从(733—735)可以看出，汉语被动句和主动句之间的区别：第一，汉语和英语不同，被动句中不需要助动词be，该句法位置应该由零助动词Ø占据，这个空助动词可以表示时态如：[现在时][过去时]等。第二，汉语和英语不同，被动句中的动词不需要过去分词形式，但动词前面要加"被"字。第三，被动句中有时候会出现"被"词组作为"被"的补足语，和主动句中主语起着同样的题元角色。第四，主动句中动词的补足语在被动句中作主语。所以，汉语被动句和主动句之间的区别实际上只有后面两种存在。

被动句中有时候会出现"被"词组作为"被"的补足语，和主动句中主语起着同样的题元角色，这一点可以从下面的例句中得到证明。

(736) a. The thieves/? The cats/?? The goldfishes/?! The pet amoebia/! The theories were accused.

b. They accused the thieves/? the cats/?? the goldfishes/?! the pet amoebia/! the theories.

(737) a. 小偷/?猫/??金鱼/?!宠物变形虫/!理论被控告了。

b. 他们控告了小偷/?猫/??金鱼/?!宠物变形虫/!理论。

如果普遍语法原则能够把句法结构和题元结构统一起来，那就意味着同一个谓词的不同论元具有相同的题元角色必须在句法结构中位于同一个位置。题元角色和句法结构之间具有一致映射的说法起源于一致题元赋予假设/UTAH (Baker, 1988)。根据一致题元赋予假设/UTAH (Baker, 1988)，被动句的主语一定基础生成于和主动句补足语同一个句法位置。在(736—737)中，被动句中的主语"thieves"/"小偷"承载着受事的题元角色，一般情况下主动句中的补足语被动词"accused"/"控告"赋予受事的题元角色，所以假设被动句中的主语"thieves"/"小偷"基础生成于动词"accused"/"控告"的补足语位置是合情合理的。然后这个主语即限定词词组"thieves"/"小偷"通过循环移位的方式首先移位到过去分词"accused"/"控告"前面动词词组指示语位置，最后再移位到时态词组指示语位置作主句主语，见(738)：

(738)

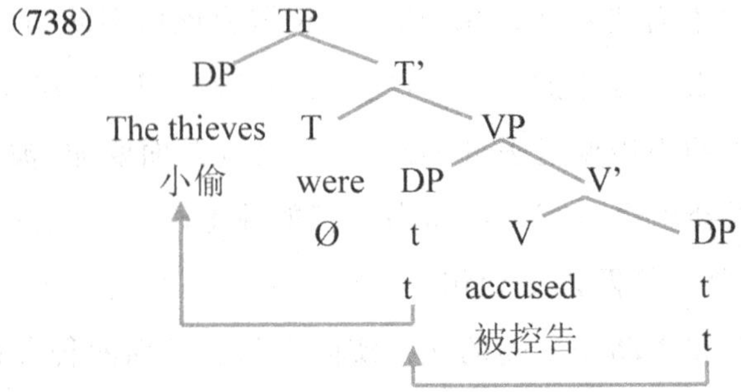

在(738)中，限定词词组"thieves"/"小偷"基础生成于动词"accused"/

“控告”的补足语位置，然后通过被动化从动词“accused”/“控告”的补足语位置移位到动词词组指示语位置作动词“accused”/“控告”的主语，最后提升到时态词组指示语位置作助动词中心语were/ Ø[过去时]的主语。

漂浮量词的运用可以证明限定词词组“thieves”/“小偷”基础生成于动词“accused”/“控告”的补足语位置，然后通过被动化从动词“accused”/“控告”的补足语位置移位到动词词组指示语位置作动词“accused”/“控告”的主语。

（739）a. The thieves were all ~~the thieves~~ accused.

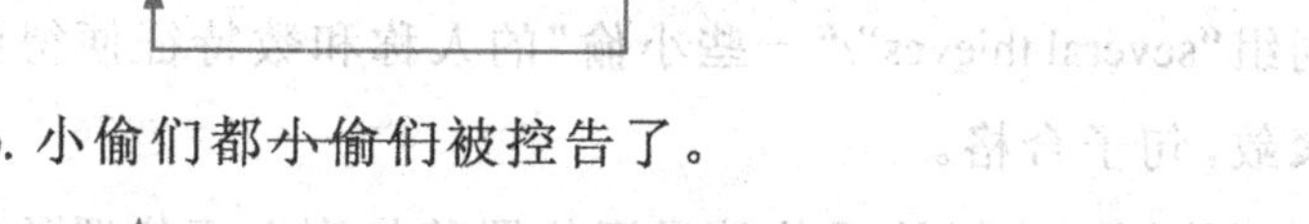

b. 小偷们都~~小偷们~~被控告了。

漂浮量词“all”/“都”修饰主语移位后留下的语迹，在（739）中，漂浮量词“all”/“都”修饰主语限定词词组“thieves”/“小偷”从动词指示语位置移位后留下来的语迹。

存在句也可以证明量词词组“several thieves”/“一些小偷”基础生成于动词“accused”/“控告”的补足语位置，然后通过被动化从动词“accused”/“控告”的补足语位置移位到动词词组指示语位置作动词“accused”/“控告”的主语。在（740）中量词词组“several thieves”/“一些小偷”基础生成于动词“accused”/“控告”的补足语位置，然后通过被动化从动词“accused”/“控告”的补足语位置移位到动词词组指示语位置作动词“accused”/“控告”的主语。（741）是（740）的树形图：

（740）a. There were several thieves accused ~~several thieves~~.

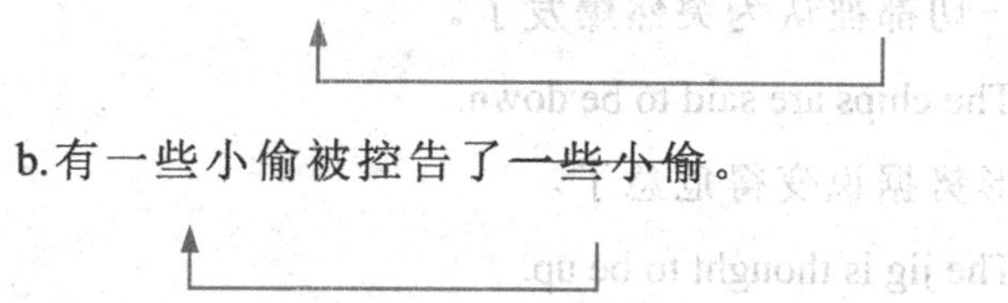

b.有一些小偷被控告了~~一些小偷~~。

(741)
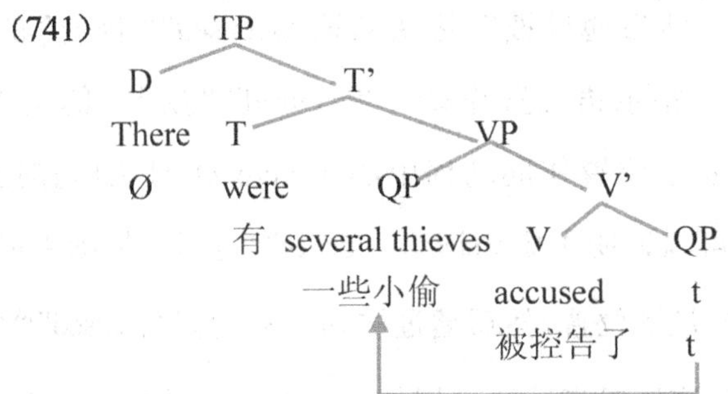

在(741)中，量词词组"several thieves"/"一些小偷"的人称和数特征被吸引到助动词"were"/"有"上，这样助动词"were"/"有"的人称和数特征和量词词组"several thieves"/"一些小偷"的人称和数特征便得到适当核查，推到聚敛，句子合格。

上面的例句中讨论了从补足语位置移位到主语位置的被动化过程，但是在下面的例子中，被动化过程是把补足语从句中的主语移位到主句主语位置。

(742) a. He is believed to learn syntax.

他被认为在学句法学。

b. Some students are considered to be linguistis.

一些学生被看成是语言学家。

c. They were thought to have passed syntax.

他们被认为通过了句法学。

在(742)中，句法结构的被动化似乎是通过把不定式词组的主语移位到主句的主语位置来实现的。在(743)中的习语中(Radford, 2002: 344)(相应的汉语例句是作者加上去的)，动词词组习语中的主语也可以被动化。

(743) a. All hell is believed to break loose.

一切都被认为突然爆发了。

b. The chips are said to be down.

形势据说变得危急了。

c. The jig is thought to be up.

一切都被认为完蛋了。

在(742)中，主句主语"he"/"他"基础生成于动词词组"learn syntax"/"学句法学"的指示语位置作动词词组"learn syntax"/"学句法学"的主语。证据来自于下面的例句：

(744) a. He/? The cat/?? The goldfish/?! The pet amoeba/! The theory is believed to learn syntax.

b. He /? the cat/?? the goldfish/?! the pet amoeba/! the theory learns syntax.

(745) a. 他/?猫/??金鱼/?!宠物变形虫/!理论被认为在学句法学。

b. 他/?猫/??金鱼/?!宠物变形虫/!理论在学句法学。

从(744—745)可以看出，主动句中存在的语用异常也按照相同的程度顺序出现在被动句中，说明主句主语"He"/"他"基础生成于动词词组"learn syntax"/"学句法学"的指示语位置作动词词组"learn syntax"/"学句法学"的主语，然后再提升到时态词组指示语位置作不定式短语"to learn synta"/"Ø学句法学"的主语，然后再提升到动词词组指示语位置作"believed to learn synta/被认为在学句法学"的主语，最后提升到时态词组指示语位置作"is believed to learn syntax"/"Ø被在学句法学"的主语，见(746)：

(746)

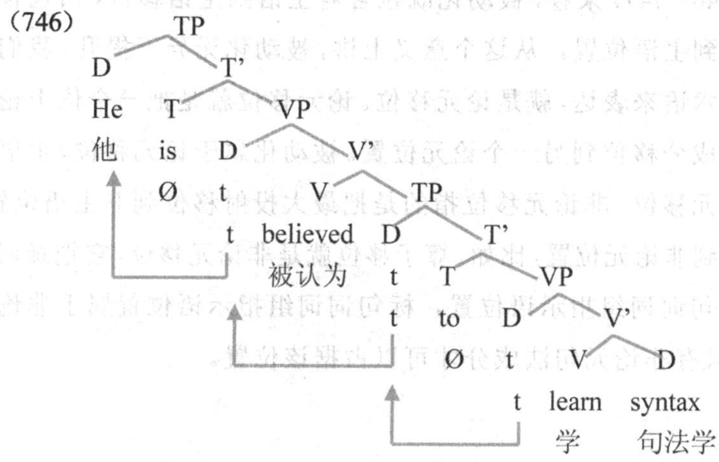

(746)中主语"He"/"他"的循环移位包括了三个步骤：第一，主语"He"/

“他”基础生成于动词词组“learn syntax”/“学句法学”的指示语位置作动词词组“learn syntax”/“学句法学”的主语，提升到时态词组指示语位置作不定式短语“to learn synta”/“Ø学句法学”的主语；第二，主语“He”/“他”提升到动词词组指示语位置作“believed to learn synta”/“被认为在学句法学”的主语，这是主语“He”/“他”的被动化过程；第三，提升到时态词组指示语位置作“is believed to learn syntax”/“Ø被在学句法学”的主语。(743)中的习语主语也经历类似的循环移位操作，见(747)：

(747)

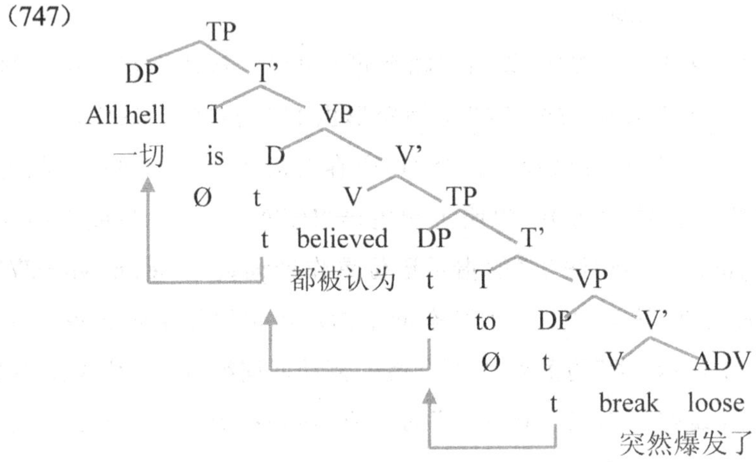

从(746—747)来看，被动化既包含着主语到主语移位，由包含着补足语移位到主语位置。从这个意义上讲，被动化无异于提升，我们用一个完整的术语来表达，就是论元移位。论元移位就是把一个位于论元位置的句法成分移位到另一个论元位置。被动化属于论元移位，主语提升也属于论元移位。非论元移位指的是把最大投射移位到非主语位置，也就是移位到非论元位置，比如，算子移位就是非论元移位，它把疑问算子移位到标句词词组指示语位置，标句词词组指示语位置属于非论元位置，因为只有非论元句法成分才可以占据该位置。

主要参考书目

1 中文参考目录

[1]戴曼纯.广义左向合并理论——来自附加语的证据[J].现代外语，2002(2): 120-141.

[2]邓思颖.粤语句末语气词的不对称分布[J].中国语文研究. 2002(2)：75-84.

[3]邓思颖.汉语方言语法的参数理论[M].北京：北京大学出版社，2003；邓思颖.阶段式的句法推导[J].当代语言学，2009(3)：207-215.

[4]邓思颖.形式汉语句法学[M].上海：上海教育出版社，2010.

[5]方光焘.方光焘语言学论文集[M].南京：江苏教育出版社，1986.

[6]方光焘.方光焘语言学论文集[M].北京：商务印书馆，1997.

[7]高名凯.关于汉语的词类分别[M]//汉语的词类问题.北京：中华书局，1955.

[8]何晓伟.最简方案新框架内的句法推导——Chomsky(1999)《语段推导》评述[J].现代外语. 2000(3)：317-322.

[9]何元建.生成语言学背景下的汉语语法及翻译研究[M].北京：北京大学出版社，2007.

[10]何元建.现代汉语生成语法[M].北京：北京大学出版社，2011.

[11]胡附，文炼.现代汉语语法探索[M].北京：商务印书馆，1990.

[12]黄伯荣，廖序东.现代汉语（增订三册）[M].北京：高等教育出版社，2002.

[13]李临定.以语义为基础的分析方法[M]//语法研究与探索(6).北京：商务印书馆，1992.

[14]李宇明.疑问标记的复用及标记功能的衰变[J].中国语文，1997(2).

[15]刘丹青.汉语里的一个内容宾语标句词——从“说道”的“道”说起[M].中国社会科学院《中国语文》编辑部.庆祝中国语文创刊50周年学术论文集.北京：商务印书馆，2004.

[16]刘正埮.语法学界也应该广泛展开学术上的自由讨论[M]//汉语的词类问题(第二集).北京：中华书局，1957.

[17]陆俭明.现代汉语句法论[M].北京：商务印书馆，1993.

[18]陆俭明.现代汉语语法研究教程[M].北京：北京大学出版社，2003.

[19]卢英顺.形态和汉语语法研究[M].上海：学林出版社，2005.

[20]马道山.从特殊疑问句的生成语法研究看自然语言的类型[J].现代中国语研究，2001(3)：23-37.

[21]马道山.语助词“呢”是句子分类标记吗？[J].《黄海学术论坛》，2004(4)：150-156.

[22]马道山.关于疑问语气词“呢”的句法论证[J].中国语言学报，2006a(12)：100-112.

[23]马道山.语气词在疑问句中是疑问算子吗[J].中国外语，2006b(2)：43-46.

[24]马道山.《老子》疑问句的翻译及其语言类型学意义[J].理论语言学研究(第2卷)，2008：101-108.

[25]马道山.西方视域下疑问句句法研究及其失误[M].广州：中国出版集团·世界图书出版社，2015.

[26]石定栩.乔姆斯基的形式句法——历史进程与最新理论[M].北京：北京语言文化大学出版社，2002.

[27]石定栩.Chomsky句法理论的最新动向[J].当代语言学，2003(1)：33-40.

[28]石定栩，胡建华.“了2”的句法予以地位[M]//语法研究和探索(十三).北京：商务印书馆，2006：94-112.

[29]汤廷池.汉语词法句法续集[M].台北：台湾学生书局，1989.

[30]王力.中国语法理论(上)[M].北京：中华书局，1954.

[31]刑福义等.现代汉语[M].北京：高等教育出版社，1991.

[32]邢公畹.现代汉语教程[M].天津：南开大学出版社，1992.

[33]熊健国.Chomsky: Beyond Explanatory Adequacy[J].现代外语，2002(3)：323-330.

[34]熊仲儒.存现句与格理论的发展[J].现代外语，2002(1)：35-47.

[35]徐思益.语言学论文集[M].乌鲁木齐：新疆大学出版社，1994.

[36]俞敏.形态变化和语法环境[J].中国语文，1954(10).

[37]张伯江.汉语的疑问句的功能解释[M]//邢福义主编.汉语法特点面面观.北京：北京语言文化大学出版社，1999：291-303.

[38]张静等.新编现代汉语[M].上海：上海教育出版社，1980.

[39]张志公等.现代汉语[M].北京：人民出版社,1985.

[40]赵元任.汉语口语语法[M].北京：商务印书馆，1979.

[41]周一民.现代汉语(修订版)[M].北京：北京师范大学出版社，2006.

2 英文参考目录

[1]Agbayani, Brian. 2000. Wh-subjects in English and the Vacuous Movement Hypothesis. *Linguistic Inquiry* 31: 703-713.

[2]Agbayani, Brian. 2006. Pied-piping, Feature Movement, and Wh-Subjects. In Cheng, Lisa Lai-Shen & Norbert Corver. eds. *Wh-Movement: Moving On*. Cambridge, London: The MIT Press.

[3]Aoun, J. 1985. *A Grammar of Anaphora*. Linguistic Inquiry Monograph 11. Cambridge,MA: Massachusetts Institute of Technology.

[4]Aoun, J. 1986. *Generalized Binding*. Dordrecht: Foris.

[5]Aoun, J., Hornstein and D. Sportiche. 1981. Some Aspects of Wide Scope Quantification. *Journal of Linguistic Research* 1: 69-95.

[6]Aoun, Joseph & Yen-Hui Audrey Li. 1993. WH-elements in situ: Syntax or LF? *Linguistic Theory* 24.199-238.

[7]Aoun, Joseph & Yen-Hui Audrey Li. 1993. *Syntax of Scope*. Mansachusetts: MIT Press.

[8]Bailey, B. L. 1966. *Jamaican Creole Syntax: A Transformational Approach*. Cambridge: Cambrodge University Press.

[9]Baker, C.L. 1970. Notes on the Description of English Questions: the Role of an Abstract Question Morpheme, *Foundations of Language*, 6: 197-219.

[10]Baker,M. 1988. *Incorporation*. Chicago: University of Chicago Press.

[11]Baltin, M. 1995. Floating Quantifiers, PRO and Predication, *Linguistic Inquiry* 26: 199-248.

[12]Baltin, M. et al. 2001 .（eds）, *The Handbook of Contemporary Syntactic Theory*. 外语教学与研究出版社.

[13]Bayer, J. 1984. Towards an Explanation of Certain That-t Phenomena: the COMP-node in Bavarian, in De Geest, W. & Putseys, Y.（eds.）*Sentential Complementation*, 23-32.

[14]Belletti,A. 1988. The Case of Unaccusatives, *Linguistic Inquiry* 19: 1-34.

[15]Boskovic, Z. 1994. Catergorial Status of Null Operator Relatives and Finite Declarative Complements, *Language Research*, 30: 387-412.

[16]Brandon, F. R. and Seki, L. 1981. A Note on COMP as a Univesal, *Linguistic Inquiry*, 12: 659-65.

[17]Bresnan, J. W. 1970. On Complementisers: Toward a Syntactic Theory of Complement Types, *Foundations of Language*, 6: 297-321.

[18]Bresnan, J. W. 1976a. On the Form and Functioning of Transformations, *Linguistic Inquiry*, 7: 3-40.

[19]Bresnan, J. W. 1976b. Evidence for a Theory of Unbounded Transformations, *Linguistic Analysis*, 2: 353-93.

[20]Cheng, Lisa Lai-Shen.1991. *On the Typology of Wh-questions*. Ph.D.dissertation, MIT.

[21]Cheng, Lisa Lai-Shen.1997. *On the Typology of Wh-questions*. Garland Publishing, New York & antics of Wh-Questions and Reflexives. Doctoral Dissertation, City University of Hong Kong.

[22]Cheng, Lisa Lai-Shen. 2000. Moving just the Feature. In Uli Lutz, Gereon Müller, and Arnim von Stechow, eds. *Wh-Scope Marking*, 77-99. Amsterdam: John Benjamins.

[23]Cheng, Lisa Lai-Shen & Norbert Corver. 2006. *Wh-Movement: Moving On*. Cambridge, London: The MIT Press.

[24]Chomsky, Noam. 1973. Conditions on Transformations. In Stephen Anderson and Paul Kiparsky, eds., *A Festschrift for Morris Halle*, 232-286. New York: Holt, Rinehart and Winston.

[25]Chomsky, Noam. 1977a. *Essays on Form and Interpretation*. Amsterdam: North Holland.

[26]Chomsky, Noam. 1977b. On Wh-Movement. In Peter W. Culicover, Thomas Wasow, and Adrian Akmajian, eds., *Formal Syntax*, 71-132. New York: Academic Press.

[27]Chomsky, Noam. 1986a. *Knowledge of Language: Its Nature, Origin, and Use*. New York: Praeger.

[28]Chomsky, Noam. 1986b. *Barriers*. Cambridge, Mass: MIT Press.

[29]Chomsky, N. 1993. A Minimalist Program for Linguistic Theory.in K. Hale and S.J.Keyser, eds. *The View from building 20*, Cambridge,Mass:MIT Press.

[30]Chomsky, N. 1995. *The Minimalist Program*. Cambridge, Mass,: MIT Press.

[31]Chomsky, Noam. 2000. Minimalist Inquiries: The Framework. In Roger Martin, David Michaels, and Juan Uriagereka, eds., Step by Step: *Essays on Minimalist Syntax in Honor of Howard Lasnik*, 89-155. Cambridge, Mass.: MIT Press.

[32]Chomsky, Noam. 2001. Derivation by Phase. In Michael Kenstowicz, ed., *Ken Hale: A Life in Language*, 1-52. Cambridge, Mass.: MIT Press.

[33]Chomsky, Noam. 2004a. Beyond Explanatory Adequacy. In Adriana Belletti,ed., *Structures and Beyond: the Cartography of Syntactic Structures*, Vol.3, 104-131. Oxford: Oxford University Press.

[34]Chomsky, Noam. 2004b. *The Generative Enterprise Revisited: Discussions with Riny Huybregts, Henk van Riemsdijk, Noaki Fukui, and Mihoko Zushi*. Berlin: Mouton de Gruyter.

[35]Chomsky, Noam. 2005. Three Factors in Language Design. *Linguistic Inquiry* 36: 1-22.

[36]Chomsky, Noam. 2007. Approaching UG from below. In U. Sauerland and H.-M. G? rtner, (eds.) *Interfaces + Recursion =Languages？ Chomsky's Minimalism and the View from Syntax-Semantics*. Berlin/New York: Mouton de Gruyter. 1-29.

[37]Chomsky, N. 2008. *The Minimalist Program*, 北京：外语教学与研究出版社.

[38]Cook, V, 2000. *Chomsky's Universal Grammar: An Introduction*. 外语教学与研究出版社. London.

[39]Donati, Caterina. 2006. On Wh-Head Movement. In Everaert, Martin, and Henk van Riemsdijk. (eds.) *The Blackwell Companion to Syntax*. Oxford: Blackwell Publishing Ltd.

[40]de Haan, G. and Weerman, F. 1986. Finiteness and Verb Fronting in Frisian, in Haider, H. and Prinzhorn, M. (eds.) *Verb Second Phenomena in Germanic Languages,* 78-110.

[41]den Besten, H. 1978. On the Presence and Absence of Wh-Elements in Dutch Comparatives, *Linguistic Inquiry*, 9: 641-771.

[42]Depiante, Marcela A. 1993. Bridge and Non-Bridge Verbs. Unpublished Manuscript, University of Maryland at College Park.

[43]Erteschik-Shir, Nomi. 2006. Bridge Phenomenon. In Everaert, Martin, and Henk van Riemsdijk. (eds.) *The Blackwell Companion to Syntax*. Oxford: Blackwell Publishing Ltd.

[44]Engdahl, E. 1986. *Constituent Questions*. Dordrecht: Reidel.

[45]Fillmore, C.J. 1968. The Case for Case. In E. Bach and R. T. harms (eds.) *Universals in Linguistic Theory*, Holt Rinehart & Winston, New York, 1-88.

[46]Frantz, D. 1973. On Question Word Movement, *Linguistic Inquiry*, 4: 531-534.

[47]Fukui, Naoki. 1986. *A Theory of Category Projection and its Applications*. PhD Dissertation, Cambridge, MIT.

[48]George, Leland. 1980. *Analogical Generalization in Natural Language Syntax*. Doctoral Dissertation, MIT.

[49]Grosu, Alexander. 1994. *Three Studies in Locality and Case*. London: Routledge.

[50]Gruber, J.S. 1965. *Studies in Lexical Relations*, PhD Dissertation, MIT.

[51]Haegeman, L. 1983. Die and dat in West-Flemish Relative Clauses, in Bennis H. and Van Lessen Kloeke, W.U.S. *Linguistics in the Netherlands*, 83-91.

[52]Hu, Jianhua. 2002. *Prominence and Locality in Grammar: The Syntax and Semantics of Wh-Questions and Reflexives*[D]. PhD dissertation, City University of Hong Kong.

[53]Hu, Jianhua, Pan Haihua & Xu Liejiong. 2001. Is there a Finite vs. Nonfinite Distinction in Chinese? *Linguistics* 39(6):1117-1148.

[54]Huang, James C.-T., 1982a, Move WH in a language without WH-movement. *The Linguistic Review* 1: 369-416.

[55]Huang, James C.-T., 1982b. *Logical Relations in Chinese and the Theory of Grammar.* Doctoral Dissertation, MIT.

[56]Izvorsky, Roumyana. 1995. A DP-shell for Comparatives. In Antonietta Besetto, Laura Brugè, Jo? o Costa, Rob Goedemans, Nicola Munaro, and Ruben van de Vijver, eds. *Proceedings of Console III*, 99-121. The Hague: Holland Academic Graphics.

[57]Jackendoff, R.S. 1972. *Semantic Interpretation in Generative Grammar*, MIT Press, Cambridge, Mass.

[58]Kaufman, E. 1975. *Theoretical Responses to Novajo Questions*, PhD dissertation. MIT.

[59]Kayne, R. S. 1972. Subject Inversion in French Interrogatives, in Casagrande, J. and Saciuk, B. (eds.) *Generative Studies in Romance Languages*. Rowley, Mass: Newbury House. 70-1126.

[60]Kayne, R. S. 1976. French Relative que, in Hensey, F. and Luján, M. (eds.) *Current Studies in Romance Linguistics*. Washington DC: Georgetown University Press. 255-299.

[61]Kayne, R. S. and Pollock, J.-Y. 1978. Stylistic Inversion, Successive Cyclity, and Move NP in French, *Linguistic Inquiry*, 9: 595-621.

[62]Klima, E.S. 1964. Negation in English, in J.A. Fodor & J.J. Katz(eds.) *The Structue of Language*, Prentice-Hall, Englewood Cliffs, N.J., 246-323.

[63]Koopman, H. 1984. *The Syntax of Verbs*. Dordrecht: Foris.

[64]Lasnik, H. 1992. Case and Expletives: Notes toward a Parametric Account, *Linguistic Inquiry* 23: 381-405.

[65]Lasnik, H. 1995. Case and Expletives Revisited: on Greed and other Human Failings, *Linguistic Inquiry* 26: 615-633.

[66]Lasnik, H. and M. Saito. 1984. On the Nature of Proper Government. *Linguistic Inquiry* 14: 235-289.

[67]Lee, Thomas Hun-tak. 1986. *Studies on Quantification in Chinese*. Doctoral Dissertation, University of California, Los Angeles.

[68]Lefebvre, C. 1979. Reanalyse de Que/Qui, Inversion Stylistique et Mouvement de WH en

Francais, *Montreal Working Papers in Linguistics*, 13: 73-90.

[69]Lefebvre, C. and Muysken, P. 1979. Comp in Cuzco Quechua, *Montreal Working Papers in Linguistics*, 11.

[70]Li, Boya. 2006. *Chinese Final Particles and the Syntax of the Periphery*. Utrecht: LOT.

[71]Li, C. N. and Thompson, S. A. 1976. Subject and Topic: a New Typology of Language. In Charles N. Li (ed.)*Subject and Topic*. New York: Academic Press.

[72]Li & Thompson. 1981. *Mandarin Chinese: A Functional Reference Graamar*.Berkeley and os Angeles: University of California Press.

[73]Li, C. N. and Thompson, S. A. 1984. Mandarin, in Chisholm, W. S. (ed.)*Interrogativity*, 47-61.

[74]Li,Yen-hui Audrey. 1992. Indefinite WH in Mandarin Chinese. *Journal of East Asian Linguistics*. 1: 125-156.

[75]Ma, Daoshan. 2000. *A Generative Approach to Wh-Questions*. MA Thesis, Jinan: Shandong University.

[76]Manzini, María Rita. 1998. A Minimalist Theory of Weak Islands. In *The Limits of Syntax*. Peter Culicover and Louise McNally(eds.), 185-209. New York: Academic Press.

[77]Marantz,A. 1984. *On the Nature of Grammatical Relations*. MIT Press, Cambridge, Mass.

[78] Matushansky, Ora. 2006. Head Movement in Linguistic Theory. *Linguistic Inquiry* 25: 4481-4508.

[79]McCloskey, J. 1979. *Transformational Syntax and Model Theoretic Semantics*. Reidel: Dordrecht.

[80]Ouhalla, Jamal. 1999(2001). *Introducing Transformational Grammar*. 外语教学与研究出版社.

[81]Quirk, R., Greenbaum, S., Leech, G. and Svartvik, J. 1985. *A Comprehensive Grammar of the English Language*. London: Longman.

[82]Radford, Andrew. 1997. *Syntax: A Minimalist Introduction*. Cambridge: Cambridge University Press.

[83]Radford, Andrew. 1997. *Syntactic Theory and the Structure of English: A Minimalist Approach*. Cambridge: Cambridge University Press.

[84]Radford, Andrew. 1988(2000).《句法学：最简方案导论》，外语教学与研究出版社.

[85]Radford, Andrew. 1997(2002). Syntactic Theory and the Structure of English: A Minimalist Approach.《最简方案：句法理论与英语结构》，北京大学出版社.

[86]Rizzi, L. 1990. *Relativized Minimality*. Cambridge, Mass: MIT Press.

[87]Rizzi, L. 1991. Residual Verb Second and the Wh-Criterion, *Technical Reports in Formal and Computational Linguistics*. Faculty of Letters, University of Genrosseva.

[88]Rizzi, L. 2001. On the Position "Int(errogave)" in the Left Periphery of the Clause. In (eds.) G. Cinque & G. Salvi, *Current Studies in Italian Syntax: Essays Offered to Lorenzo Renzi* (pp. 287-296). Amsterdam: Elsvier.

[89]Ross, John Robert. 1967. *Constraints on Variables in Syntax*. PhD dissertation, Cambridge, MIT.

[90]Rothstein, S.D. 1995. Pleonastics and the Interpretation of Pronouns, *Linguistic Inquiry* 26: 499-529.

[91]Shi, Dingxu. 1994. The Nature Of Chinese Wh-questions. *Natural Language and Linguistic Theory* 12: 301-333.

[92]Sportiche, D. 1988. A Theory of Floating Quantifiers and Its Corollaries for Constituent Structure, *Linguistics Inquiry* 19: 425-49.

[93]Stowell, T. 1981. *Origins of Phrase Structure*. PhD diss., MIT.

[94]Stowell, T. 1982. The Tense of Infinitives, *Linguistic Inquiry* 13: 561-570.

[95]Stowell, Tim. 1986. Null Antecedents and Proper Government. In *Proceedings of the North Eastern Linguistic Society* 16. Stephen Berman, Jae-Woon Choe, and Joyce McDonough (eds.), 476-493. Amherst: Graduate Linguistics Student Association.

[96]Tang, Sze-Wing. 1998. *Oaranetrization of Features in Syntax*. Ph.D.dissertation, University of California, Irvine.

[97]Taraldsen, K. T. 1978. The Scope of Wh Movement in Norwegian, *Linguistic Inquiry*, 9: 623-640.

[98]Traugott, E. C. 1972. *A History of English Syntax*. Holt, Rinehart, Winston, New York.

[99]Travis, L. 1984. *Parameters and Effects of Word Order Variation*. PhD diss., MIT.

[100]Tsai, Wei-tian Dylan 1994 *On Economizing the Theory of A-bar Dependencies*, MIT doctoral dissertation.

[101]Wu, Jianxin. 1999. Syntax and Semantics of Quantification in Chinese. PhD Dissertation. University of Maryland at College Park.

[102]Williams, E. 1994. A Reinterpretation of Evidence for Verb Movement in French, in D. Lightfoot & N. Hornstein (eds.) Verb Movement, Cambridge University Press, 189-205.

[103] Xu, Liejiong. 1990. Remarks on LF-movement in Chinese Questions, *Linguistics* 28: 355-382.